AF565403

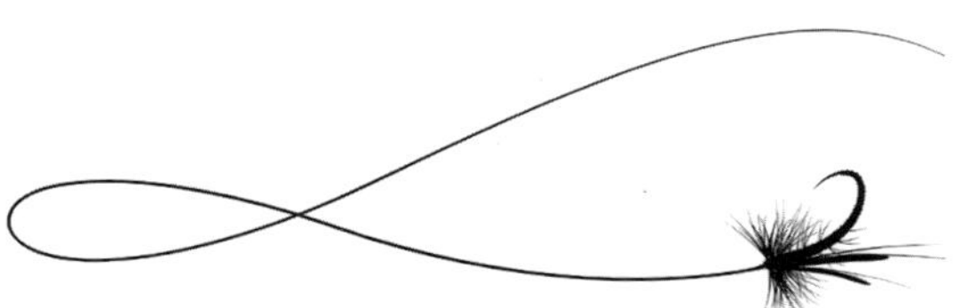

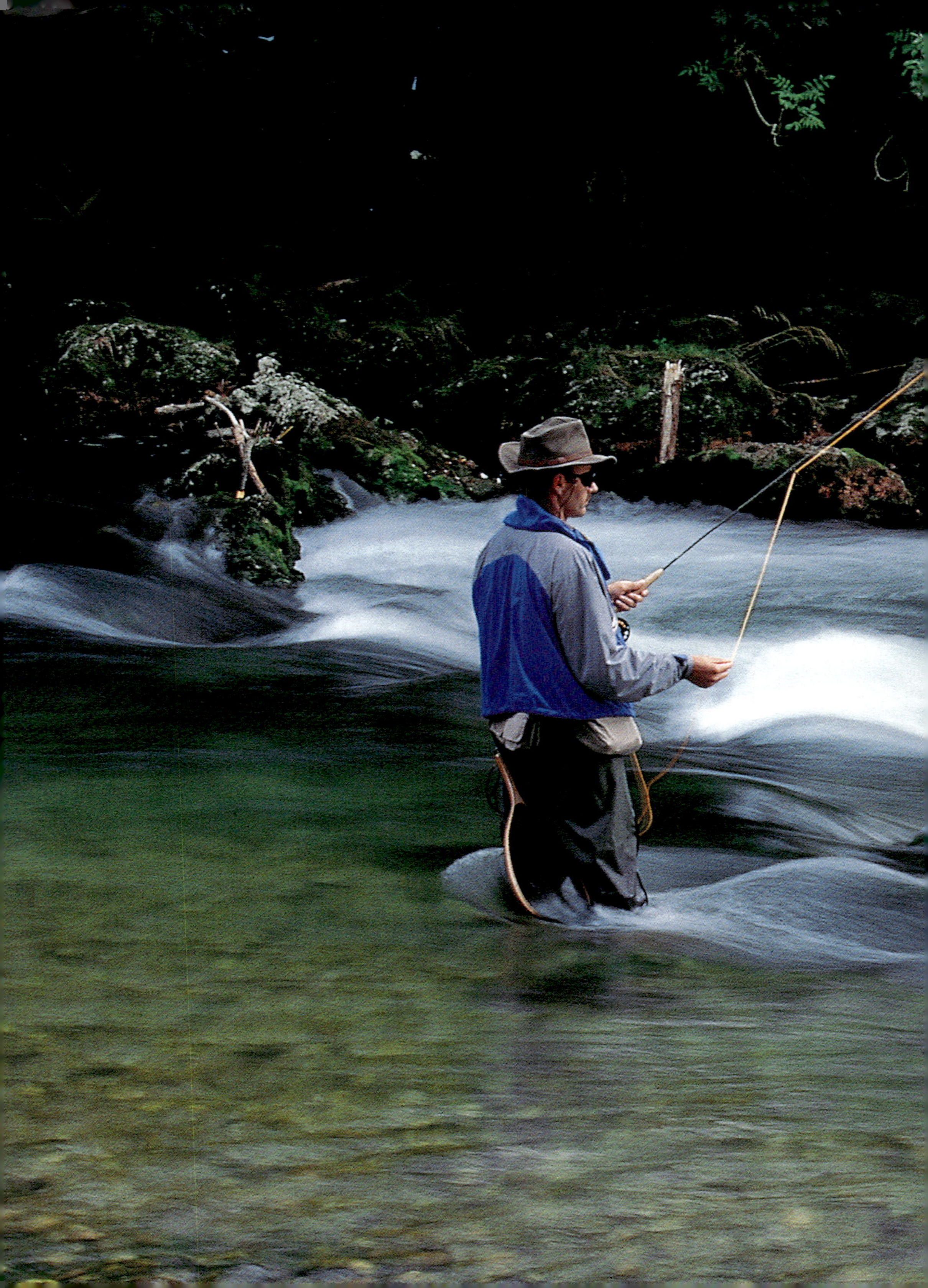

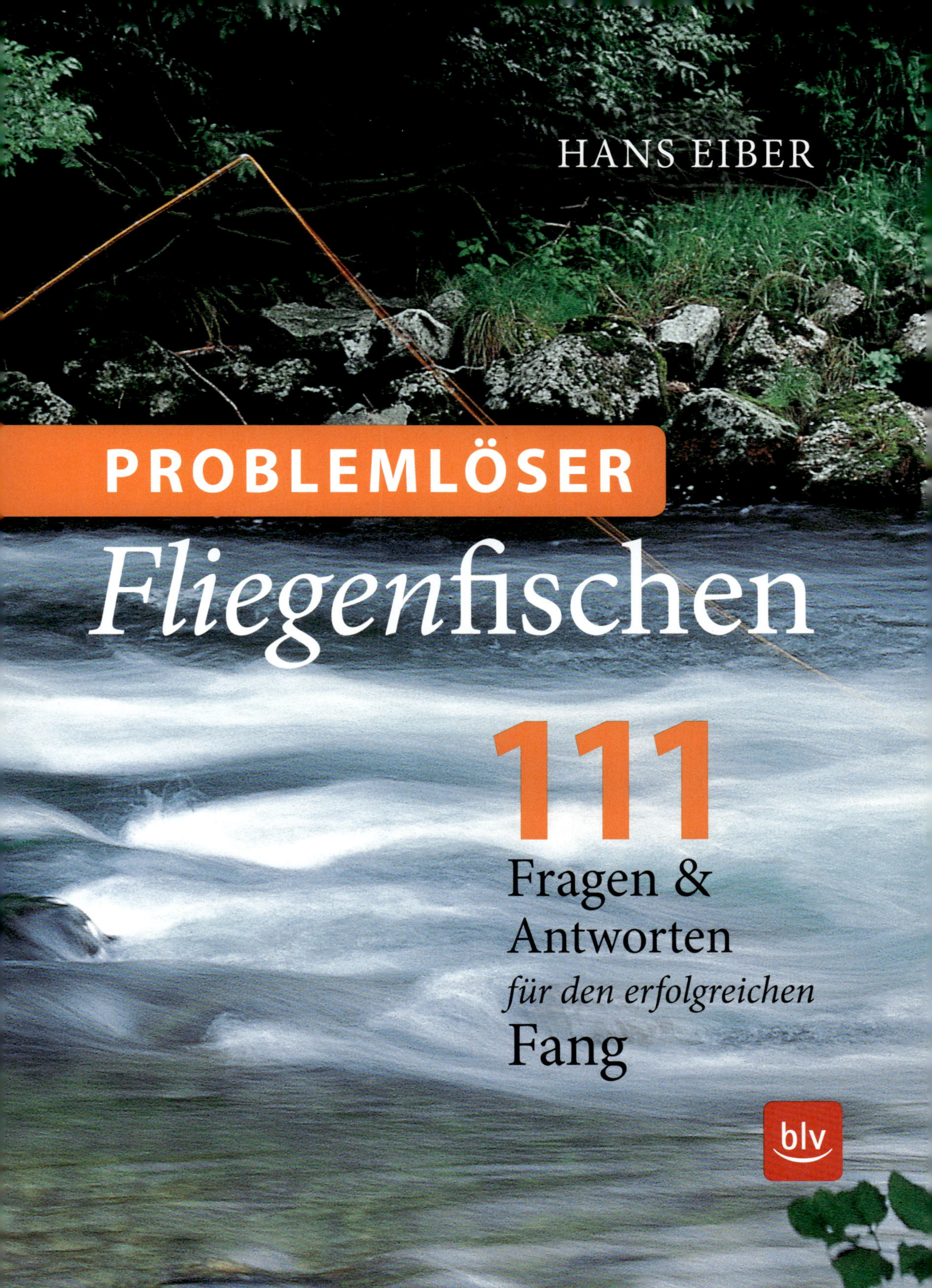
HANS EIBER
PROBLEMLÖSER
Fliegenfischen
111
Fragen &
Antworten
für den erfolgreichen
Fang
blv

Inhalt

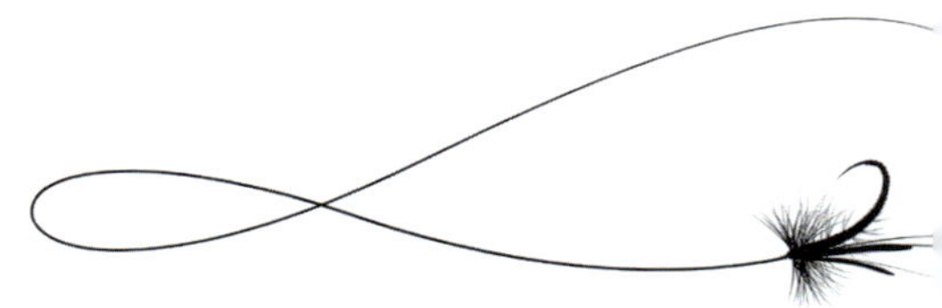

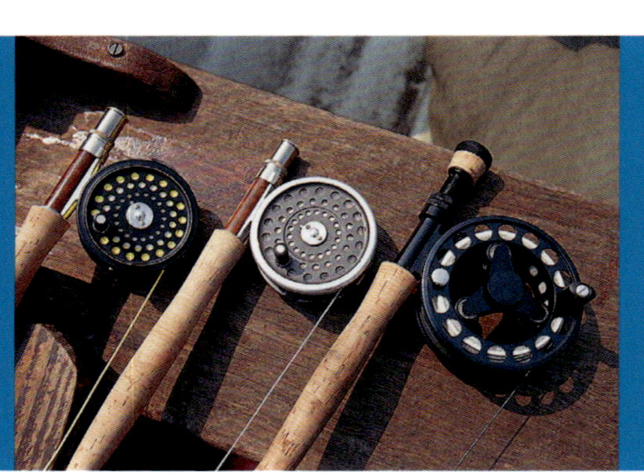

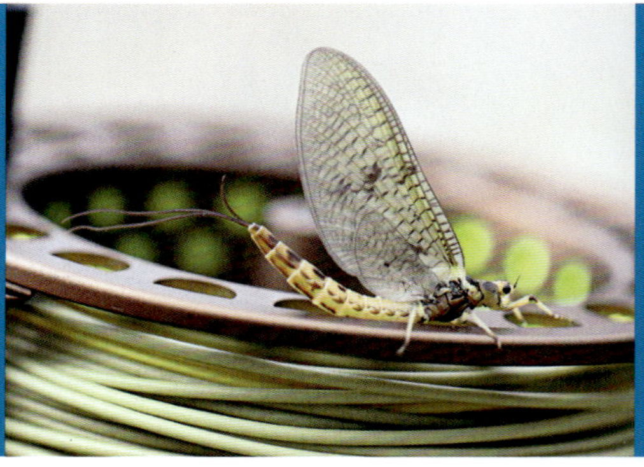

Die Geräte 9

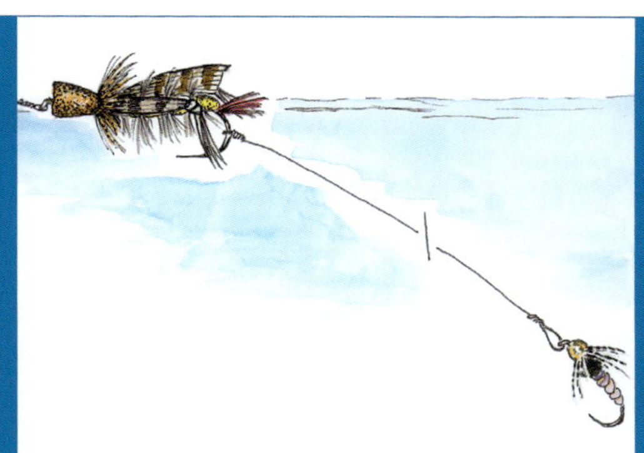

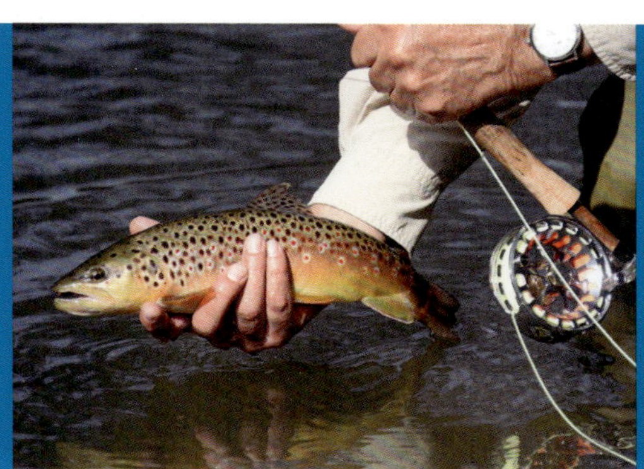

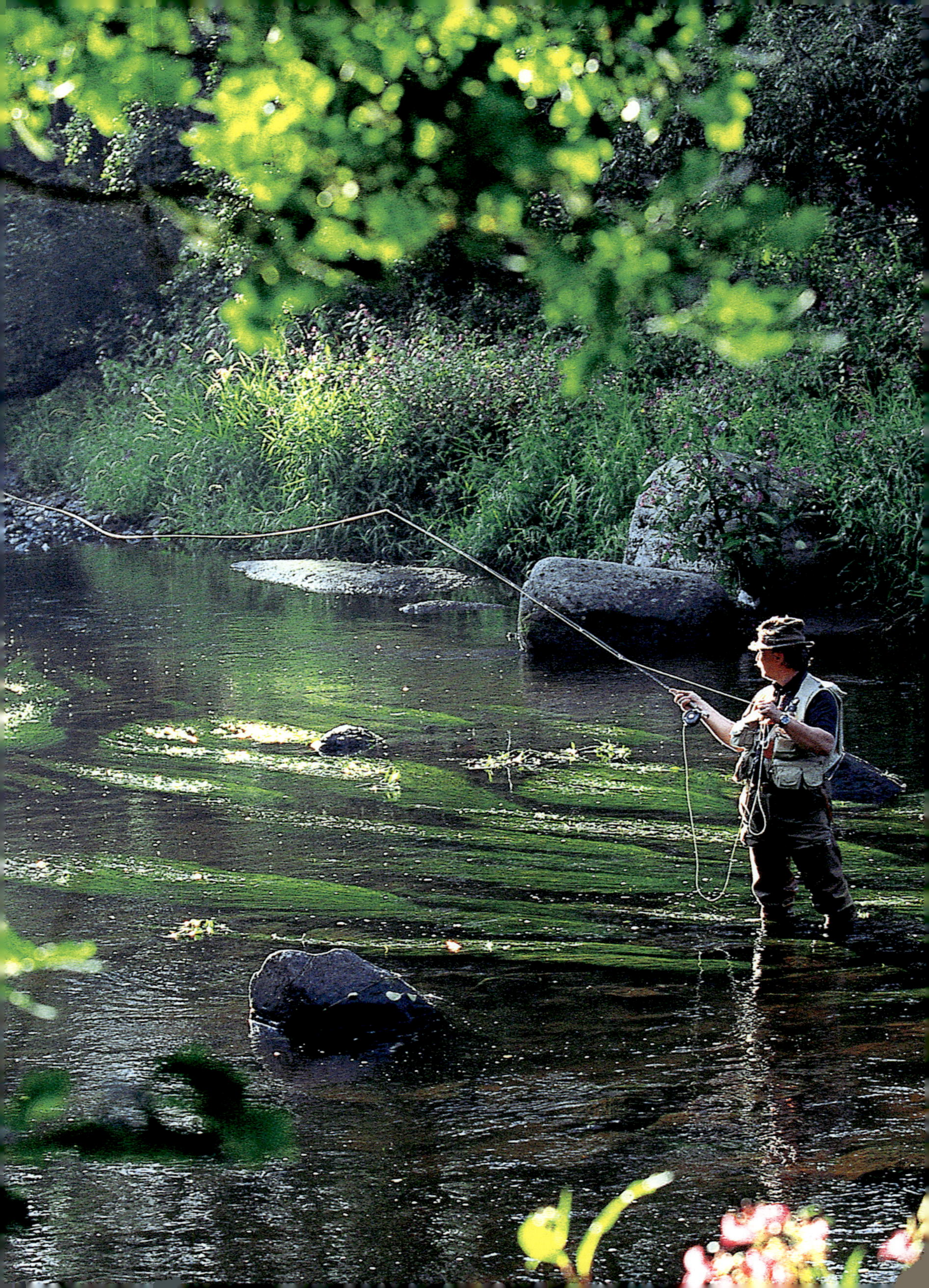

Liebe Leserinnen und Leser!

Kann man ein so umfassendes, vielschichtiges Thema wie Fliegenfischen in einzelne Schritte zerlegen, diese einfach durchnummerieren und in ein Buch mit 176 Seiten packen? Etliche Begegnungen mit Fliegenfischern, Einsteigern wie Experten, über vier Jahrzehnte hinweg haben mich dazu angeregt, es zu versuchen und mein Wissen sowie die Erfahrungen vieler anderer Fliegenfischer in genau 111 ausgesuchten Problemstellungen und den dazugehörigen möglichen Lösungsvorschlägen zusammenzufassen.

Der Themenkatalog ist sicher unvollständig. Die Materie ist natürlich zu komplex, um es in einem Ratgeberbüchlein dieses Formats erschöpfend abhandeln zu können. Betrachten Sie bitte die hier ausgewählten Inhalte als Anleitung für Einsteiger und als Anregung, selbst weiter zu forschen und die Sachverhalte zu vertiefen. Nach meiner Erfahrung sind Fliegenfischer grundsätzlich interessierte und wissbegierige Menschen. Wer möchte, findet Ausführlicheres auch in meinen beiden anderen beim BLV-Verlag erschienenen Büchern *Das ist Fliegenfischen* und *Das Praxisbuch Fliegenfischen*.

Das Büchlein wird niemanden mit einem Schlag zu einem perfekten Fliegenfischer machen, ihn aber möglicherweise auf dem Weg dorthin ein gutes Stück weit voranbringen und den einen oder anderen nützlichen Tipp oder Kniff von »alten Hasen« vermitteln und damit den Spaß am Fliegenfischen fördern.

Mein diesbezügliches Lieblingszitat stammt vom verstorbenen amerikanischen Fliegenfischer und Wurfinstruktor Mel Krieger: »*Fliegenfischen ist wie Treppensteigen, hat man eine Stufe erreicht, sieht man schon die nächste und möchte hinauf.*«

Die folgenden Seiten sollen Ihnen helfen, auf den Stufen so wenig wie möglich zu stolpern.

Tight Lines

Hans Eiber
Aschach, März 2018

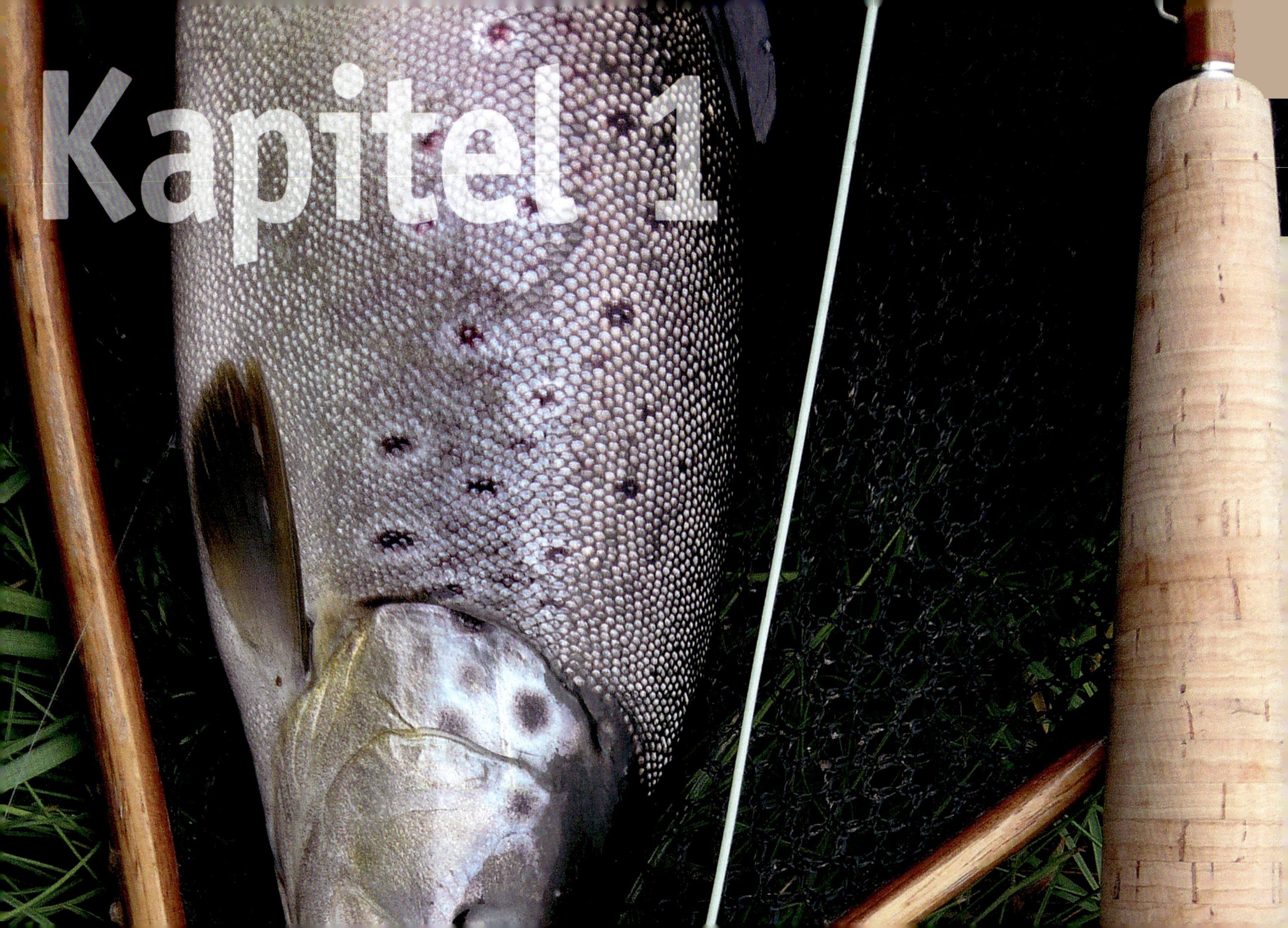
Kapitel 1

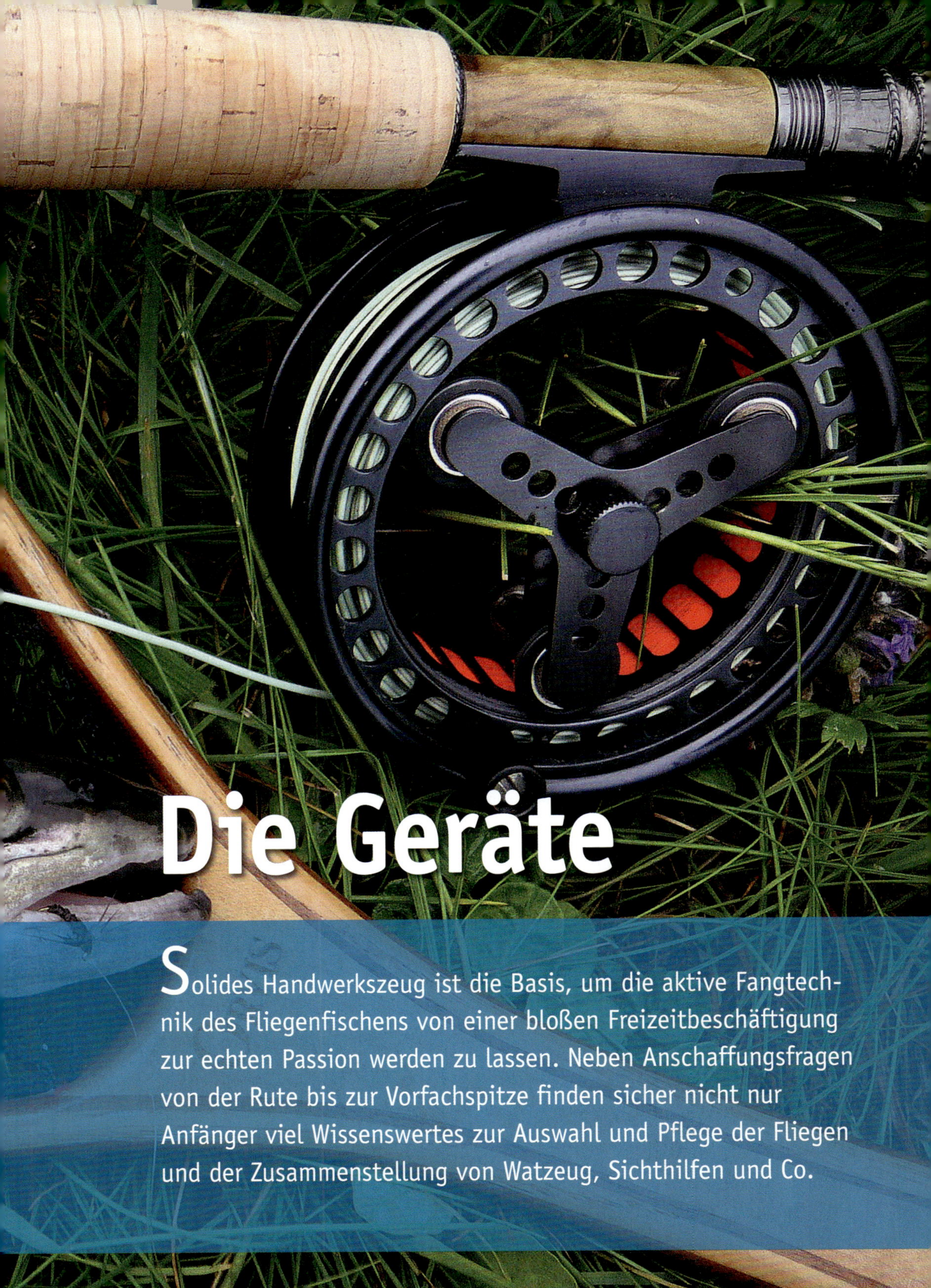

Die Geräte

Solides Handwerkszeug ist die Basis, um die aktive Fangtechnik des Fliegenfischens von einer bloßen Freizeitbeschäftigung zur echten Passion werden zu lassen. Neben Anschaffungsfragen von der Rute bis zur Vorfachspitze finden sicher nicht nur Anfänger viel Wissenswertes zur Auswahl und Pflege der Fliegen und der Zusammenstellung von Watzeug, Sichthilfen und Co.

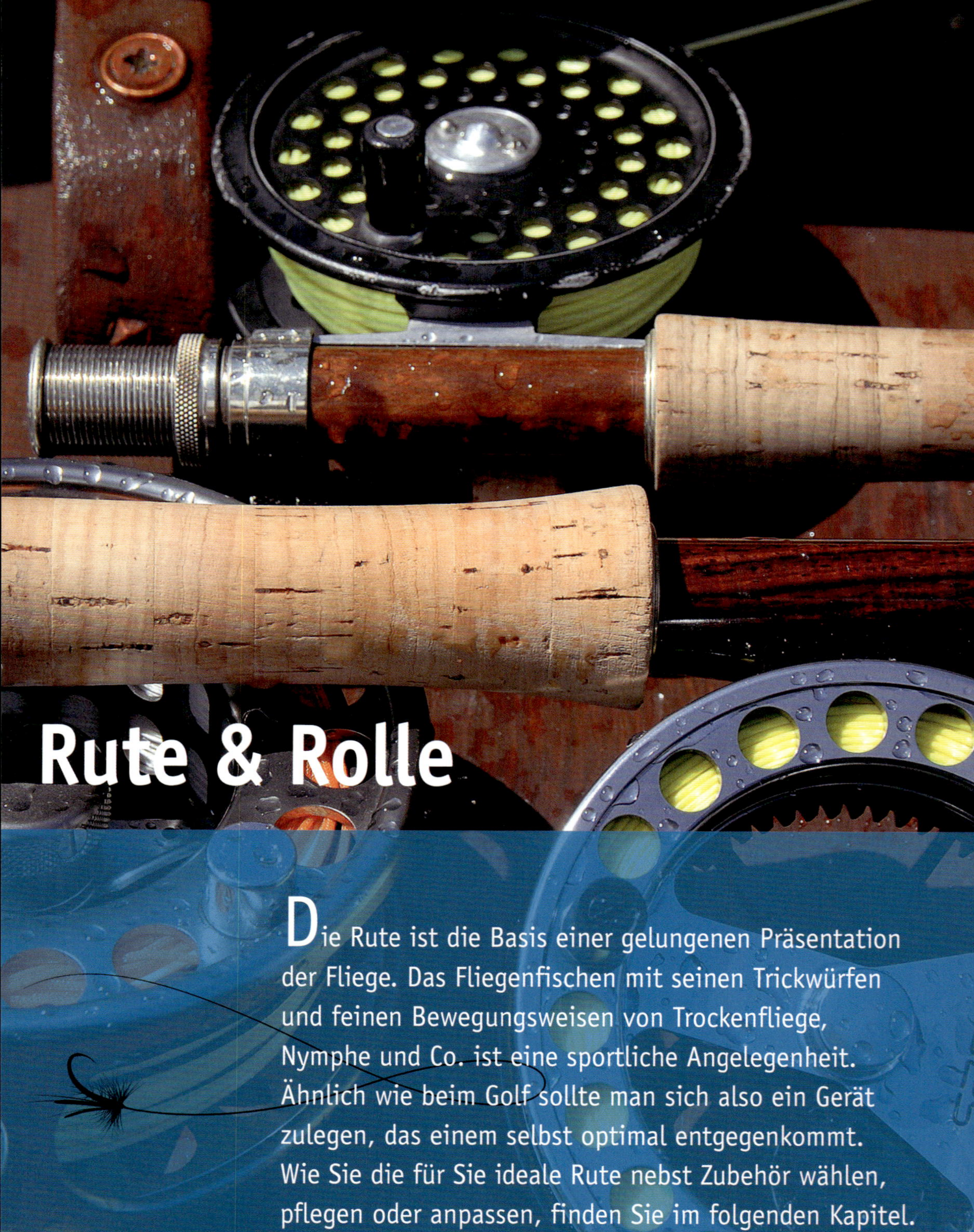

Rute & Rolle

Die Rute ist die Basis einer gelungenen Präsentation der Fliege. Das Fliegenfischen mit seinen Trickwürfen und feinen Bewegungsweisen von Trockenfliege, Nymphe und Co. ist eine sportliche Angelegenheit. Ähnlich wie beim Golf sollte man sich also ein Gerät zulegen, das einem selbst optimal entgegenkommt. Wie Sie die für Sie ideale Rute nebst Zubehör wählen, pflegen oder anpassen, finden Sie im folgenden Kapitel.

01 Die Wahl der Fliegenrute

Einsteiger tun sich bei der Auswahl ihrer ersten Fliegenrute oft schwer. Das Angebot an verschiedenen Schnurklassen, Längen und Aktionen ist enorm und damit auch verwirrend. Welche Rute ist also die richtige für den Anfang?

Die Lösung: Die »Durchschnittliche«

Es gibt keine echten »Allroundruten«, allerdings so etwas wie »Allroundbedingungen«, an denen sich gute Einsteigerruten bemessen lassen. Gehen wir von folgender Voraussetzung aus: Zielfische von etwa 90 % aller Fliegenfischer sind vor allem Forellen und Äschen sowie andere Arten in »Normalgröße«, also Längen zwischen 30 und 40, vielleicht 50 cm. Die dazu aufgesuchten Bäche und Flüsse sind zwischen 5 und 20 m breit, in Einzelfällen auch breiter. Watfischen wird ausgeübt. 99 % aller Fische werden, vom Angler aus gemessen, in einer Distanz zwischen 5 und 15 m gefangen. Zum Einsatz kommen in erster Linie Trocken- und Nassfliegen, Nymphen und leichtere Streamer. Achten Sie außerdem bei jeder Rute auf eine saubere Verarbeitung und eine solide Ausstattung.

Schnurklasse und Länge: Fliegenruten werden leistungsmäßig nach *Schnurklassen* (nach AFTMA → Nr. 13) in den Kategorien 1 bis 12 (15) eingeteilt. Dabei sind die Klassen 4 und 5 für das leichte Fliegenfischen sehr universell. Kleine Muster können damit noch entsprechend delikat auf der Wasseroberfläche präsentiert werden, aber auch größere, buschige Muster, beschwerte Nymphen sowie kleinere Streamer lassen sich gut werfen. Als Erstrute empfehle ich die Schnurklasse 5. Die meisten legen sich später noch eine Rute in Klasse 4 zu.
Beliebte Längen sind 8' (ca. 2,45 m) bis 9' (ca. 2,75 m) (1' = 1 engl. Fuß = 30,48 cm). Sie bieten eine gute Kombination aus angenehmem Wurfgefühl und Führung der Fliege auf der Wasseroberfläche.

Aktion: Die *Aktion*, also das Biegeverhalten unter Belastung, kann man ausreichend gut beurteilen, wenn man die Rute in die Hand nimmt und ein anderer die Rutenspitze nach unten zieht.
Eine *vollparabolische Rute* biegt sich dabei bis kurz oberhalb des Handgriffs. Sie wirkt etwas langsam und behäbig. Auf kurze Distanzen ist sie zwar recht angenehm zu fischen, präzise weitere Würfe gestalten sich mit ihr jedoch relativ schwierig. Positiv wiederum: Einen gehakten Fisch würde sie beim Drill sehr sanft und nachhaltig ermüden.
Eine *schnelle Rute* biegt sich dagegen nur im Bereich ihrer Spitze. Erfahrene Werfer können damit weit werfen und die Fliege exakt ablegen. Das geht ein bisschen in Richtung Extremsport. Für

unsere durchschnittlichen Wurfdistanzen halte ich eine schnelle Aktion für suboptimal. Außerdem hatte ich auch das Gefühl, dass manche Fische durch das etwas ruppige und sprunghafte Verhalten der Spitze im Drill leichter vom Haken abkamen. Wenn man aus irgendeinem Grund doch eine zu »hart« erscheinende Rute fischen muss, lässt sich das Wurfgefühl etwas geschmeidiger gestalten, wenn man die Schnur eine Klasse höher als angegeben wählt.

Die *mittelschnelle* oder *halbparabolische Aktion* ist ein guter Kompromiss, um die Vor- und Nachteile der beiden erstgenannten Varianten auszugleichen. Unter Belastung biegt sie sich von der Spitze her auf rund um 3/5 ihrer Länge. Im unteren, härteren Bereich sitzt die Kraft, die starke Fische müde macht und beim Werfen entsprechende Schnurbeschleunigung bringt. Diese Ruten sind sehr angenehm zu führen, denn die Fliegen können einerseits im Nahbereich delikat serviert werden, andererseits sind auch weitere Würfe (15 m!) möglich. Und die geschmeidige, aber trotzdem kraftvolle Aktion verzeiht so manchen kleinen Wurffehler und drillt die Fische am sichersten. Klare Kaufempfehlung!

Korkgriff: Allgemein werden 2 Griffformen unterschieden. Der sogenannte *Full-Wells*, der genau auf den *Daumengriff* (→ Nr. 67) zugeschnitten ist. Man findet diese Form heute in erster Linie auf stärkeren Ruten ab Schnurklasse 7, für die mehr Kraft nötig ist.

Auf leichten Ruten sollte man hingegen nur *umgekehrte Half-Wells*, also *zigarrenförmige Griffe* akzeptieren, die sich nach vorne hin deutlich verjüngen. Sie sind eigentlich auf den *Zeigefingergriff* (→ Nr. 67) zugeschnitten, der besonders zielgenaues Werfen ermöglicht. Trotzdem kann man, wenn man will, in den Daumengriff wechseln. Sie können einen »falschen« Griff übrigens ganz einfach umbauen (→ Nr. 2).

Rollenhalter: Die Rolle wird bei einer Fliegenrute wegen des besseren Gleichgewichts immer hinter dem Handgriff am Rutenende angebracht. Wird der vordere Rollenfuß dabei etwas unter dem Korkgriff eingeschoben, spricht man vom *Up-Locking-System*. Das hat Vorteile: Der Handballen liegt mehr über der Rolle und die Rute ist beim Werfen besser im Gleichgewicht (→ Nr. 68). Wenn man die Rute auf den Boden stellt, hat die Rolle etwas Abstand und ist vor Verschmutzung oder Kratzern besser geschützt als beim selten gewordene *Down-Locking-System*. Man findet es mitunter an billigeren beziehungsweise älteren Ruten. Dunkle oder mattierte Rollenhalterbeschläge sind besser als glänzende helle (→ Nr. 3). Möglicherweise achtet man beim Kauf einer Fliegenrute nicht unbedingt auf diese Details. Ich halte sie aber für wichtig.

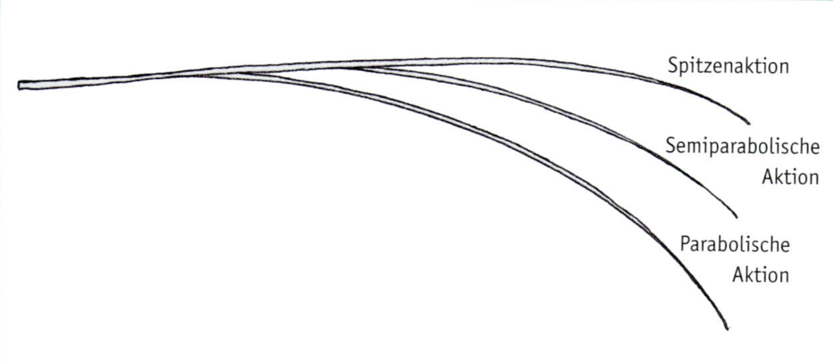

Unterschiedliche Rutenaktionen für verschiedene Einsatzzwecke

Art und Größe der Führungsringe: Vor Erfindung der Kunststoffschnüre Anfang der 50er-Jahre kamen ausschließlich dünne Seidenschnüre zur Anwendung, und die Führungsringe konnten sehr klein gehalten werden. Hin und wieder verwenden manche Hersteller immer noch die gleichen Ringe wie vor 50 Jahren, vielleicht weil sie glauben, sie würden besonders elegant aussehen. An manchen Ruten sind sie zu klein, dadurch steigen beim Werfen mit den verhältnismäßig dicken Kunststoffschnüren die Reibungsverluste.

Achten Sie beim Kauf einer Rute auf angemessen große Führungsringe. Der Leitring über dem Rutengriff ist eigentlich immer ein *Stegring* mit mindestens 12 mm ∅ und einer Kunststoff-, manchmal auch Keramikeinlage. Der Rest besteht meist aus verchromten *Schlangenringen*. Eine einfache, aber bei Fliegenruten seit vielen Jahrzehnten bewährte Ringform. Am oberen Ende sollte der *Spitzenring*, bei nicht zu stark abgeflachter Stellung, mindestens so groß sein wie der letzte Führungsring.

Material: In der Regel handelt es sich beim Blankmaterial um Kohlefaser. Das ist die richtige Wahl für Einsteiger. Ruten aus Fiberglas, eigentlich das Vorgängermaterial von Kohlefaser, kann man sich als Fortgeschrittener ansehen. Auch mit einer gesplißten Fliegenrute aus Tonkinrohr wird man sich vermutlich erst später beschäftigen. Eine gute Gesplißte ist eine tolles, stilvolles Werkzeug. Aber es gehört nicht in die Hände eines Einsteigers. Nicht zuletzt muss man sich auch bei der Handhabung ein wenig umstellen und dem Naturmaterial anpassen.

Aber falls Sie einmal damit in Berührung kommen sollten, hier in loser Reihenfolge ein paar wichtige Punkte zur besonderen Wartung und Pflege dieser edlen Teile:

1. Risse in der Rutenlackierung müssen gegen eindringende Feuchtigkeit unbedingt zügig repariert werden.
2. Nasse Ruten immer gründlich trocknen und trocken aufbewahren.
3. Rutenteile der Länge nach vertikal abhängen, damit sie gerade bleiben.
4. Metallhülsen mit etwas Alkohol reinigen. Danach die Hülse leicht über die Nase oder den Stirnansatz reiben, um sie mit dem Hautfett gleitfähiger zu machen.
5. Metallverhülsungen beim Zusammenfügen und Auseinandernehmen nur in gerader Linie schieben oder ziehen, auf keinen Fall verdrehen, sonst würden sich die Hülsen lockern.
6. Die Rute unter Belastung, also beim Drill eines größeren Fisches, immer wieder drehen, sodass jede Seite möglichst gleichmäßig belastet wird und es nicht zum *Set*, also zu einer festsitzenden Verformung des Blanks kommt.

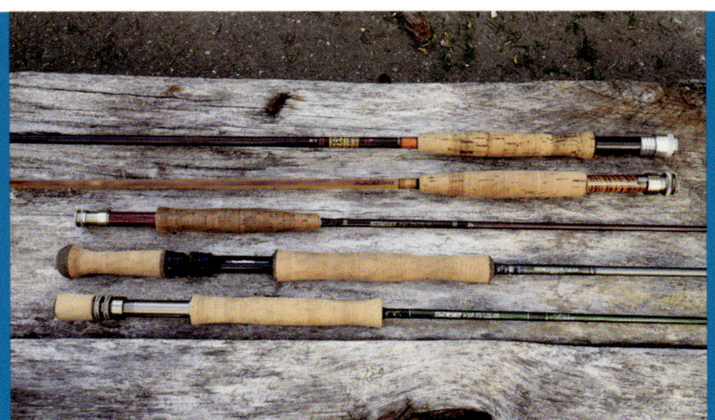

Fliegenruten aus unterschiedlichen Materialien, in verschiedenen Längen, Schnurklassen und Aktionen. Gut geeignet für den Anfang auf Forelle und Äsche: Kohlefaser, 8 bis 9 Fuß, AFTMA 4 bis 5, mittelschnelle Aktion.

02 Full- und Half-Wells-Griffe umbauen

An manchen hübschen leichten Fliegenruten, die man besser mit dem Zeigefingergriff auskosten kann (→ Nr. 67), stört der weit verbreitete, trompetenartig nach vorne auslaufende Full- oder Half-Wells-Griff.

Die Lösung: Umbau für den Zeigefinger

Mit etwas handwerklichem Geschick und ein paar Werkzeugen, die die meisten ohnehin besitzen dürften, gelingt es ganz einfach, einen angenehm konisch nach vorne verjüngt laufenden Handgriff zu formen. Kork kann mithilfe von Schleifpapier wunderbar in Form gedrechselt werden. Nicht jeder hat eine professionelle Drehbank im Bastelkeller. Die braucht es aber gar nicht zwingend.

Benötigte Werkzeuge: Pflicht ist eine *Handbohrmaschine mit Feineinstell-Schräubchen* zum Kontrollieren der Umdrehungsgeschwindigkeit (gelber Knopf am Handgriff) und eine entsprechende *Halterung für die Bohrmaschine*. Dagegen sind die auf den Bildern zu sehenden, zur Stützung und Führung des Blanks verwendeten beiden kugelgelagerten Lünetten ein väterliches Erbe und heute schwer zu bekommen. Bastler finden eine andere Lösung in Form von *Stehlagern* oder ähnlichen *Rollenaggregaten*. Auch einfache, selbstgebaute *Stützen* aus Holz sind denkbar. Grundsätzlich reicht eine dreieckig ausgeschnittene, gepolsterte Einlagemöglichkeit, in der sich der Blank drehen kann, ohne durchzuhängen oder zu verkratzen. Ein Helfer könnte den Blank in einem solchen offenen Lager zusätzlich halten und führen. Dazu kommen noch *Malerkrepp* und *Gewebeklebeband* und mehrere etwa *3 cm breite Schleifpapierstreifen in den Körnungen 80 und 120*.

Der Bereich vor und nach dem Korkgriff wird zum Schutz vor Schleifspuren mit Malerkrepp umwickelt. Maschinenhalterung und Rollenständer nach Anbringen an der Tischkante mit gelockerten Befestigungsschrauben nochmal genau in eine waagrechte Linie bringen.

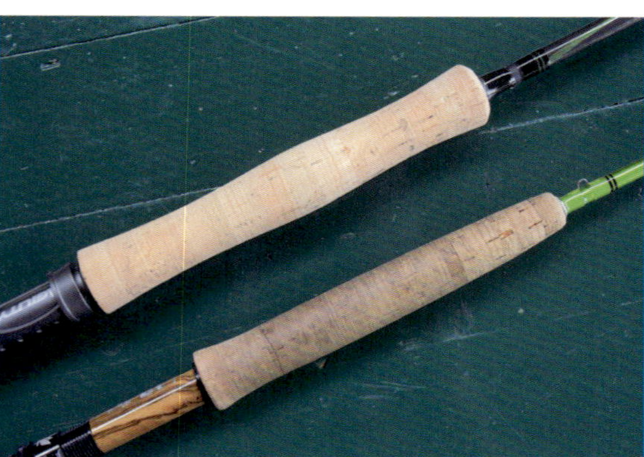

Korkgriffe lassen sich ganz einfach selbst umformen. Der obere Griff hat es noch vor, der untere bereits hinter sich.

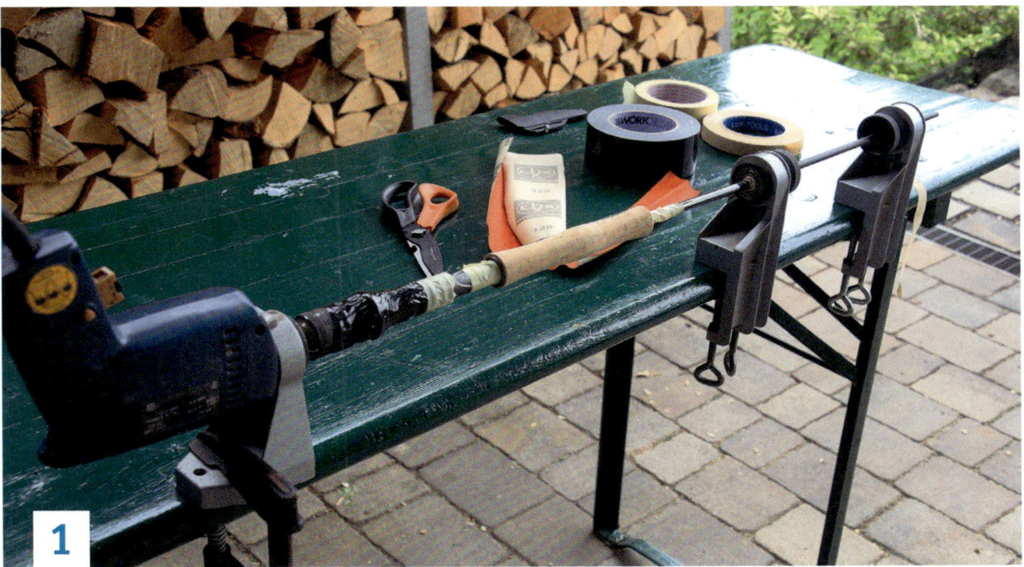

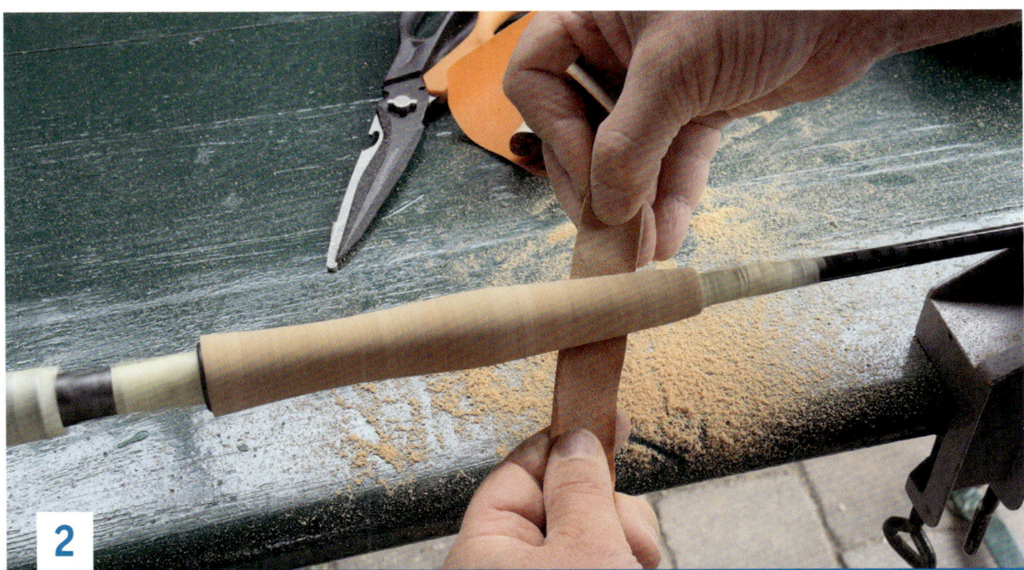

1 ***Vorbereitung:*** *Die Mitte des Rutenfußes möglichst exakt am drehbaren Bohrmaschinenkopf fixieren, um die Unwucht beim Drehen so gering wie möglich zu halten. Mit Gewebeklebeband um den Maschinenkopf und den Rollenfuß wird eine möglichst feste Verbindung hergestellt.*

2 ***In Form bringen:*** *Drehgeschwindigkeit auf »zügig«, aber nicht zu schnell stellen. Einen 80er-Schleifpapierstreifen in beide Hände nehmen und von der anderen Seite leicht gegen den Griff ziehen. Dabei den Streifen ständig etwas in Längsrichtung hin und her bewegen. Der abschließende Feinschliff erfolgt mit der 120er-Körnung.*

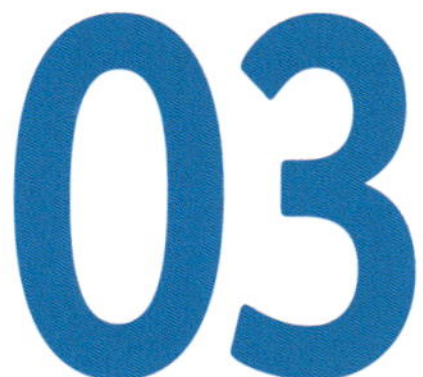

03 Die Wahl der Fliegenrolle

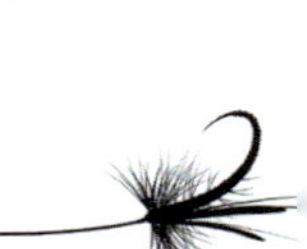

Was sind die wichtigsten Kriterien beim Kauf einer Fliegenrolle für das normale, »leichte« Fliegenfischen auf Forellen, Äschen und ähnliche Fischarten? Auch wenn wir beim Fliegenfischen eher selten kurbeln, die Qualität sollte stimmen.

Die Lösung: Schlichte Großkernrollen

Eine Fliegenrolle hat beim leichten Fliegenfischen in erster Linie die Aufgabe eines Schnurdepots, das schnell Leine liefern, aber auch wieder aufnehmen soll.

Spule: Die Spule soll sich ruckfrei drehen können. Heute sind es vor allem *Großkernrollen*, die durch den stärkeren Spulenkern grundsätzlich eine schnellere Einholgeschwindigkeit ermöglichen.

Bremse: Eine einfache *Klickbremse* verhindert, dass beim schnellen Abziehen der Schnur von der Rolle die Spule unkontrolliert nachläuft und auf der Rolle ein reichlich aufgeplusterter Schnurverhau, fachsprachlich *Perücke* genannt, entsteht. Ein fein *verstellbares Bremssystem*, durchaus sinnvoll für kampfstärkere Fischarten, ist aber auch nicht schädlich (→ Nr. 74).

Oberfläche und Farbe: Silber- oder goldfarbene Fliegenrollen sind für ihren Besitzer eine Augenweide. Allerdings sollte man sich von diesem schönen Schein nicht blenden lassen: Vor allem bei Sonnenschein und sehr klarem Wasser können die Fische durch Blitz- und Spiegeleffekte auf einer glänzenden Rolle gewarnt und verschreckt werden. Dann nützen auch die vorsichtigste Uferpirsch und die gelungensten Würfe nichts. Beim Kauf einer neuen Fliegenrolle sollte man also auf eine dunklere, gedeckte Farbe und eine matte Oberfläche achten. Gesichtspunkte, die man auch für die Schnurwahl berücksichtigen kann (→ Nr. 20). Wenn die Rolle diese Kriterien in etwa erfüllt und mechanisch gut funktioniert (hierbei ist die Seite, auf der sich die Kurbel befindet, nicht unwichtig → Nr. 4), muss das gewählte Modell nicht teuer sein.

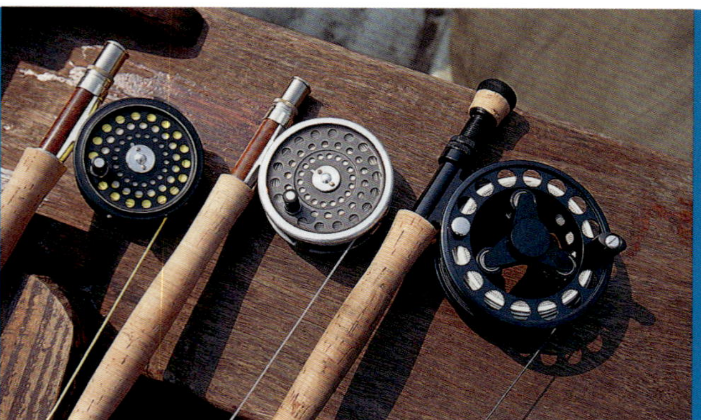

Metallisch glänzende Rollen können bei sonnigem Wetter zur regelrechten »Warnblinkanlage« für Fische werden. Dunkle oder matte Oberflächen haben Vorteile.

04 Die Position der Rolle

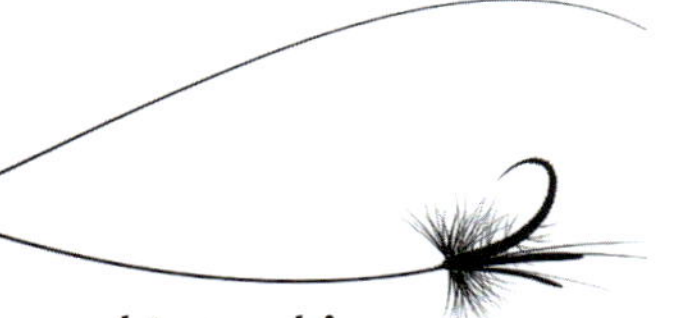

Beim Kauf einer Fliegenrolle mit Bremssystem bemerkt man hin und wieder, dass die Kurbel auf Rechtshandbetrieb ausgelegt ist. Die meisten Rechtshänder wollen aber die Rute mit rechts führen und links kurbeln. Wer hat recht? Hersteller oder Anwender?

Die Lösung: Die starke Hand bestimmt

Links oder rechts? Wie kommt es zu der seitenverkehrten Einstellung? Sie beruht auf einer Tradition, die bis heute nicht abgelegt wurde. Früher wurden alle Rollen mit rechts bedient. Man glaubte, die Gebrauchshand, bei den meisten die rechte, wäre in der Lage, schneller zu kurbeln als die linke. Das mag sogar so sein, allerdings hält man die Rute beim Werfen auch in dieser Hand. Hakt man nun einen Fisch, muss man die Rute in die linke Hand übergeben, um mit der rechten die Rollenkurbel bedienen zu können. Drillen und Führen des Fisches, vor allem wenn er sich recht wehrhaft verhält, fällt aber einem Rechtshänder mit der rechten Hand bedeutend leichter. Dadurch entwickelt sich ein reges »Bäumchen-wechsel-dich«-Spielchen zwischen beiden Händen, das einen erfolgreichen Drill eher stört als fördert.

Die Rolle individuell umstellen: Ich halte es für eindeutig besser, als Rechtshänder die Kurbel auf der linken Seite zu haben. Wer ebenfalls dieser Meinung ist, muss die Rolle gegebenenfalls umstellen. Das ist eigentlich bei allen Modellen möglich, das Vorgehen wird in der Gebrauchsanleitung detailliert erläutert.

Es kommt vor, dass man je nach Rollenmodell diverse Schräubchen und winzige Einzelteile lösen muss. Um diese nicht zu verlieren und wieder in der richtige Reihenfolge einbauen zu können, kann man rund 10 cm doppelseitiges Klebeband auf einem kleinen Frühstücksbrettchen anbringen. Darauf werden die Kleinteile in der Reihenfolge des Ausbaus fixiert und umgekehrt wieder aufgenommen und zurückgebaut.

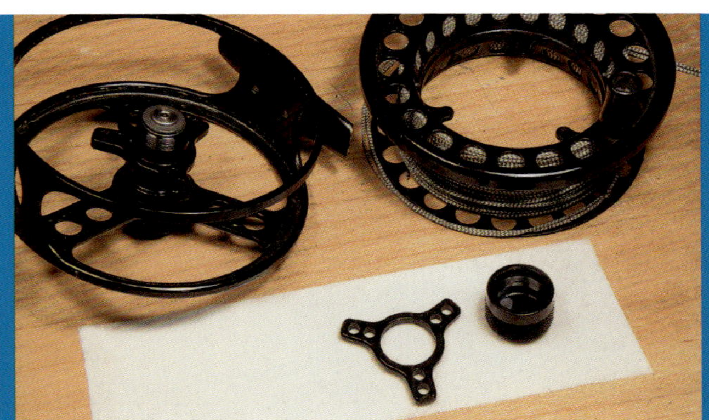

Die restlichen noch zu lösenden Kleinteile können nach- und nebeneinander auf dem Klebeband sicher abgelegt werden.

05 Die optimale Rutenpflege

Eine Fliegenrute scheint auf den ersten Blick relativ wenig Wartung zu erfordern. Die meisten werden sie nur bei auffälliger Verschmutzung schnell einmal mit einem weichen Tuch abreiben. Zu wenig für die optimale Funktionalität und Lebensdauer ihrer Rute.

Die Lösung: Vorbeugende Maßnahmen

Festsitzenden Rutenhülsen vorbeugen: Kerzenwachs oder Graphit von einem weichen Bleistift dünn auf der sauberen Steckverbindung verreiben.

Bei den Nickelverhülsungen gesplißter Ruten sollte man sogar nur kurz über die eigene Stirn reiben. Das Hautfett reicht als Schmiermittel aus. Die Steckverbindungen gesplißter Ruten werden nur in gerader Linie auseinandergezogen und zusammengesteckt. Sollten die Hülsen doch einmal festsitzen → Nr. 6.

Tuning der Schnurbeschleunigung: Beim Werfen gleitet die Schnur durch die Ringe am Rutenblank entlang. Selbst wenn die Schnur sauber und ohne Memory (→ Nr. 12) ist, können die Länge des Blanks und daran anhaftende Schmutzpartikel sie mehr oder minder stark abbremsen. Um diese Reibung weiter zu reduzieren, polieren Sie den Blank mit Autohartwachs. Danach flitzt die Leine mit zusätzlicher Leichtigkeit durch die Ringe.

Rute trocken halten: In der Regel werden Fliegenruten nach dem Fischen zerlegt und kommen in ein Futteral und ein Schutzrohr. Ist die Rute noch feucht, sollte man sie zu Hause aus dem Rohr nehmen und gut trocknen lassen. Sonst könnte es vor allem im Bereich des Korkgriffs zur Schimmelbildung kommen.

Ringkontrolle: Kontrollieren Sie regelmäßig die Beringung und wechseln Sie schadhafte Ringe konsequent aus. Idealerweise haben Sie das erforderliche Material in Ihrer Notfall-Reparaturbox (→ Nr. 44)

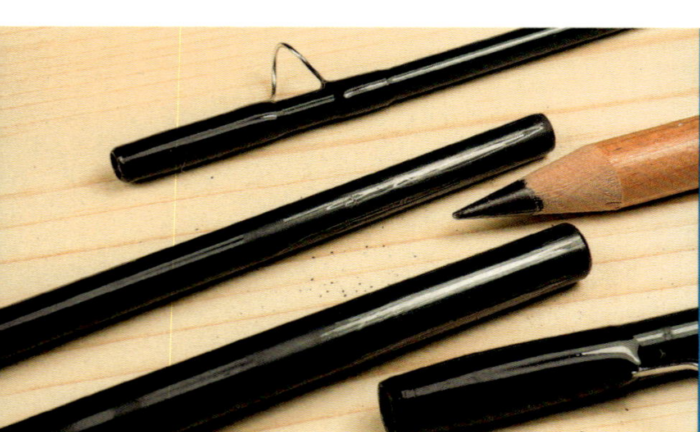

Ein weicher Bleistift ist oft das beste Pflegemittel für eine Steckverbindung.

06 Festsitzende Rutenhülsen

Manchmal lassen sich Steckverbindungen nach dem Fischen nicht mehr durch einfaches Auseinanderschieben von Spitzen- und Handteil lösen. Mit Gewalt wird die Rute sicher Schaden nehmen. Auf die richtige Methode, nicht auf Kraft kommt es jetzt an.

Die Lösung: Schonend lösen

Wer jetzt an die ober- und unterhalb der Verbindung befestigten Rutenringe zugreift, um mehr Kraft beim Drehen zu haben, wird mit großer Wahrscheinlichkeit auch noch die Ringe beschädigen. Am besten ist natürlich Vorbeugung (→ Nr. 5). Es gibt allerdings auch schonende und effektive Methoden für mehr Kraft. In 99 % der Fälle führen die ersten beiden Methoden zum Erfolg, in Härtefällen die »Kälteschock-Therapie«.

Methode 1: Steht kein Helfer zur Verfügung, gehen Sie leicht in die Knie und umfassen Sie die Rute mit beiden Händen hinter sich auf Höhe der Kniekehlen. Halten Sie beide Teile fest (aber Finger weg von den Ringen!) und pressen Sie mit den Beinen seitwärts gegen ihre Hände. Selbst sehr festsitzende Verbindungen geben diesem verstärkten Druck nach.

Methode 2: Ist man zu zweit, stellt man sich gegenüber auf und jeder umfasst mit einer Hand das eine Rutenteil und mit der anderen Hand das gegenüberliegende (siehe Foto). Auf Kommando zieht beziehungsweise schiebt man in die entgegengesetzte Richtung. So wird ein für den Ruten-Blank gefährliches Abwinkeln der Rutenteile vermieden. Eine sehr starke Methode.

Methode 3: Versagen beide Methoden, gibt es noch eine etwas aufwendigere Option: Zerstoßenes Eis in einen Beutel geben und diese Packung unterhalb der Hülse um das innenliegende Steckteil legen (alternativ: Sportkühlspray). Die Überschubhülse mit der bloßen Hand umfassen. Die Handwärme weitet diese Hülse geringfügig auf, während der innenliegende Rutenteil sich durch die Kälte zusammenzieht. Jetzt müsste es gehen.

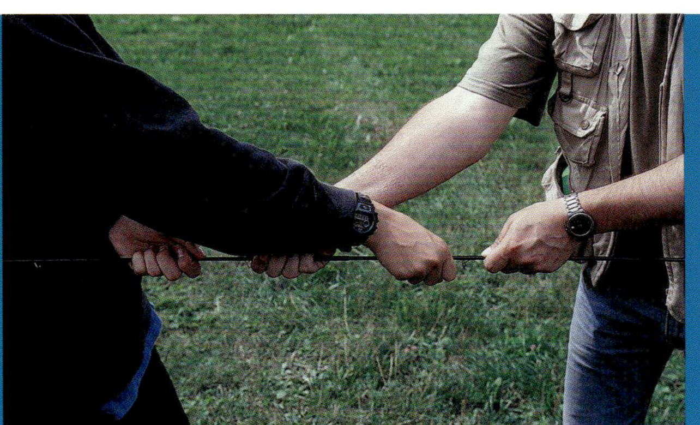

Sie und ein Helfer greifen die Rutenteile versetzt mit beiden Händen. So ist dem gefährlichen Abwinkeln der Teile noch besser vorgebeugt als bei der Knie-Hebel-Methode.

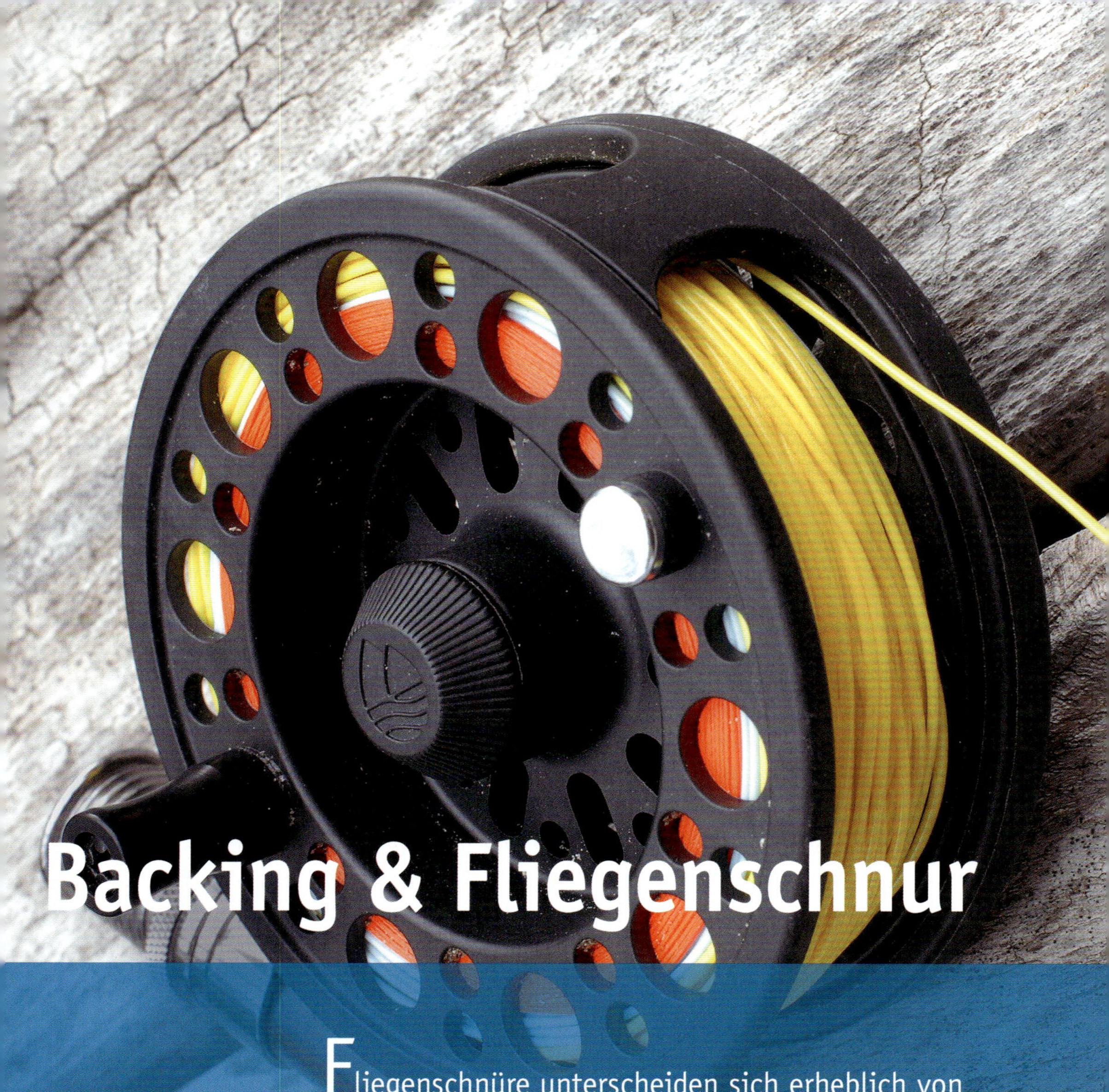

Backing & Fliegenschnur

Fliegenschnüre unterscheiden sich erheblich von herkömmlichen Angelschnüren, denn Gewicht und Form der Schnur bestimmen, wie sich mit ihr die Wurfenergie übertragen und der Service lenken lässt. Es gibt Schwimm- oder Sinkschnüre, verschiedene Gewichtsklassen und Verjüngungsformen, die zur Rute und zum Wunschservice passen müssen. Fragen zur Auswahl, zum Einsatz und zur Pflege finden Sie in diesem Kapitel.

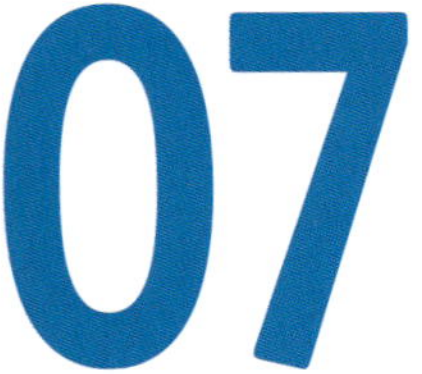

Die Aufgabe des Backings

Auf der Rolle befindet sich hinter beziehungsweise unter der Fliegenschnur noch die Nach- oder Rückschnur, gemeinhin auch als Backing bekannt. Das Backing ist aber definitiv mehr als eine »Reserveschnur« für große Fische.

Die Lösung: Mehrfachfunktion

Verlängerung: Grundsätzlich wird das Backing als Verlängerung angesehen, falls bei der Flucht eines starken Fisches die Fliegenschnur nicht ausreichen sollte. Denn diese selbst misst »nur« 27 bis 30 m und wir alle befürchten, dass ein großer davonstürmender Fisch diese Länge sofort aufbrauchen würde. Beim sogenannten schweren Fliegenfischen auf große Fische, Lachse oder kampfstarke Meeresfische, steht die Funktion des Backings als notwendiger Verlängerung außer Zweifel. Denn bei einem Kontakt mit solchen Schwergewichten kann es durchaus vorkommen, dass die gesamte Fliegenschnur in Sekundenschnelle abgezogen wird. Im Bereich des normalen Fliegenfischens auf Forellen und Äschen wird man das Backing hingegen fast nie zu Gesicht bekommen. Es wäre sogar kontraproduktiv, einen Fisch absichtlich oder unabsichtlich einfach bis ins Backing laufen zu lassen (→ Nr. 107).

Unterlage: Nur weil man diese Verlängerung besser nicht nutzen sollte, ist einfach weglassen aber keine Option: Denn die grundsätzliche Funktion der Nachschnur als geschmeidige Unterlage für die Fliegenschnur und als Helfer, um die Rolle optimal mit Schnur zu füllen (→ Nr. 8), ist nicht zu unterschätzen.

Die Wahl des richtigen Backings: Verwendet werden gewöhnlich geflochtene Schnüre mit 20 lbs (1 lbs = 1 engl. Pfund = 454 g, Aussprache in England wie *pound*, in US tatsächlich auch *libs*) Tragkraft für das leichte und mittlere Fliegenfischen bis Schnurklasse 7. Für das schwere Fliegenfischen ab Schnurklasse 8 werden 30 lbs empfohlen. Könnte ja sein, dass man die Nachschnur doch einmal braucht. Sicher ist sicher…

08 Die richtige Länge des Backings

Wenn man eine Rolle frisch mit Nach- und Fliegenschnur bestückt, ist die Länge der unten liegenden Nachschnur nicht ganz einfach zu bestimmen. Schätzt man zu wenig, bleibt Leerraum, nimmt man zu viel, »klemmen« die letzten Meter der Fliegenschnur auf der Rolle.

Die Lösung: Verkehrt herum befüllen

Wer sich bei der Länge der Backing genannten Nachschnur verschätzt, kann unfreiwillig fleißig wieder von vorne anfangen und hat im schlimmsten Fall das Backing zu kurz abgeschnitten. Die richtige Länge misst man am einfachsten ganz genau ab:

Schritt 1: Legen Sie die Spitze der Fliegenschnur um den leeren Kern der Rolle, eventuell muss sie mit etwas Klebeband fixiert werden. Spulen Sie die Leine einigermaßen straff bis zum Ende auf (→ Nr. 106).

Schritt 2: Nun verbinden Sie Fliegenschnur und Backing mit einem Knoten (→ Nr. 34) oder einer Schlaufenverbindung (→ Nr. 9+35). Dann rollen Sie das Backing ein, bis nur noch ein Freiraum von etwa ½ cm zum Spulenrand bleibt. Damit haben Sie die richtige Füllung erreicht. Jetzt das Backing abschneiden.

Schritt 3: Gehen Sie auf eine große Wiese oder einen Sportplatz, ziehen Sie die beiden verbundenen Schnüre in möglichst gerader Linie ab, wandern an der ausgelegten Leine entlang ans andere Ende und binden nun das Ende des Backings an den Spulenkern.

Schritt 4: Jetzt die ganze Länge wieder einrollen. Damit befindet sich die zur Rolle passende Länge an Backing unter der Fliegenschnur und die Rolle ist optimal gefüllt.

TIPP: Passt die Rollengröße zur Klasse der Fliegenschnur, kommen meistens zwischen 50 und 100 m Backing auf die Spule.

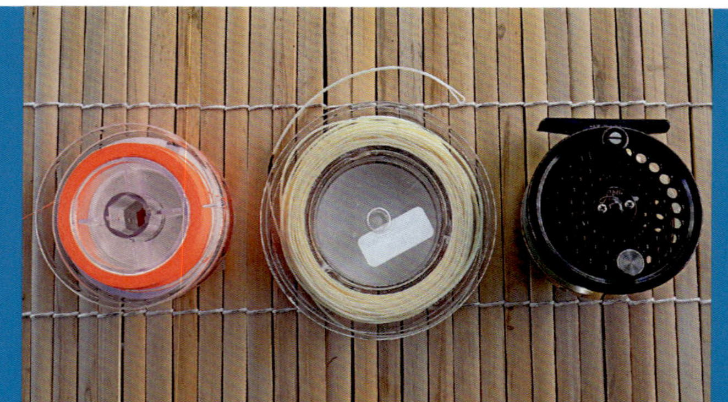

Die Länge der Schnur steht fest. Kommt sie beim Nachschnur-Abmessen zuerst auf die Rolle, sieht man auf den ersten Blick, wie viel Backing nötig und möglich ist.

09 Schnüre schnell und einfach wechseln

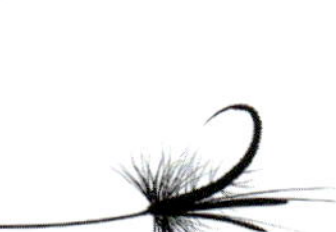

Verschiedene Einsatzbereiche und Angeltechniken erfordern mitunter unterschiedliche Fliegenschnüre. Könnte ja sein, dass man doch einmal von einer Schwimm- auf eine Sinkschnur wechseln möchte. Ohne befüllte teure Wechselspulen ein langwieriges Unterfangen?

Die Lösung: Das Schnellwechselsystem

Da man meist nicht für jede Rolle eine entsprechende Ersatzspule mit der gerade gewünschten Leine parat hat, braucht man ein passendes »Schnellwechselsystem«. Auch eine neue Fliegenschnur lässt sich so in weniger als 5 Minuten aufziehen. Man lagert sein Set an mit Schlaufen versehenen Wechselschnüren »verkehrt herum«, also mit der Spitze unten auf Schnurcontainern. Die jeweils gewünschte Schnur wird mittels einer *Steckschlaufenverbindung* (→ Nr. 35) mit dem auf der Rolle befindlichen Backing verbunden, das ebenfalls mit einer Schlaufe versehen ist.

Backingschlaufe: Der Anfang des Backings wird zu einer Schlaufe von etwa 20 cm Länge geknotet. Einfach 2 Überhandknoten in das gedoppelte Ende knüpfen, fertig ist die bekannte *Chirurgenschlaufe* (→ Nr. 35).

Schnurschlaufe: Am Ende der Fliegenschnur genügt eine sehr viel kleinere Schlaufe. Dazu sollte man ein Stück vom Schnurmantel entfernen, sonst fällt der Knoten zu stark aus. Man kann den Mantel auf circa 15 cm Länge in etwas Aceton aufweichen und dann mit den Fingernägeln oder mit einer um den Kunststoffmantel gelegten, sich selbst schließenden Schlaufe aus etwa 0,30 mm starkem Monofil in einem Zug abschälen. Danach knüpft man in die freiliegende Fliegenschnurseele eine 2 bis 3 cm lange *Chirurgenschlaufe*.

Steckschlaufenverbindung: Die kleine Schlaufe der Fliegenschnur über die große Backingschlaufe führen, dann den Plastikcontainer durch diese Schlaufe stecken **1**. Beide Schlaufen zusammenziehen, schon sind Fliegenschnur und Backing sicher verbunden.

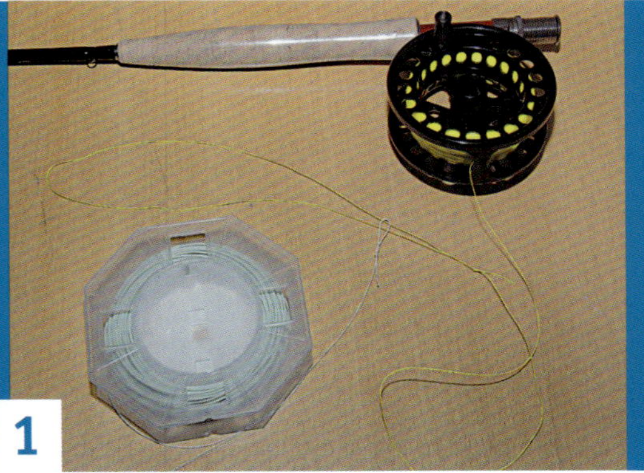

1 *Die Steckschlaufenverbindung ist eine einfache und sichere Methode zum Anbringen der Fliegenschnur. Siehe dazu auch Nr. 35. In diesem Fall muss der Schnurcontainer noch durch die große gelbe Schlaufe gesteckt werden. Dann einfach zusammenziehen.*

Am besten bedient beim Abrollen eine zweite Person die Vorratsspule, um gegebenenfalls durch Bremsen ein Überlaufen zu vermeiden. Als Rotationsachse dient ein durch das Mittelloch gesteckter Bleistift.

Das Wechselschnur-Depot: Auswechselschnüre deponiert man auf alten Verkaufsspulen, deren Hälften sorgfältig verklebt wurden, damit sie sich beim Einsatz nicht voneinander lösen 2. So kann man, etwa auf einem Angeltrip, verschiedene Schnüre mitführen, ohne auf teure und schwerere Ersatzspulen (Fluggepäck!) angewiesen zu sein. Zusätzlich braucht man noch einen so vorbereiteten leeren Plastikcontainer, der die ausgewechselte Schnur aufnehmen kann.

Die alte Schnur abnehmen: Soll die Schnur gewechselt werden, muss zuerst die auf der Rolle befindliche Schnur abgenommen werden. Dazu den Anfang der Leine mit ein paar Handwicklungen auf der Plastikleerspule festlegen. Dann wieder einen Bleistift ins zentrale Mittelloch und einen zweiten als Kurbel in die weiter an der Seite exzentrisch angebrachte Lochung stecken. Am besten geht das natürlich wieder zu zweit, aber es funktioniert auch alleine. In diesem Fall bietet es sich an, die Rolle am Handteil der Rute zu belassen und die Schnur durch den Leitring zu führen (möglicherweise benötigt man bei einer vierteiligen Rute noch den zweiten Teil mit dem Leitring, der Rest der Rute ist unnötig und nur hinderlich). Das Handteil der Rute wird nun so gegen einen Stuhl gestellt oder auf den Boden gelegt 3, dass die Rolle frei rotieren kann. Darauf achten, dass die Rollenbremse nur sanft gegen Überlaufen der Spule eingestellt ist. Jetzt lässt sich die Schnur in Windeseile von der Rolle auf den leeren Plastikcontainer umspulen. Dort wird sie verbleiben, bis man sie wieder benötigt. Vergessen Sie aber auf gar keinen Fall, die Schnurart und Schnurklasse mit wasserfestem Filzstift auf dem Container zu vermerken. Die beiden ineinander gesteckten Schlaufen müssen noch im umgekehrten Vorgang wie vorher beschrieben voneinander gelöst werden. Dann den Container mit der gewünschten Schnur aufnehmen, deren Ende wieder mit dem Backing verbinden und die Leine auf die Rolle ziehen. Fertig. Der leere Container dient bei der nächsten Wechselaktion als neue Leerspule. Das Auswechseln einer Fliegenschnur dauert auf diese Weise keine 5 Minuten.

2 *Eine Verkaufsspule lässt sich ganz einfach zum Depot für Wechselschnüre umfunktionieren.*

3 *Mit 2 Bleistiften wird der Schnurwechsel zum Kinderspiel.*

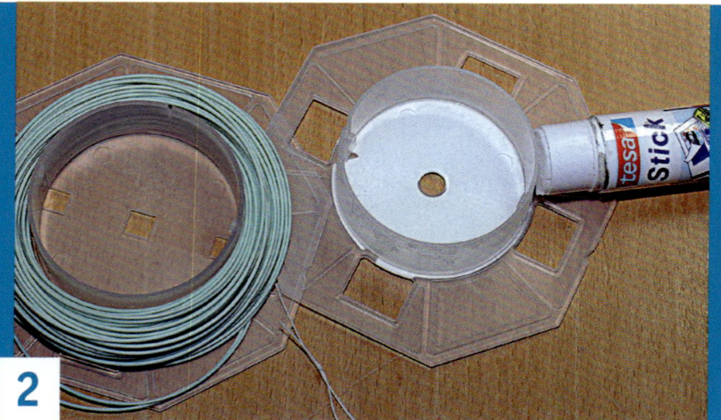

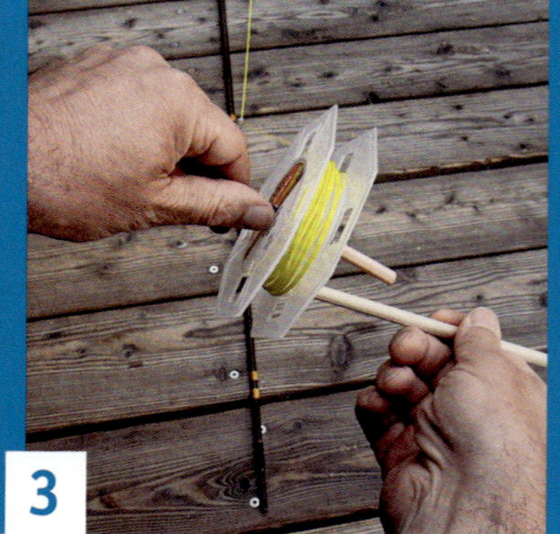

10 Die Schnur optimal sauber halten

Eine neue Fliegenschnur, frisch auf die Rolle gezogen, gleitet in der Regel wie geölt durch die Ringe. Ohne die richtige Pflege ist es aber schnell vorbei mit Schusskraft und Schwimmfähigkeit. Idealerweise arbeitet man hierbei vorbeugend.

Die Lösung: Reinigung nach dem letzten Wurf

Schon während eines einzigen Fischtages sammelt sich auf der Schnuroberfläche, abhängig von der Qualität des Wassers, unterschiedlich viel frischer Schmutz in mikroskopischer Größe an. Wird er nicht entfernt, geht neben dem guten Schussvermögen auch zunehmend die Schwimmfähigkeit der Schnur verloren. Und am schönsten wäre es doch, wenn die Schnur immer »wie neu« funktionieren würde.

Eine größere Reinigungsaktion wird zwar irgendwann ohnehin notwendig werden (→ Nr. 11), aber sie lässt sich hinauszögern. Jedenfalls sollte man die frischen Ablagerungen gar nicht erst richtig eintrocknen lassen, sondern immer gleich zum Abschluss eines jedes Fischtages entfernen. Das geht am einfachsten, wenn man die noch nasse Leine beim Aufrollen nach dem letzten Wurf des Tages durch ein frisches Papiertaschentuch führt, das man mit der freien Hand direkt vor die Rolle hält. Erstaunlich, welche Rückstände da sichtbar werden. Zusätzlicher Vorteil: Die Leine wird durch diese »Führung« sorgfältiger aufgespult und durch das Taschentuch kommt sie auch noch im trockenen Zustand auf die Spule.

Während der Saison kann man auch ein handelsübliches Pflegemittel für Fliegenschnüre aufbringen. Hinterher fliegt die Schnur bei gleichem Energieaufwand um einige Meter weiter.

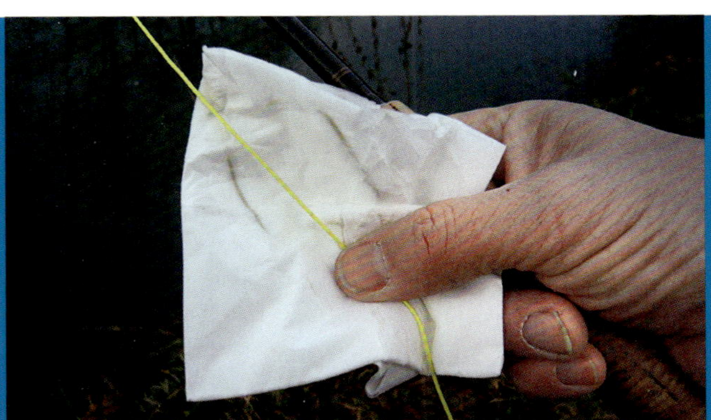

Die dunklen Streifen zeigen, wie schmutzig die Leine war. Vielleicht sollte man sie gleich noch einmal durchziehen?

11 Stark verschmutzte Schnüre

Wie geht man mit älteren Fliegenschnüren um, bei denen die regelmäßige Reinigung nach jedem Einsatz (→ Nr. 10) vernachlässigt wurde? Bekommt man die mit der Zeit besonders hartnäckigen Verschmutzungen wieder ab, oder ist die Schnur hoffnungslos verloren?

Die Lösung: Wellnesskur

Der beste Zeitpunkt, um bei älteren, vernachlässigten oder im letzten Jahr viel strapazierten Leinen eine »Generalüberholung« anzugehen, wäre das Saisonende.

Sanfte Reinigung: In so einem Fall geht nichts über ein gründliches Bad in einfacher, lauwarmer und milder Lauge aus Schmierseife oder Haarshampoo. Lassen Sie die Schnur einige Zeit darin liegen und ziehen Sie sie anschließend an dieses Bad mit leichtem Druck wiederholt durch einen weichen Stofflappen.
Aber bitte verwenden Sie kein Geschirrspülmittel, sie hätten zwar einen deutlichen Reinigungseffekt, aber die wegen der hochaktiven Fettlöser und Weichmacher aggressiven Mittel können den Schnurmantel angreifen. Die Schmutzablagerungen werden sich auch mit normaler Seife oder eben einem milden Shampoo lösen, und die Leine wird hinterher wieder so gut wie neu aussehen.

Intensive Pflege: Zum Abschluss wird sie mit einem handelsüblichen Pflegemittel nachbehandelt, um die Oberfläche zum Schutz und für optimale Wurfeigenschaften (geringer Reibungswiderstand in den Ringen) zu versiegeln. Jetzt könnte man die Schnur für die nächsten Monate aber statt zurück auf die Rolle in ein spezielles *Winterlager* geben, das gleich im Anschluss (→ Nr. 12) beschrieben wird. Eine mögliche, aber zugegebenermaßen etwas aufwändige Methode, die man vermutlich nur mit seinen Lieblingsschnüren durchführen wird.

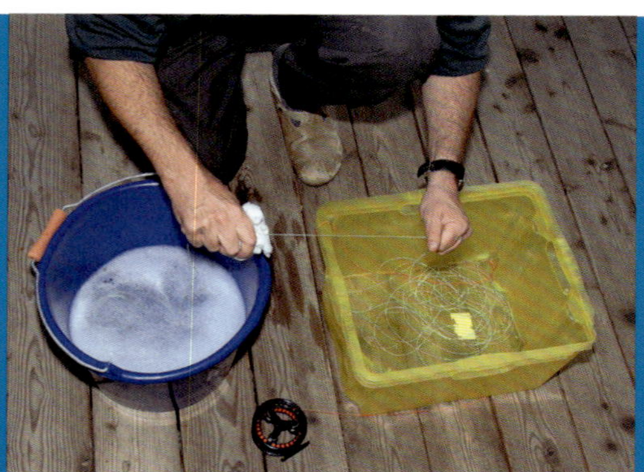

Die Schnur im Shampoobad. Sorgfältig und systhematisch vorgehen, dann gibt es in den Behältern keinen Schnurverhau.

12 Schnüre mit Memoryeffekt

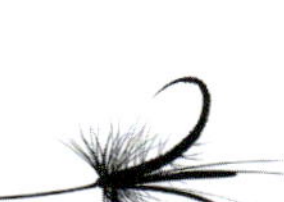

Bleibt die Fliegenschnur auch während einer längeren Angelabstinenz (Winter) auf der Rolle, kann es passieren, dass sie beim Abziehen von der Rolle kringelt und sich mehr oder weniger in Spiralform ablegt.

Die Lösung: Rettung und Vorbeugung

Die Fliegenschnur hat sich durch den langen Aufenthalt auf der Spule an deren Rundung gewöhnt. Diese Verformung sollte man vor dem Fischen beseitigen, sonst macht das Werfen keinen besonderen Spaß.

Memory beseitigen: Zu zweit geht es wieder besonders einfach. Während der eine die Rute am Griff festhält, zieht der andere etwa 20 m Schnur von der Rolle. Dann wird diese Länge bei gesenkter Rute auf beiden Seiten fixiert. Nun geht einer der beiden Beteiligten langsam 2 bis 3 Schritte zurück. Die Schnur wird nun gedehnt und etwa 10 Sekunden unter Spannung gehalten. Dann wird die Schnur wieder langsam entspannt. Nun sind alle Spiralen verschwunden und sie wird wieder kerzengerade durch die Rutenringe schießen. Steht uns kein Helfer zur Verfügung, können wir die Schnur um einen Zaunpfosten oder einen Baumstamm herumführen, dann einige Meter zurückgehen und die Leine beidhändig entsprechend spannen. Bei rauer Pfosten- oder Stammoberfläche legt man ein unempfindliches Kleidungsstück oder ein Handtuch unter die Schnur.

Memory vorbeugen: Fliegenschnüre über den Winter auf einen umgedrehten Eimer winden. Achtung! Den aufgestellten Eimer mit der Rolle umkreisen und dabei die Schnur abwickeln. Damit vermeidet man das Verdrehen der Schnur. Die Schnurenden mit Tesafilm gegen Verrutschen fixieren. So kommen die Schnüre im nächsten Frühjahr ganz ohne Memory auf die Rolle. Die Leinen abrollen, nicht in Klängen vom Eimer abnehmen, das würde sie verdreht auf die Spule bringen.

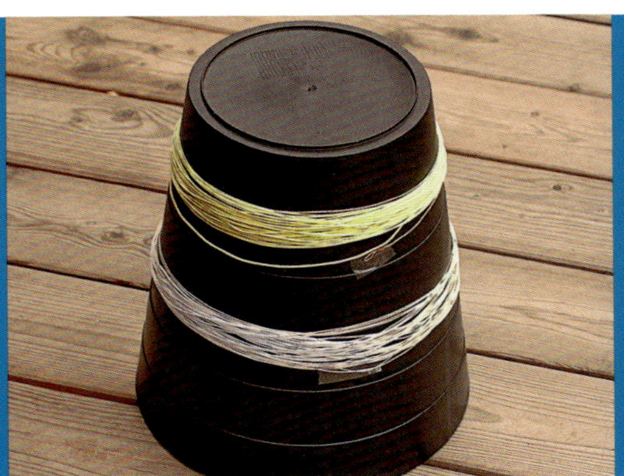

Ideales Winterlager für Fliegenschnüre: Den Eimer an einem dunklen, nicht zu warmen Ort (nicht neben der Heizung!) aufbewahren.

13 Die Schnurklassen erkennen

Die Schnurklasse muss zur Rute passen. Es gibt zahlreiche Schnurklassen in feinen Abstufungen, die aber in der Praxis durchaus ins Gewicht fallen können. Auch wenn sie sich optisch schwer eindeutig zuordnen lassen. Wie also den Überblick behalten?

Die Lösung: Den Überblick behalten

Die Schnurklassen im Überblick: Fliegenschnüre werden nach dem Gewicht der ersten 30 Fuß (9,14 m) als relevanter Wurfmasse nach den Standards der *AFTMA (American Fishing Tackle Manufactures Association)*, heute eigentlich *ASA (American Sportfishing Association)* eingeteilt. Je höher die Zahl, desto höher das Gewicht, desto stärker die Rute.
Die superleichten Klassen 1 und 2 wurden, wie die schweren Kategorien über 10, nicht berücksichtigt. Sie spielen für uns keine Rolle. Blau sind die Kategorien für die meisten Einsteiger. Wer an der Ostsee wohnt, beginnt vermutlich eher mit einer 7er- oder 8er-Rute und -Schnur. Zur Erinnerung: 1' = 1 engl. Fuß = 30,5 cm.

Ordnung auf den 1. Blick erhält man mit dem in der Grafik erklärten Markierungssystem. Besitzt man erst einmal mehrere Ruten, wächst auch die Klassenvielfalt des Schnurlagers.

Fischart	Details	AFTMA Schnurklassen								Länge Rute	(ideale L.)
		3	4	5	6	7	8	9	10		
Äsche/Forelle	Bach, Fluss	x	x	x	x					7'–10'	8'–9'
Äsche/Forelle	See	x	x	x	x	x				9'–11'	9'–10'
Döbel (Weißfische)	Bach, Fluss	x	x	x	x					7'–10'	8'–9'
Karpfen	Fluss, See				x	x	x			9'–10'	
Hecht	Fluss, See						x	x	x	9'–10'	
Meerforelle	Ostsee				x	x	x			9'–10'	

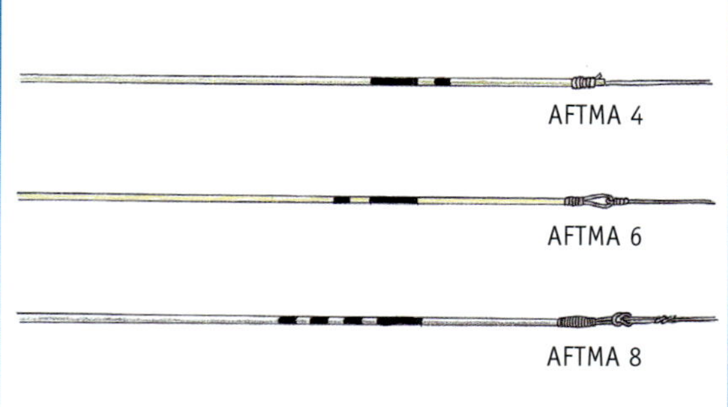

Mit einem wasserfesten Stift ein etwa 2 cm breites Band oberhalb der Schnurspitze anzeichnen. Es steht für die Schnurklasse 5. Für höhere Klassen oberhalb dieser Markierung, also zur Rute hin, für jede Klasse mehr ein weiteres schmales Bändchen anbringen. Alle niedrigeren Klassen analog zur Schnurspitze hin kennzeichnen.

14 Die Schnur auf die Rute ziehen

Gerade das Aufziehen der Fliegenschnur durch die kleinen Führungsringe der Rute hat so seine Tücken. Greift man nur die Spitze des ohnehin schon sehr dünnen Vorfachs, können 2 Dinge passieren: Man verfehlt einzelne Ringe oder das Vorfach entwischt.

Die Lösung: Der Schlaufentrick

Man verfehlt mit dem hauchdünnen Vorfach gerne einen der kleinen Ringe und führt die Schnur an ihm vorbei. Meist bemerkt man dies erst, wenn schon einige Meter der Schnur in der Luft schwingen und man sich wundert, warum die Schnur nicht so schön durch die Ringe gleitet, wie man es eigentlich gewohnt ist.

Und selbst wenn das Auffädeln fehlerlos fast bis zur Rutenspitze gelingen sollte, ist die Chance, dass einem das dünne Vorfachende kurz vor dem Ziel entschlüpft, relativ hoch. Das Monofil gleitet dann absolut erbarmungslos durch alle Ringe zurück und sammelt sich hämisch in einem kleinen Häufchen neben der Rolle. Man darf von Neuem beginnen …

Die einfachere und sichere Methode: Ziehen Sie das Vorfach und etwas Fliegenschnur von der Rolle. Legen Sie die Schnur zu einer Schlaufe um und führen diese Ring für Ring nach oben. Das Vorfach folgt der gut sichtbaren umgelegten Leine automatisch. Sollte nun auch diese ohnehin schon besser zu handhabende Schnurschlaufe einmal den Fingerspitzen entgleiten, spreizt sie sich auf und rutscht nur bis zum nächsten Ring zurück. Dort bleibt sie hängen und kann erneut aufgenommen werden. Eine ziemlich narrensichere Sache. Ich komme gut damit zurecht.

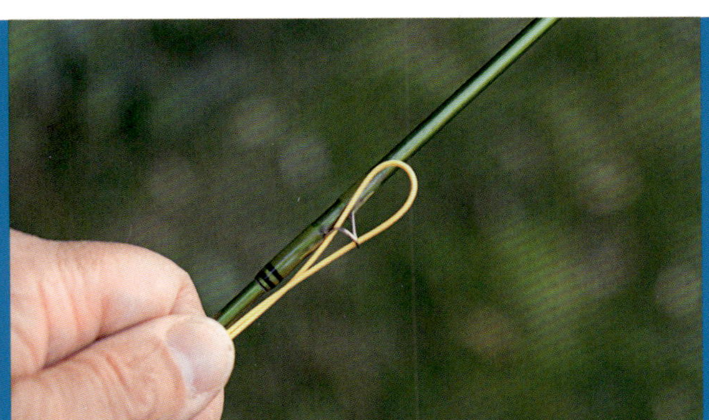

So kann die Schnur nicht durch die Ringe zurückrutschen.

15 Der richtige Längsschnitt der Schnur

Das Angebot an Schwimmschnüren ist verwirrend groß. Für den Einsteiger ist es nicht einfach, sich unter den verschiedenen Kürzeln wie DT, WF oder TT zurechtzufinden. Welcher Variante sollte man grundsätzlich als Einsteiger den Vorzug geben?

Die Lösung: Kriterien für Anfänger

Heute gibt es eigentlich keine schlechten Schnüre mehr, und innerhalb der im Folgenden beschriebenen Varianten kann ein Einsteiger überall eine gute Lösung finden.

WF steht für die *Weight Forward* beziehungsweise *Keulenschnur*. Sie besteht auf den ersten 9 bis 10 m nach der Spitze aus einem dickeren Teil (*Keule*) und einer langen, dünnen *Nach-* beziehungsweise *Schussschnur* (*Running Line*). Es gibt viele Variationen mit kurzer und langer Keule und unterschiedlich geschnittenen Verjüngungspartien für verschiedene Einsatzzwecke. Gerade für Anfänger sind sehr gute WF-Schnüre mit einer etwas kürzeren Keule erhältlich, welche die Rute schnell aufladen und vom Wurfgefühl her den Werfer unterstützen.

DT steht für die traditionellen *Double Taper*, doppelt verjüngte Fliegenschnüre mit einem gleichmäßig starken Mittelstück und jeweils etwa 3 bis 4 m langen verjüngten Abschnitten an jedem Ende. DT-Leinen sind gegenüber WF-Schnüren etwas aus der Mode gekommen. Kenner schätzen aber, dass man die DT wegen ihres zwischen den verjüngten Spitzen relativ starken Querschnitts auf ganzer Länge beispielsweise gut *menden* (→ Nr. 82) und steuern kann. Bei WF-Schnüren ist das nur im Bereich der dicken Keule möglich.

TT steht für *Triangle Taper*. Die Keule ist gleichmäßig zur Spitze hin verjüngt und hat einen sehr kurzen Übergang zur dünnen Running Line. Ein interessanter, gut zu steuernder und zu mendender Leinentyp, der seine Liebhaber hat.

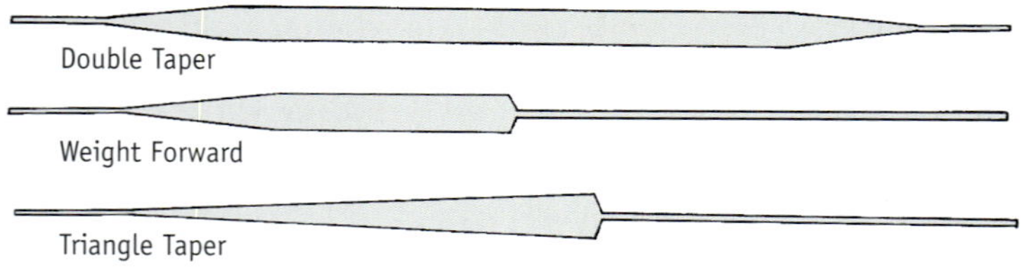

Double Taper

Weight Forward

Triangle Taper

Unterschiedliche Verjüngungen im Querschnitt. Von oben nach unten: DT, WF und TT

16 Harmonie von Schnur und Rute

Rute und Schnur sollten für ein ideales Wurfergebnis gut aufeinander abgestimmt sein. Dabei ist nicht immer auf die vom Hersteller empfohlene Schnurklasse Verlass. Wann liegt ein schlechtes Wurfgefühl an der Schnurklasse, wann stecken andere Fehler dahinter?

Die Lösung: Der Praxistest

Herstellerangaben hinterfragen: Man darf sich nicht nur auf die Angaben der empfohlenen Schnurklasse auf dem Rutenblank verlassen. Beim Kauf im Internet kann man das nicht überprüfen, bei einem guten Fachhändler schon. Manchmal sind die Angaben eher auf der »leichten« Seite angesiedelt. Folge: Wegen des fehlenden Gewichts wird sich die Rute nicht ausreichend »aufladen« und die Schnur kommt nicht in Schwung. Eine etwas schwerere 6er-Leine wäre dann die Lösung des Problems.

TIPP: WF-Schnüre mit etwas kürzerer Keule (unter 9 m) laden sich besonders schnell auf und werden gerne Einsteigern empfohlen. Lassen Sie sich beraten.

Verkehrt aufgespulte Schnur: Vielleicht hat die Disharmonie aber auch einen anderen Grund. In der Regel befindet sich am hinteren Ende einer WF-Fliegenschnur immer ein kleiner Papieraufschieber mit der Aufschrift »This End to Reel«. Er kann aber leicht abrutschen und durch fehlende Aufmerksamkeit kommt die Schnur dann verkehrt herum auf die Spule. Damit weist aber die dünne und damit zu leichte Running Line nach vorne, und das Gewicht der Keule fehlt ganz. Das passiert übrigens nicht nur Anfängern. Leider spreche ich da auch aus eigener Erfahrung.

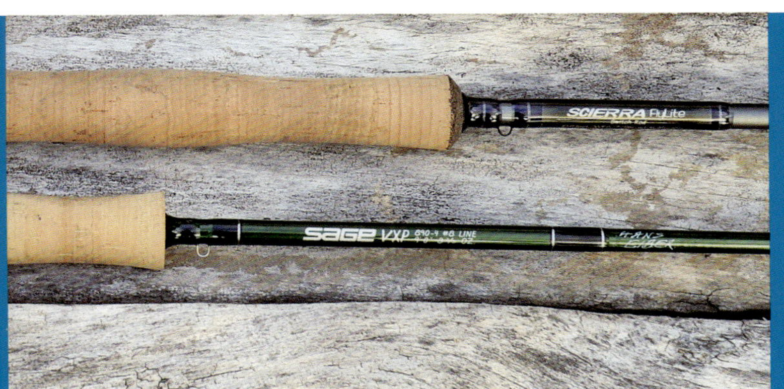

Die Angabe »#5« auf der oberen Rute schlägt eine Schnurklasse 5 vor. Nach dem Ausprobieren erschien mir eine Schnurklasse 6 aber geeigneter.

17 Schwimmschnur oder Sinkschnur?

Neben den vielfältigen schwimmenden Leinen gibt es noch die umfangreiche Palette der Sinkschnüre mit unterschiedlichen Sinkeigenschaften. Welche Schnur braucht man zu Beginn einer Fliegenfischerkarriere unbedingt?

Die Lösung: Schwimmen vor tauchen

Eindeutig eine schwimmende Schnur. Auf den Verkaufspackungen ist sie immer mit dem Kürzel »F« (Floating) versehen. Zum Beispiel »WF-F« oder »DT-F«. Damit lassen sich rund 95 % aller Situationen im leichten bis mittleren Fliegenfischen abdecken. Das bezieht sich nicht nur auf die Trockenfliege, sondern auch auf Nassfliege, Nymphe und Streamer. In Gewässern mit einer Tiefe bis zu etwa 2 m werden alle diese Fliegentypen tatsächlich in den meisten Fällen am besten mit einer *Floating Line* angeboten. Der Grund ist ganz einfach: Eine an der Oberfläche schwimmende Schnur lässt sich, auch bei Verwendung einer Nymphe oder eines beschwerten Streamers, weitaus besser durch *Menden* (→ Nr. 82) manövrieren, als eine im Wasser abgesunkene. Die Tiefeneinstellung wird bei einer Schwimmschnur reguliert durch die Länge des Vorfachs, die Beschwerung des Fliegenmusters und die gewählte Anbieteweise.

So lässt sich beispielsweise durch Anwendung bestimmter Spezial- oder Trickwürfe, wie etwa dem *Tuck Cast* (→ Nr. 80), eine beschwerte Nymphe an einem lockeren Vorfach so servieren, dass sie nach dem Auftreffen auf die Wasseroberfläche schnellstmöglich auf die entsprechende Tiefe abtaucht. Der Anbiss wird dann üblicherweise über die an der Oberfläche schwimmende Schnurspitze oder einen *Bissanzeiger* (→ Nr. 102) wahrgenommen. Man kann auch spezielle Sinkvorfächer verwenden. Erst wenn das nicht mehr ausreichend erscheint, denkt man an den Einsatz von *Sinkschnüren* (→ Nr. 18)

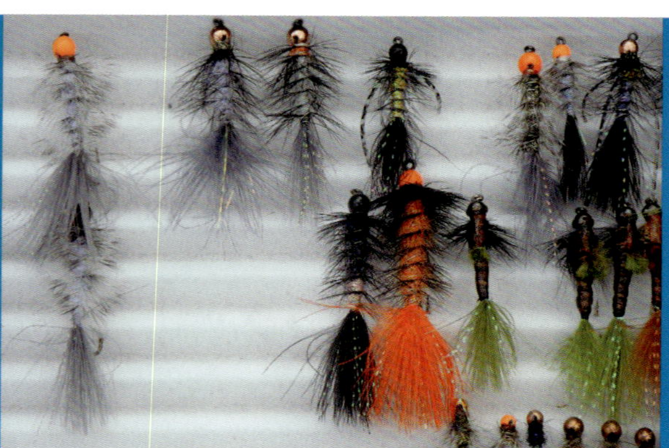

Alle hier abgebildeten Muster können erfolgreich mit einer Schwimmschnur angeboten werden. Empfehlung für die größeren Nymphen und Streamer: Schnurklasse 5–6.

18 Sinkschnüre richtig einsetzen

Neben den vielfältigen Schwimmschnüren gibt es noch mehr Auswahl: Wann ist eine sogenannte Sinkschnur gegenüber einer Schwimmschnur im Vorteil und wie setzt man sie ein? Und was ist eine Sink-Tip-Leine?

Die Lösung: Für tiefe oder schnelle Gewässer

Sink-Tip- und Sinkschnüre gibt es in unterschiedlichen Sinkraten. Die Angabe auf der Verkaufspackung erfolgt in ips (= inch per second/ Zoll pro Sekunde). 2 ips bedeuten beispielsweise rund 5 cm/s.

Sink-Tip-Leinen: Sie sind für bestimmte Situationen an manchen Gewässern eine gute Zwischenlösung: Sie besitzen eine 1,5 bis 6 m lange sinkende Spitze, der Rest der Schnur schwimmt. So ist mit ihnen im Unterschied zu vollständig sinkenden Leinen noch eine gewisse Steuerung an der Wasseroberfläche möglich. Sink-Tip-Leinen eignen sich manchmal zum Anbieten von Nymphen und Streamern in größeren Flüssen mit hindernisreichem Gewässergrund, wo eine auf ganzer Länge abtauchende Leine leichter und schneller hängen bliebe. Der Sinkeffekt auf den ersten Metern kann aber oft ebenfalls noch durch ein *Sinkvorfach* an einer Schwimmschnur erzielt werden. Was man tatsächlich verwendet, ist letztlich ein bisschen Geschmackssache.

Full-Sinking-Leinen: Eine *Intermediate-Leine* ist die am langsamsten sinkende Variante für das Fischen mit Nymphen, Nassfliegen und Streamern knapp unter der Oberfläche, vor allem in Stillwassern (Seen). Es folgen noch 2 bis 3 immer schneller sinkende Abstufungen bis hin zur extrem rasch abtauchenden Variante. Schnell sinkende Schnüre können an tieferen oder sehr schnell fließenden Gewässern beim Fischen auf große Raubfische nötig werden. Große Hechtstreamer werden im tieferen Wasser an Sinkschnüren der Klasse 8 bis 10 angeboten. Fliegenfischen im Meer erfolgt in den meisten Fällen mit unterschiedlichen Sinkschnüren.

Besondere Wurfeigenschaften: Sinkschnüre sind dünner als Schwimmschnüre. Sie fühlen sich bei gleicher Schnurklasse allerdings schwerer an und werfen sich schärfer. Die dünne Schnur reibt sich wenig in den Rutenringen und die Luft bietet fast keinen Widerstand. Deswegen fliegt sie in der Regel mit dem gleichen Schwung weiter als eine Schwimmschnur.

19 Die Funktion von Schussköpfen

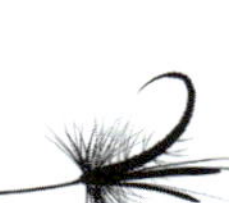

Als Fliegenfischer kommt man irgendwann mit sogenannten Schussköpfen in Berührung. Wenn man noch nicht sehr lange dabei ist, fragt man sich, worum es sich bei diesen besonderen Monofilstücken handelt.

Die Lösung: Schnellwechsel der Sinkrate

Aufbau: *Schussköpfe* gibt es in Varianten mit verschiedenen Sinkraten. Bei Schusskopfsystemen handelt es sich prinzipiell um besonders ausgeprägte *Keulenschnüre* (→ Nr. 15), meist *Sinkschnüre* (→ Nr. 18), bei welchen die Keule und die nachfolgende Running Line nur durch ein Schlaufensystem verbunden sind. Passend zur fischereilichen Situation kann der Kopf, die Länge reicht je nach Zuschnitt und Einsatzbereich von 6 bis 11 m, schnell ausgetauscht werden, während die einmal dahinter geschaltete Runningline auf der Spule bleibt.

Die Running Lines für Schussköpfe sind grundsätzlich nichts anderes als dünne, besonders gleitfähige und damit schussfreudige, unverjüngte Fliegenschnüre. Sie sind unkompliziert in der Anwendung. Die meisten Fliegenfischer kommen damit zurecht. Es gibt auch geflochtene oder monofile Ausführungen, die aber materialbezogen ihre Eigenheiten haben. Ich mag sie nicht.

Verwendung: Schussköpfe, vor allem wenn es sich um schneller sinkende Versionen handelt, lassen sich nicht so elegant und leichthändig handhaben wie eine Schwimmschnur. Man muss sie eben schnell fliegen oder »schießen« lassen. Sie haben aber Vorteile, wenn es um größere Wurfdistanzen geht, beispielsweise an Seen oder am Meer. Auch Lachsfischer verwenden diverse Schusskopfsysteme für das Fliegenfischen mit Zweihandruten. Grundsätzlich sollte man sich den Umgang mit diesen Spezialschnüren von einem guten Wurflehrer zeigen lassen.

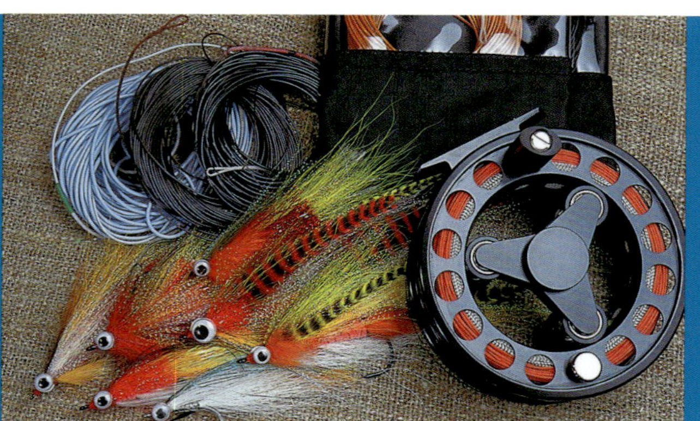

Schussköpfe eignen sich besonders für das Werfen von großen Streamern.

20 Die »Tarnfarbe« der Schnur

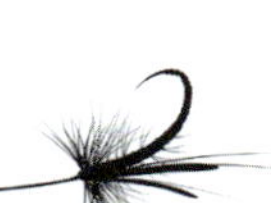

Schwimmende Fliegenschnüre gibt es in den verschiedensten Farben. Weiße, gelbe, neongrüne Ausführungen, aber auch eher gedeckte, unauffällige Tönungen in Beige, Khaki oder Olivgrün. Welchen soll man den Vorzug geben?

Die Lösung: Aus Sicht der Fische denken

Unsichtbare Schwimmschnüre? Gibt es nur für den Angler. Im Gegensatz zu sinkenden Schnüren sehen die Fische auf der Oberfläche schwimmende Schnüre nur von unten. Gegen das Licht von oben erscheinen alle Schnüre, egal welcher Farbe, relativ dunkel. Man nennt das *Balkeneffekt*.

Ganz egal ist die Farbe allerdings, auch abhängig vom Wetter, trotzdem nicht: Grundsätzlich sollten Schnüre besonders bei glasklarem Wasser eher in natürlichen, gedeckten Farben gewählt werden. Helle Schnüre bei Sonnenschein können während des Werfens über der Wasseroberfläche unerwünscht reflektieren. Aber bei weiteren Würfen, in der Dämmerung oder bei bedecktem Himmel passiert das nicht und sie sind für uns etwas leichter zu erkennen. Schwimmschnüre in hellen, aber gedeckten Farben wie Beige oder Olivgrün sind vermutlich ein guter Kompromiss. Mitunter findet man transparente, angeblich schwimmende Schnüre im Handel, deren Nutzen aber bezweifelt werden darf. Für den Angler sind sie schwer zu erkennen, aber für den Fisch sind sie nicht unsichtbar. Wenn überhaupt mag Transparenz vielleicht bei einer Sinkschnur sinnvoll sein, bei einer an der Oberfläche schwimmenden Schnur bleibt der Balkeneffekt erhalten.

Die beste Lösung: Prinzipiell sollte die schwimmende Fliegenschnur ungeachtet ihrer Farbe überhaupt nicht in den Sichtbereich des anvisierten Fisches kommen. Das erreicht man am besten durch ein der Situation entsprechend langes und korrekt zugeschnittenes Vorfach (S. 39 ff.) und die richtige Wurftechnik (S. 108 ff.).

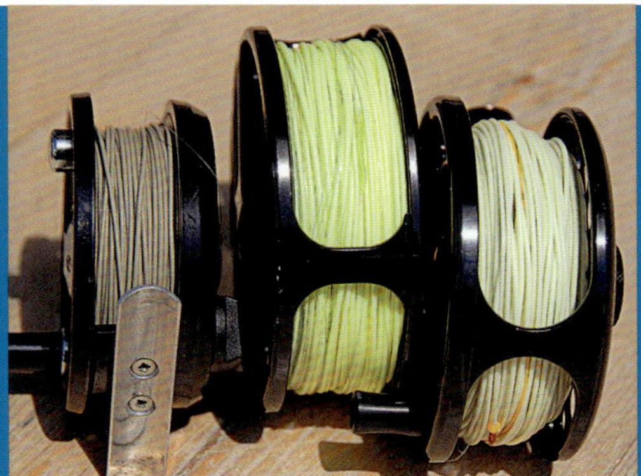

Für glasklare Gewässer wäre die Schnur ganz links optimal.

21 Die Lebensdauer der Schnur

Fliegenschnüre gehören zu den Hauptverschleißartikeln beim Fliegenfischen. Zu diesen unvermeidlichen Beanspruchungen gibt es Umstände und Verhaltensweisen, die den Verschleiß noch enorm beschleunigen. Diese gilt es zu minimieren.

Die Lösung: Schnurfeinde vermeiden

Fliegenschnüre sind dauernd in Bewegung, müssen möglichst schnell durch enge Rutenringe gleiten und kommen im täglichen Gebrauch nicht nur mit Wasser in Berührung, sondern auch mit harten Ästen oder scharfkantigen Steinen. Damit sie diese Aufgaben zuverlässig erfüllen und möglichst lange durch die Rutenringe flitzen und schöne Fische drillen, sollte jede unnötige Materialschwächung vermieden werden.

Insektenschutzmittel wirken leider auch tödlich gegen Fliegenschnüre: Die recht aggressiven Inhaltsstoffe greifen das Material an. Man sollte nie eine Fliegenschnur in die Hände nehmen, wenn man sich gerade gegen die kleinen Plagegeister eingerieben hat.

Intensives Sonnenlicht und entsprechend hohe Temperaturen sind ebenfalls Erzfeinde aller Fliegenschnüre. Wenn man nicht gerade fischt, sollte die Rolle mit der Schnur ohnehin immer im Dunkel einer Schutztasche ruhen. Wer seine Ausrüstung ständig offen auf der sonnenbeschienenen und heißen Heckablage im Auto liegen lässt, braucht sich nicht zu wundern, wenn die Fliegenschnur bald brüchig wird. Spätestens, wenn feine dunkle Risse im Schnurmantel auftreten, neigt sich die Lebensdauer der Leine dem Ende zu.

Bodenkontakt sollte möglichst vermieden werden, vor allem wenn dieser aus scharfkantigen Steinen oder Sand besteht. Steigt man dann noch unabsichtlich mit den Watschuhen oder -stiefeln darauf herum, ist das der Anfang vom Ende der Leine. Ganz schlimm ist es, wenn die Sohlen auch noch Metall-Spikes besitzen (→ Nr. 42). Benützen Sie besser einen gut konzipierten *Schnurkorb* (→ Nr. 22), der die teure Leine sicher vom Boden weghält. Das hat auch wurftechnische Vorteile.

22 Die Kontrolle der abgezogenen Schnur

Beim Fliegenfischen hat man im Unterschied zu anderen Angelarten immer mehrere Meter Leine in der Hand. Das birgt spezielle Gefahren: Man will sie nicht bei jedem geringfügigen Standortwechsel einziehen und auch grundsätzlich nicht auf den Boden fallen lassen.

Die Lösung: Der Schnurkorb

Manchmal wird die Hand dann einfach zu voll, oder sie wird anderweitig gebraucht. Und die Schnur bei jedem kleinen Ortswechsel komplett einzurollen ist auch sehr mühselig ... Wohin mit den losen Schlaufen in der Schnurhand? Am Boden verheddert sich die Leine nur in Gräsern, Sträuchern und Ästchen, oder wir steigen unabsichtlich mit den groben Sohlen der Fischerstiefel darauf herum. Beim Watfischen treibt die Schnur ab und kommt uns umso mehr ins Gehege. Was hilft? Man verwendet einen Schnurkorb oder ein ähnliches Hilfsmittel.

Qualitätsmerkmale: Schnurkörbe gibt es in den unterschiedlichsten Ausführungen und Konstruktionen. Der Fantasie sind dabei fast keine Grenzen gesetzt, man findet spülschüsselartige feste Behälter, auffaltbare Stoffsäcke und noch so die eine oder andere fantasievolle Erfindung, die nicht immer wirklich den beabsichtigten Zweck erfüllt. Persönlich verwende ich seit gut 15 Jahren den sogenannten *Flexi-Stripper*, der für meine Zwecke ideal ist. Er trägt sich recht unauffällig an der Hüfte und beim Einholen der Leine streiche ich mit der Schnurhand über die weichen, nach oben ragenden Kunststoffstifte. Dabei lasse ich die Schnur los, sodass sie sich in den Stiften verhakt und bei jedem Wischer mit der Hand in Schlaufen übereinanderstapelt. Man kann mit der darin gesammelten Schnur auch ein paar Meter am Ufer zurücklegen und hat sie doch immer in Wurfbereitschaft. Beim nächsten Wurf löst sie sich wieder problemlos von den gummiartigen Nägeln.

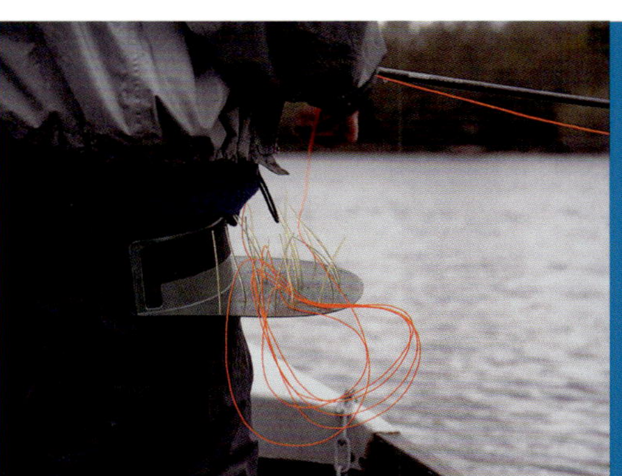

Recht unauffällig, aber effizient: Der Flexi-Stripper als Schnursammler und -spender.

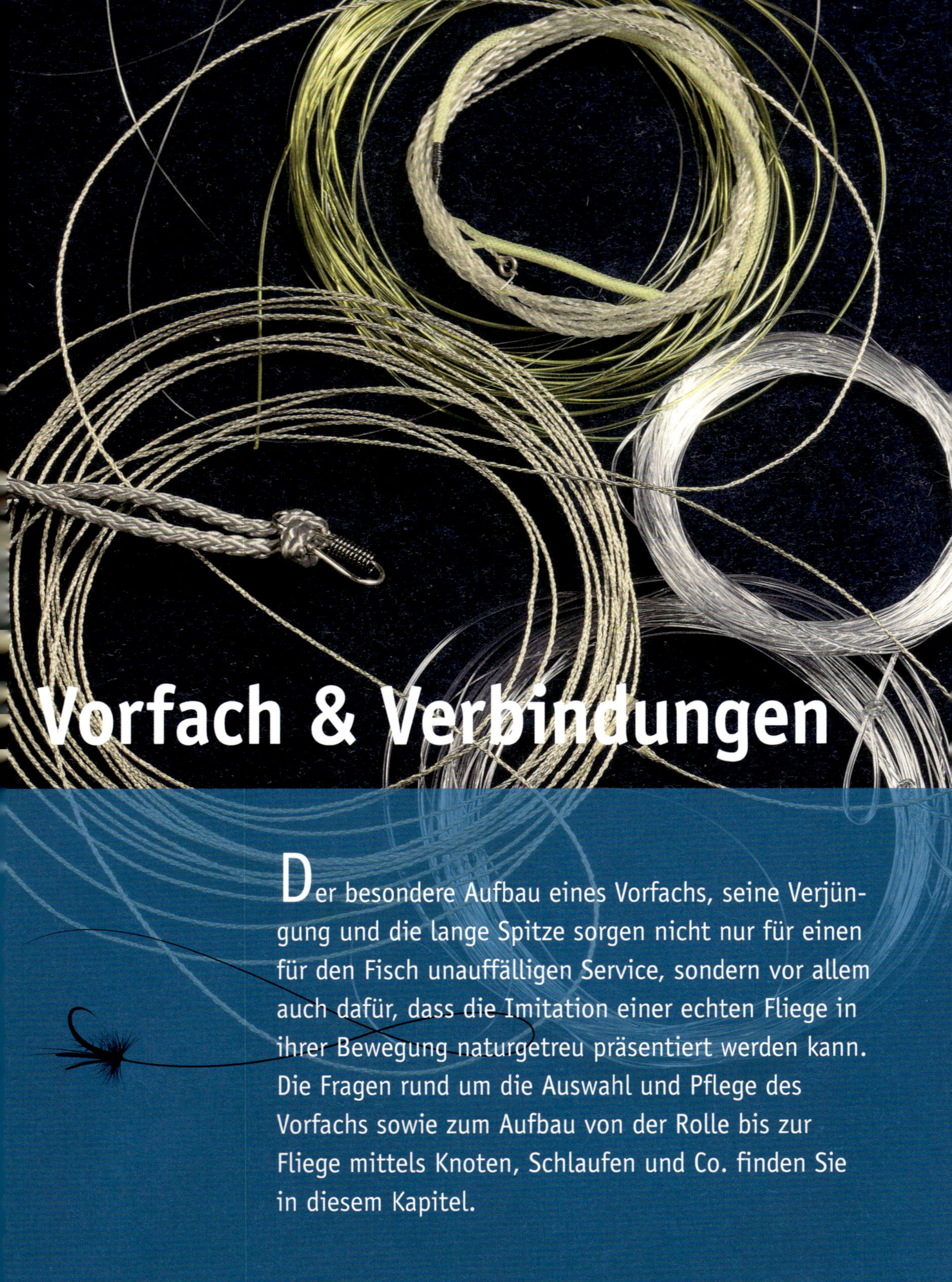

Vorfach & Verbindungen

Der besondere Aufbau eines Vorfachs, seine Verjüngung und die lange Spitze sorgen nicht nur für einen für den Fisch unauffälligen Service, sondern vor allem auch dafür, dass die Imitation einer echten Fliege in ihrer Bewegung naturgetreu präsentiert werden kann. Die Fragen rund um die Auswahl und Pflege des Vorfachs sowie zum Aufbau von der Rolle bis zur Fliege mittels Knoten, Schlaufen und Co. finden Sie in diesem Kapitel.

23 Der Aufbau des Trockenvorfachs

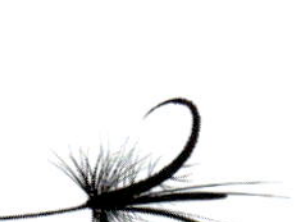

Einsteiger haben anfangs gewisse Probleme, das Prinzip eines Fliegenvorfachs zu verstehen. Kein Wunder, denn dieses rund 3 bis 4 m lange Monofilstück unterscheidet sich schon sehr von einem gewöhnlichen kurzen Hakenvorfach für Natur- oder Kunstköder.

Die Lösung: Der Service bestimmt den Zuschnitt

Ein typisches, sich verjüngendes Fliegenvorfach soll eine für den Fisch möglichst unsichtbare Verbindung zwischen Fliege und Schnur darstellen, das Muster naturnah servieren und einen starken Fisch sicher halten. Dazu müssen Material, Aufbau und Zuschnitt des Vorfachs ideal zusammenspielen. Dafür gibt es gewisse Grundregeln. Und dann kommt noch die »unbekannte Größe« des Anwenders hinzu. Mit zunehmender Erfahrung werden Sie Ihre eigene Technik entwickeln und Vorfächer maßschneidern.

Der verjüngte Aufbau: Ab der Verbindung zur Fliegenschnur beginnt die *Keule*, im Englischen auch *Butt* genannt, mit etwa 60 % der Gesamtlänge des Vorfachs. Dieses unverjüngte, durchmesserstarke Oberteil ist für die Streckung des Vorfachs (→ Nr. 89) zuständig. Es überträgt die Wurfenergie von der Schnur in Richtung Fliege. Daran schließt der sich verjüngende Mittelteil an, dessen Länge je nach Zuschnitt unterschiedlich sein kann. Dieser Abschnitt senkt den Durchmesser auf die finale Stärke der wiederum unverjüngten und üblicherweise zwischen 50 und 70 cm langen *Vorfachspitze*. Ab deren Beginn soll die Wurfenergie »verpuffen« und die Fliege möglichst sanft und mit natürlicher Grazie auf die Wasseroberfläche sinken.

Die richtige Gesamtlänge: Die Maße fertiger Vorfächer werden meistens in englischen Fuß angegeben. Die gebräuchlichsten Vorfachlängen liegen zwischen 2,70 m (9 Fuß oder 9') und 3,60 m (12 Fuß oder 12').
Faustregel: Bei rauem Wasser sind 9 Fuß (2,70 m) ganz in Ordnung, an kleinen, wilden Bächen reichen auch 7,5 Fuß (2,30 m).
Eine betont längeres Vorfach ab 12 Fuß und mehr hilft bei ruhigem und klarem Wasser, sonnigem Wetter und stark befischten Gewässern mit entsprechend misstrauischen Fischen. Manche Fliegenfischer verwenden grundsätzlich gerne erweiterte Vorfachlängen von 15 Fuß (4,50 m) und mehr.

Der Längszuschnitt: Je länger die durchmesserstarke Keule und je kürzer die dünne Spitze ausfallen, desto mehr führt dies zu einer betonten, schnellen Streckung des Vorfachs bei der Ablage. Es kommt zu einem mehr oder weniger »harten und lauten« Service mit möglicher Scheuchwirkung auf die Fische. Eine kürzere, vielleicht

auch dünnere und damit geschmeidigere Keule und eine lange Spitze können dagegen die Fliege sehr delikat anbieten, sind aber wiederum bei Wind schwieriger zu steuern.
Beispiele für Vorfachzuschnitte (Längen ca. 2,70 m bis 3,60 m) finden Sie auf der Abbildung unten.

Spitzenexperimente: Handelsübliche Vorfächer sind in der Regel gut ausbalanciert, aber mit der entsprechenden Experimentierfreude und einer Auswahl an unterschiedlich starkem *Vorfachmaterial* (→ Nr. 28) lässt sich aus einem Standard-Trockenvorfach eines für ganz bestimmte Situationen maßschneidern. Meine Spitzenlängen bewegen sich in der Regel zwischen 70 und 150 cm. Bei entsprechend kleinen Fliegenmustern (16, 18) verkürze ich beispielsweise eine 16er-Spitze auf rund 50 cm und verlängere dann mit einem *Wasserknoten* (→ Nr. 38) mit 80 bis 100 cm 0,14er-Monofil. Eine derart lange Spitze sorgt zuverlässig für die für eine natürliche freie Drift der Fliege gewünschten kleinen Kurven. Bei jedem Fliegenwechsel verliert man etwas von dieser Spitze, und irgendwann muss sie wieder erneuert werden. Mit einem *Vorfachringchen* (→ Nr. 39) fällt das Vorfachmanagement bedeutend leichter.

Fertigvorfächer und Baupläne: Die Ausführung beziehungsweise Konstruktion solcher Vorfächer kann einfach oder auch sehr aufwändig ausfallen. Es gibt fertige verdrallte beziehungsweise geflochtene Modelle, aber auch »Baupläne« zum Selberknoten aus unterschiedlichen Monofilstärken. Vermutlich bevorzugen die meisten Fliegenfischer (ich tue es) ein knotenlos gezogenes handelsübliches Standard-Monofilvorfach. Es besteht aus den 3 eben beschriebenen Abschnitten Butt, Verjüngung und parallele Spitze, die aber fließend ineinander übergehen.

Selbstbau: Es gibt aber auch Fliegenfischer, die sich die entsprechenden Verjüngungsteile aus unterschiedlich langem und unterschiedlich starkem Monofil individuell selbst zurechtschneidern. So ein Vorfach kann dann aus bis zu 7 Elementen bestehen und ist ein komplexes Werk von Experten.
Einfacher geht es für den Anfang mit nur 3 Teilen, frei nach Gary Borger (→ Nr. 68), beispielsweise in folgender Abmessung: 150 cm mit 0,35 mm ∅ (Butt), 80 cm mit 0,25 mm ∅ (Mittelteil) und 100 cm mit 0,16 mm ∅ für die Vorfachspitze. Diese Längen können den jeweiligen Anforderungen oder dem persönlichen Geschmack entsprechend abgeändert werden.

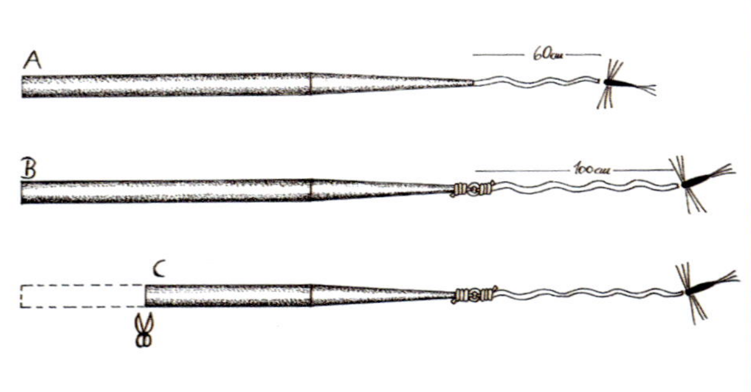

*A: Handelsübliches Vorfach.
B: Vorfach mit eingeknüpfter, verlängerter Spitze für einen sanften Service der Trockenfliege.
C: Vorfach mit eingekürzter Buttsektion, aber langer Spitze. Ideal für kleine Bäche, wo lange Vorfächer hinderlich wären.*

24 Das Vorfach optimal strecken

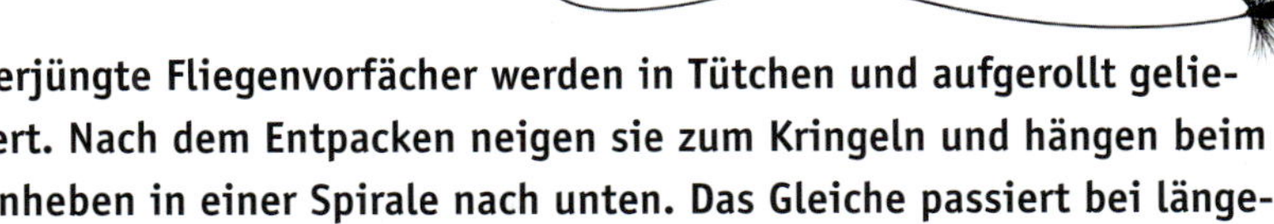

Verjüngte Fliegenvorfächer werden in Tütchen und aufgerollt geliefert. Nach dem Entpacken neigen sie zum Kringeln und hängen beim Anheben in einer Spirale nach unten. Das Gleiche passiert bei längerer Lagerung von Monofil und Schnüren auf der Rollenspule.

Die Lösung: Strecken von Hand

Vor dem Einsatz müssen diese Verformungen entfernt werden. Der Fachhandel bietet dafür Schnurglätter an. Soll man diese für das feine Monofil verwenden? Verkringelte Monofilvorfächer, egal welchen Formats, ob neu oder gebraucht, bringt man am besten und schonendsten mit den bloßen Fingern in Form. Ziehen Sie das Monofil mehrmals auf ganzer Länge zwischen dem zusammengepressten Daumen und Zeigefinger durch. Es erwärmt sich dabei leicht und streckt sich unter dem Zug.

Im Handel erhältliche Schnurglätter, oft ein Lederläppchen mit Gummieinlage, werden eigentlich immer zu schnell durchgezogen, da das Gefühl für die richtige Geschwindigkeit fehlt. Das Monofil wird sehr heiß und kann beschädigt werden. Diese Investition kann man sich sparen. Die Finger besitzen dagegen eine ganz natürliche Sicherung, die keine Überhitzung zulässt: Wenn es beim zu schnellen Durchziehen »brennt«, bremst man sofort und ganz automatisch ab. Bei älteren Vorfächern spürt man beim Strecken von Hand sehr schnell kleine Unebenheiten, raue, beschädigte Stellen oder auch Windknoten auf. Befinden sich diese im dünnen Spitzenteil, muss dieses unbedingt ausgetauscht werden. Die Gefahr, dass das Vorfach bei einem Kontakt mit einem größeren Fisch bricht, wäre zu groß (→ Nr. 30).

TIPP: Lassen Sie sich beim Auseinanderpflücken und Ausrollen eines neuen Vorfachs genügend Zeit. Es wäre schade, wenn sich noch vor dem ersten Einsatz ein Knoten bilden würde.

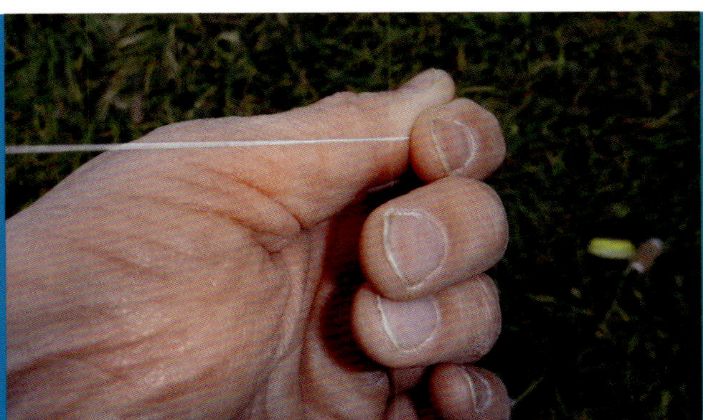

Mit den Fingern hat man das richtige Gefühl, um ein Vorfach zu strecken.

25 Das Vorfach schwimmt nicht mehr

Jeder wird beim Fischen mit der Trockenfliege immer wieder feststellen müssen, dass das Vorfach nach einiger tadelloser Einsatzzeit beim Driften im Wasser plötzlich regelmäßig unter die Wasseroberfläche abtaucht.

Die Lösung: Vorfach imprägnieren

Das Abheben der Fliege gelingt durch den zusätzlichen Widerstand nicht optimal, außerdem wird das Muster dadurch unnötigerweise unter Wasser gezogen. Der schwimmende Bereich des Vorfachs ist nicht nur für den perfekten Service einer Trockenfliege unerlässlich. Erfahrene Fliegenfischer erkennen beispielsweise beim Fischen mit leichten Nymphen knapp unter der Wasseroberfläche allein am Verhalten des Vorfachbereichs auf dem Wasser auch den Biss eines Fisches.
Ein verjüngtes Fliegenvorfach wird zum Fischen auf (Trockenfliege) oder relativ nahe unter der Wasseroberfläche (Nassfliege, leichte Nymphe) verwendet. Deshalb ist es notwendig, es abschnittsweise oder fast auf ganzer Länge schwimmfähig zu imprägnieren.

Für Trockenfliege und leichte Nymphe: 20 oder 30 cm vor der Fliege unbehandelt lassen. Die letzten Zentimeter sollten sogar bei einer Trockenfliege idealerweise etwas im Film eintauchen, weil das Monofil dadurch weniger auffallen dürfte. Direkt an der Oberfläche ist es deutlicher der Lichtbrechung ausgesetzt. Das ist allerdings ein wenig Ansichtssache, manche Fliegenfischer fetten bis zur Fliege.

TIPP: Zum Entfetten der Vorfachspitze ziehen Sie diese mehrmals durch einige frisch abgerupfte Grashalme oder grüne Laubblätter. Das nimmt auch den verräterischen Glanz vom Monofil.

Für Nassfliege und mittelschwere Nymphen: Bei Einsatz der Nassfliege oder einer kleinen, nicht zu schweren Nymphe (z. B. *Hares Ear* in Größe 14 bis 18) ist die Vorgabe hingegen klar: Die Länge des unbehandelten Abschnitts des Vorfachs steuert das Absinken des Musters bis in die gewünschte Tiefe.

TIPP: Man sollte übrigens auch von Zeit zu Zeit die Anfangsmeter der Fliegenschnur gleich mitbehandeln, denn auch sie neigen irgendwann zum Absinken.

Das richtige Mittel: Zum Imprägnieren lässt sich Fliegenfett verwenden. Oder man benützt einen einfachen, fettenden Lippenpflegestift.

26 Das rätselhafte X-System für Monofil

Der Durchmesser von monofilem Vorfachmaterial wird gerne immer noch im X-System klassifiziert. Zwar befindet sich auf den kleinen Spulen auch die Angabe in mm, aber trotzdem wäre es interessant zu erfahren, was das X denn nun genau bedeutet.

Die Lösung: In Millimeter umrechnen

Das X-System ist ein Überbleibsel aus der Zeit, als für Vorfächer Seidendarm, ein aus dem Spinnsaft der Seidenraupe für medizinische Zwecke geformter Faden, verwendet wurde. Der Faden wurde durch immer engere Lochungen gezogen, um seinen Durchmesser auf verschiedene Stärken zu reduzieren. Bei jedem Durchgang erhielt der Faden eine weiteres X. Ein 1X-Faden war somit noch recht kräftig, ein 4X-Faden erheblich dünner und feiner.

X in mm: Heute bezieht sich die X-Nummerierung auf den Monofil-Durchmesser in tausendstel Zoll (inch) und wird auch so in Ländern mit Zoll-Längensystem (z. B. USA) verwendet. Als Fliegenfischer sollte man am besten selbst den Bezug zwischen Millimetern und X herstellen können, da bei manchen Herstellern die mm-Angabe fehlt oder nur sehr klein aufgedruckt ist. In der Tabelle sind die Bezugsgrößen von X zu mm aufgelistet. Die Tragkraft von Monofil in gleicher Stärke variiert je nach Hersteller teilweise sehr stark und kann somit nur in einer ziemlich weiten Spanne angegeben werden. Außerdem sind auch gleich die ungefähr dazu passenden Hakengrößen angegeben (→ Nr. 27).

Wichtig: Die Herstellerangaben beziehen sich immer auf die lineare Tragkraft des Monofils. Für uns Angler ist aber vor allem die Knotenfestigkeit relevant. Abhängig vom Knotentyp kann sich die Tragkraft unter Umständen erheblich reduzieren. Deshalb ist es enorm wichtig, nur geeignete, erprobte Knoten zu verwenden und diese sorgfältig zu knüpfen.

TIPP: Alle im Buch beschriebenen Monofilknoten (→ Nr. 34, 35, 37, 38) sollten vor dem Zusammenziehen leicht angefeuchtet werden. Ein kurzes Antupfen des noch lose geschlungenen Knotens mit der Zungenspitze genügt dazu in der Regel.

X	∅ in mm	ungefähre Tragkraft (≠ Knotenfestigkeit!)	passende Hakengröße
0X	0,27	3–7 kg	1/0, 1, 2
1X	0,25	2,5–6,5 kg	4, 6, 8
2X	0,22	2–5,5 kg	6, 8, 10
3X	0,20	2–4 kg	10, 12, 14
4X	0,18	1,5–3 kg	12, 14, 16
5X	0,14	1–1,5 kg	14, 16, 18,
6X	0,12	0,7–1,5 kg	16, 18, 20, 22

27 Das Verhältnis von Vorfach zu Fliege

Gerade hat die Präsentation der Fliege noch tadellos geklappt, aber nach dem Wechsel zu einem größeren Muster streckt sich das Vorfach nicht mehr korrekt. Die Spitze fällt in einem Häufchen auf der Wasseroberfläche in sich zusammen. Was ist passiert?

Die Lösung: Fliegengröße : 3 = X

Die Monofilstärke und -länge der Vorfachspitze muss mit der Haken- beziehungsweise Fliegengröße harmonieren, sonst gelingt keine gute Präsentation, weil sich das Vorfach nicht richtig streckt (→ Nr. 89). Steigt man beispielsweise von einer kleinen 16er-Eintagsfliege, etwa einer *Blue Winged Olive,* auf eine sehr viel voluminösere *Maifliege* in Hakengröße 8 um und behält die zuvor verwendete Spitzenstärke von 0,14 mm bei, wird diese nicht in der Lage sein, das große, windfängige Muster in ausreichender Qualität nach vorne zu präsentieren. Ein etwas kräftigeres Monofil ist notwendig.

Ein weiterer Nachteil einer im Verhältnis zur Fliege zu »leichten« Vorfachspitze: Würde trotzdem ein Fisch auf dieses schlecht servierte Angebot zugreifen, ist schon eine gewisse Zugkraft notwendig, um den dickeren 8er-Haken im Fischkiefer festzusetzen. Das 14er-Monofil wird dann überfordert sein, beim Anhieb ist ein Knotenbruch vorprogrammiert. Die verwendete Monofilstärke und die Fliegengröße müssen immer zusammenpassen.

Die Formel: Um die jeweils passende *X-Monofilstärke* (→ Nr. 26) der Vorfachspitze schnell überschlägig zu berechnen, dividiert man die Fliegengröße einfach durch die Zahl 3.

Beispiele:
Größe 18 : 3 = 6X (∅ 0,12 mm)
Größe 16 : 3 = 5,3, abgerundet 5X (∅ 0,14 mm)
Größe 12 : 3 = 4X (∅ 0,18 mm)

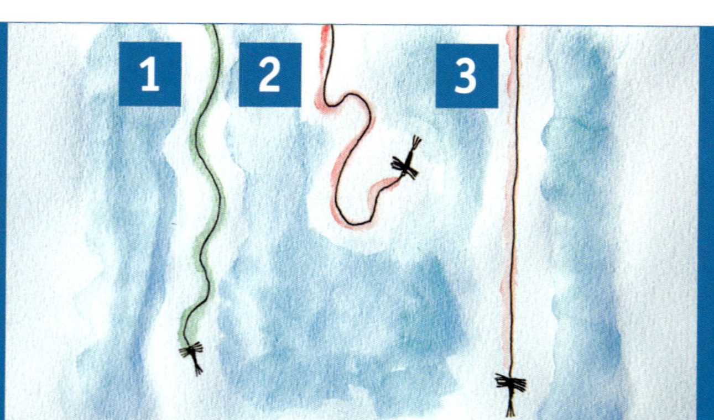

1 *Optimale Kurven in der Vorfachspitze.*

2 *Nicht ausreichend gestreckt.*

3 *Zu gerade gestreckt.*

28 Der Materialvorrat für Vorfachspitzen

Welche Monofilstärken für die Vorfachspitze sollte ein auf Forelle und Äsche eingestellter Fliegenfischer immer bei sich haben? Schließlich muss man hin und wieder die Spitze erneuern oder auswechseln. Wie führt man sie griffbereit an oder in der Weste mit sich?

Die Lösung: Reichliche Auswahl, handlich verstaut

Die gängigsten Monofilstärken sollte man immer in unterschiedlichen Stärken mit sich führen. Für das normale Trocken- und Nassfliegenfischen kommen Monofilstärken von 0,16 mm bis 0,14 mm vermutlich am häufigsten zum Einsatz. Für beschwerte, größere Nymphen in Hakengröße 8 bis 12 braucht man auch 0,18 mm starke Vorfachspitzen. Schließlich muss man öfters einmal einen Bodenhänger lösen. Streamer in Größe 6 bis 4 verlangen nach 0,20 mm bis 0,25 mm ∅.

Handlich für unterwegs: Das Material ist gewöhnlich auf kleinen 25-m-Spulen erhältlich. Sind diese leer, kann man sich preisgünstigere Großspulen mit 100 m besorgen und sie mithilfe eines Akkuschraubers schnell wieder auffüllen. Dazu einen stärkeren Bohrer einspannen und diesen so lange mit Malerkrepp umwickeln, bis sich die kleine Leerspule einigermaßen festsitzend aufschieben lässt. Das Monofil von der großen Vorratsrolle mit der Leerspule verbinden (ein bisschen Tesa kann dabei helfen) und dann den Schrauber langsam laufen lassen. Die Vorratsrolle dreht sich dabei zwischen Zeigefinger und Daumen der anderen Hand.
Am besten bringt man die Spulen auf einem speziellen *Dispenser* unter. Oder man legt einen passend dicken Haargummi um jede Spule und trägt sie derart gesichert zusammengefasst in einer Westentasche.

TIPP: Schneiden Sie das Monofil immer mit einem scharfen Clip oder der Schneidevorrichtung am *Dispenser* ab, nicht mit den Zähnen. Die quetschen das Monofil flach und das gerupfte Ende stemmt sich dann gegen das enge Hakenöhr …

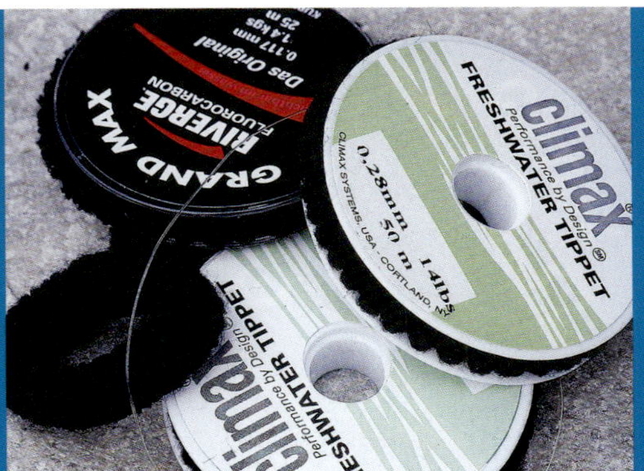

Dicke, weiche Haargummis sorgen für Halt und Ordnung auch im Monofillager.

29 Nylon oder Fluorocarbon?

Noch vor 2 Jahrzehnten war Polyamid, meist nur Nylon genannt, das führende Material für monofile Angelschnüre. Inzwischen hat sich auch das chemisch anders aufgebaute Fluorocarbon (FC) etabliert. Ist das »High-tech-Monofil« den saftigen Aufpreis wirklich wert?

Die Lösung: Geschmackssache

Fluorocarbon, kurz FC, hat unter anderem den Ruf, im Wasser erheblich weniger sichtbar zu sein. Aber rechtfertigen die angeblichen Vorteile den doch spürbar höheren Preis für entsprechendes Vorfachmaterial?
Es gibt keine klare Antwort auf diese Frage, hier spielen letztendlich individuelle Vorlieben eine Rolle. Einige Gesichtspunkte, die im Für und Wider der beiden Materialien gerne diskutiert werden:

Sichtbarkeit: FC besitzt nach vorliegenden Untersuchungen bei gleichem Durchmesser tatsächlich einen geringeren Lichtbrechungsindex und wirkt dadurch unauffälliger für das menschliche Auge und – wir nehmen an – auch für das des Fisches.

Absinkeigenschaften: FC sinkt wegen des höheren Gewichts (Fluor ist schwer) schneller ab als eine Nylonleine. Nassfliegen und Nymphen kommen so etwas rascher in die Tiefe, immer vorausgesetzt, das Material ist sorgfältig entfettet (→ Nr. 50, S. 76).

Reißfestigkeit: Bei gleichem Durchmesser hat Nylon in Bezug auf die lineare Reißfestigkeit (Tragkraft) und auch die Knotenfestigkeit etwas bessere Werte.

Knotbarkeit: Das glatte FC erfordert spezielle, sorgfältige Verknüpfungen. Manche für Nylon gut geeignete Knoten öffnen sich unter entsprechendem Zug. Das kann auch zu Problemen bei direkten Verknüpfungen beider Materialien (Hauptvorfach: Nylon, Vorfachspitze: FC!) führen. Hier besser einen *Vorfachring* (→ Nr. 39) verwenden.

Dehnbarkeit: Nylon kann bis zu 12 % Wasser aufnehmen und dehnt sich dann unter Zug mehr als im trockenen Zustand. Das kann im Drill letztlich ein Ausschlitzen des Hakens verhindern. FC nimmt kein Wasser auf. Die ohnehin relativ geringe Dehnbarkeit bleibt unverändert.

Abnutzung: FC gilt als abriebfester. Beim Einsatz in hindernisreichen Gewässern, beispielsweise in steinverblockten Gebirgsbächen, könnte das ein Vorteil sein.

30 Windknoten im Vorfach

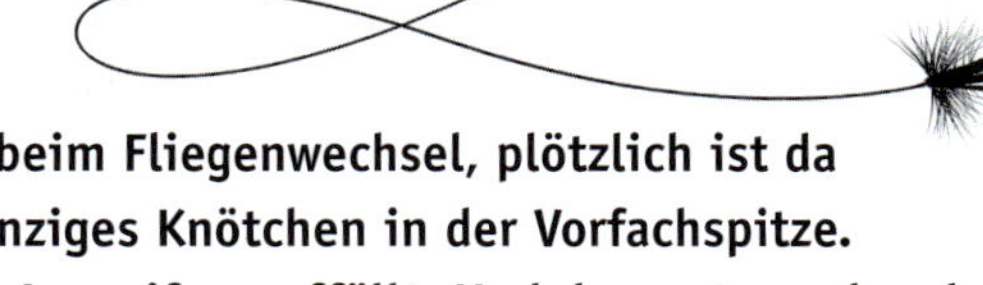

Man entdeckt es meistens beim Fliegenwechsel, plötzlich ist da wie von Zauberhand ein winziges Knötchen in der Vorfachspitze. So klein, dass es erst beim Angreifen auffällt. Und dementsprechend unlösbar für unsere groben Finger. Einfach lassen?

Die Lösung: Unbedingt entfernen!

Sogenannte Windknoten entstehen beim Werfen. Die Ursache sind oft kleine Fehler in der Rutenführung. Das Vorfach überschlägt sich oder es kommt zum *Tailing Loop* (→ Nr. 76). Wenn wir unsere Leine gegen einen stärkeren Wind entfalten, kann dieser solche Fehler unterstützen, daher der Name. Windknoten bilden sich so gut wie immer in der dünnen Vorfachspitze und führen dort zu einer Schwächung der Tragkraft um bis zu 50 %. Denn ein Überhandknoten, um einen solchen handelt es sich bei Windknoten, schneidet sich somit unter Zug selbst ab. Selten treten Windknoten im dicken Teil des Vorfachs auf. Hier setzen sie die Reißfestigkeit umso weniger herab, je stärker das Monofil ausfällt. Man müsste sie nicht zwingend entfernen. Wem sie nicht gefallen, der sollte bei Gelegenheit in aller Ruhe das gesamte Vorfach wechseln.

Aufspüren: Wird ein Windknoten in der Vorfachspitze nicht rechtzeitig entdeckt, ist er ziemlich sicher der Grund für den Vorfachbruch während des Drills des nächsten großen Fisches. Deswegen sollte man sein Vorfach regelmäßig untersuchen. Lässt man es durch die Fingerspitzen gleiten, spürt man die Knötchen sofort (→ Nr. 24).

Entfernen: Befindet er sich kurz vor der Fliege, reicht es, das Vorfach hinter dem Knoten abzuschneiden und das Muster neu anzubinden. Sitzt er weiter Richtung Fliegenschnur, verlängert man die gekürzte Spitze *(Tippet)* mit einem geeigneten Knoten (→ Nr. 38) oder erneuert am besten gleich die ganze Vorfachspitze vom *Vorfachringchen* (→ Nr. 39) ausgehend.

Vorfachreste sammeln: Am Wasser müssen wir öfters am Vorfach herumschnippeln. Wohin mit den Resten? Man sollte sie unbedingt sammeln und adäquat entsorgen. Eine Möglichkeit wäre ein kleiner Haarkamm mit feiner, enger Zähnung. Der passt bequem in die Fliegenweste. Man wickelt das Monofil einfach um ihn herum und klemmt es zwischen die Zinken. Zu Hause die Wicklung aufschneiden und die Monofilreste ordnungsgemäß entsorgen.

31 Vorfachverbindung I: starke Schnurschlaufe

Beim Fliegenfischen auf große, schwere Fische will sich nicht jeder auf eine selbst geschweißte Schlaufe verlassen. Manche Fliegenschnüre lassen sich auch einfach nicht gut schweißen. Welche andere praktikable Lösung gibt es?

Die Lösung: Die Wickelmethode

Für das schwere Fliegenfischen auf Hecht, Lachs und Co. ist eine Wicklung aus dünner, aber reißfester Bindeseide sehr sicher. Mithilfe eines *Spulenhalters* (→ Nr. 65) gelingt sie schnell. Die Bindeseide sollte dabei 3 bis 4 Mal um den Spulenarm gewunden sein, damit sich die Spule nicht unabsichtlich mit dreht. Außerdem braucht man noch etwas klaren Nagellack.

Vorbereitung: Ob man für die Schlaufe den Schnurmantel von der innenliegenden geflochtenen Seele ganz entfernt oder nur auf einer Schlaufenseite beziehungsweise überhaupt nicht, ist dem eigenen Empfinden überlassen und dem Wunsch, wie kräftig die Schlaufe aussehen soll. Die Tragkraft wird dadurch nicht beeinflusst.

Schritt 1 Den Faden zu Beginn einige Male händisch um die gedoppelte Schnur herumlegen, um die Schlaufengröße von 1 bis 2 cm zu definieren. Jetzt das Fadenende mit den Fingern einklemmen, sonst besteht das Risiko, dass der Faden beim ersten Kreisen des Spulenhalters durchrutscht und dieser uns entweder an die Nase knallt oder quer durch den Raum schleudert.

Schritt 2 Einen Tropfen Lack schon während des Wickelvorgangs aufbringen, um die Wicklungen gut zu verkleben. Den Spulenhalter schwungvoll um die Leine kreisen lassen, bis die doppelte Leine unterhalb der Schlaufe über etwa 10 bis 15 mm gründlich umwickelt ist **1**.

Schritt 3 Zum Abschluss ein circa 20 cm langes, doppelt genommenes Stück Bindeseide oder auch 0,18er-Monofil parallel zur Wicklung legen und als Schlaufe mit einwinden. Die vom Spulenhalter kommende Bindeseide abschneiden, ihr Ende durch die Schlaufe stecken und diese in die Wicklung einziehen **2**.
Alternativ mit 2 Fingern nacheinander mehrere *halbe Stiche* (→ Nr. 66) über die Schlaufe heben und zusammenziehen. Das geht auch mit einem Röhrchen, etwa einer aufgesägten Kugelschreiberspitze, über das man den halben Stich legt, dann das Rohr über die Schlaufe steckt und den Halbknoten dorthin abrutschen lässt. 4 bis 5 Wiederholungen reichen.

Schritt 6 Das Fadenende knapp abschneiden und die Wicklung sorgfältig lackieren **3**.

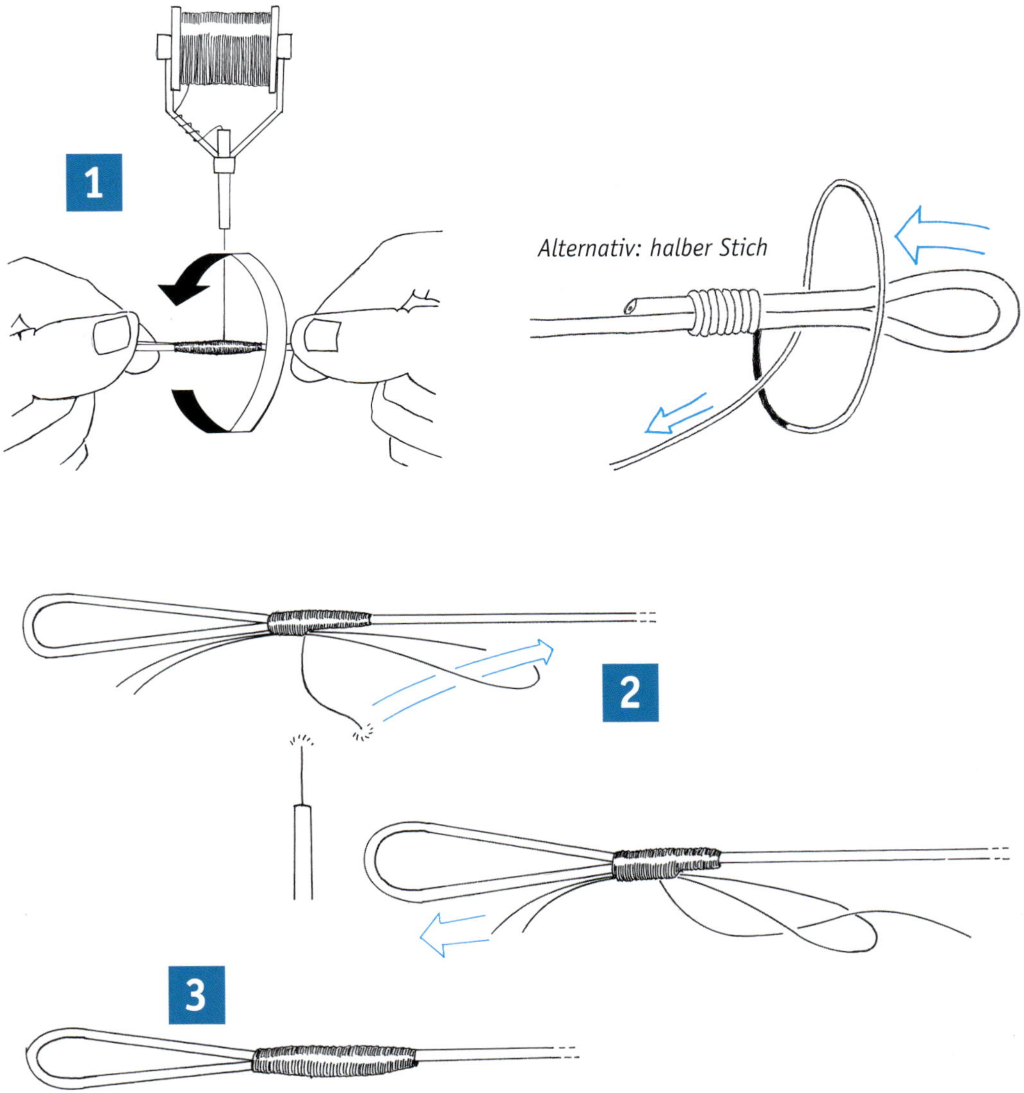

1 *Mithilfe eines Spulenhalters wird das Wickeln zum echten Kinderspiel.*

2 *Fadensicherung mit eingewickelter Abschlussschlaufe.*

3 *Die Wicklung sorgfältig lackieren.*

32 Vorfachverbindung II: geschweißte Schnurschlaufe

Eine Schlaufe am Ende der Fliegenschnur ist eine universell verwendbare Möglichkeit zum Befestigen eines Vorfachs. Viele neue Schnüre sind heute bereits mit einer verschweißten Endschlaufe versehen. Aber diese wird irgendwann verschleißen, dann braucht man eine neue.

Lösung 1: Die Schrumpfschlauch-Methode

Mithilfe eines im Bau- oder Elektrofachmarkt erhältlichen Schrumpfschlauchs können wir eine professionell aussehende Schlaufe selbst herstellen. Schrumpfschläuche bestehen aus Kunststoff, der sich unter Hitzeeinwirkung zusammenzieht, und werden zum Isolieren beschädigter Kabel oder angesetzter Stecker verwenden. Es gibt sie ab 1 mm ∅. Ideal also auch für unsere Fliegenschnüre. Ich weiß nicht, wer zuerst auf die Idee mit dem Haarglätter gekommen ist. Sie ist jedenfalls genial. Mit so einem Werkzeug für rund 10 € gelingt eine perfekte Endschlaufe fast immer ganz einfach.

Das Zubehör: Elektrischer Haarglätter, Schrumpfschlauch mit dem richtigen Durchmesser (ca. 3 mm), rund 6 bis 8 cm lang, scharfe Schere, Glas mit Wasser 1.

Schritt 1: Die Fliegenschnurspitze durch das Schrumpfschlauchstück führen, dann umlegen und zurückstecken. Durch Hin- und Herschieben die Schlaufengröße auf etwa 1 cm einrichten. Die Schnur sollte etwa auf 3 cm Länge doppelt liegen 2. Dieser Abschnitt wird dann verschweißt.

Schritt 2: Das Glätteisen auf 160 bis 180 °C erhitzen. Den Schrumpfschlauch quer so über die Heizplatte legen, dass die Schlaufe herausragt. Das Glätteisen schließen. Der Vorgang dauert, abhängig vom Schnurmaterial, rund ½ Minute. Zwischendurch den Glätter öffnen und kontrollieren, ob der Kunststoff der Schnurteile im Schlauch schon zu fließen beginnt 3.

Schritt 4: Sobald der Übergang zwischen den beiden Schnurstücken nicht mehr zu erkennen ist 4, das Schnurende aus dem Glätter nehmen und zum Abkühlen sofort in kaltes Wasser tauchen.

Schritt 5: Den nicht verschweißten Teil des Schrumpfschlauches mit einer spitzen Schere vorsichtig aufschneiden, um ihn mit den Fingern greifen zu können. Das aufgeschnittene Stück Schrumpfschlauch und den hitzebehandelten Teil nach oben abziehen 5.

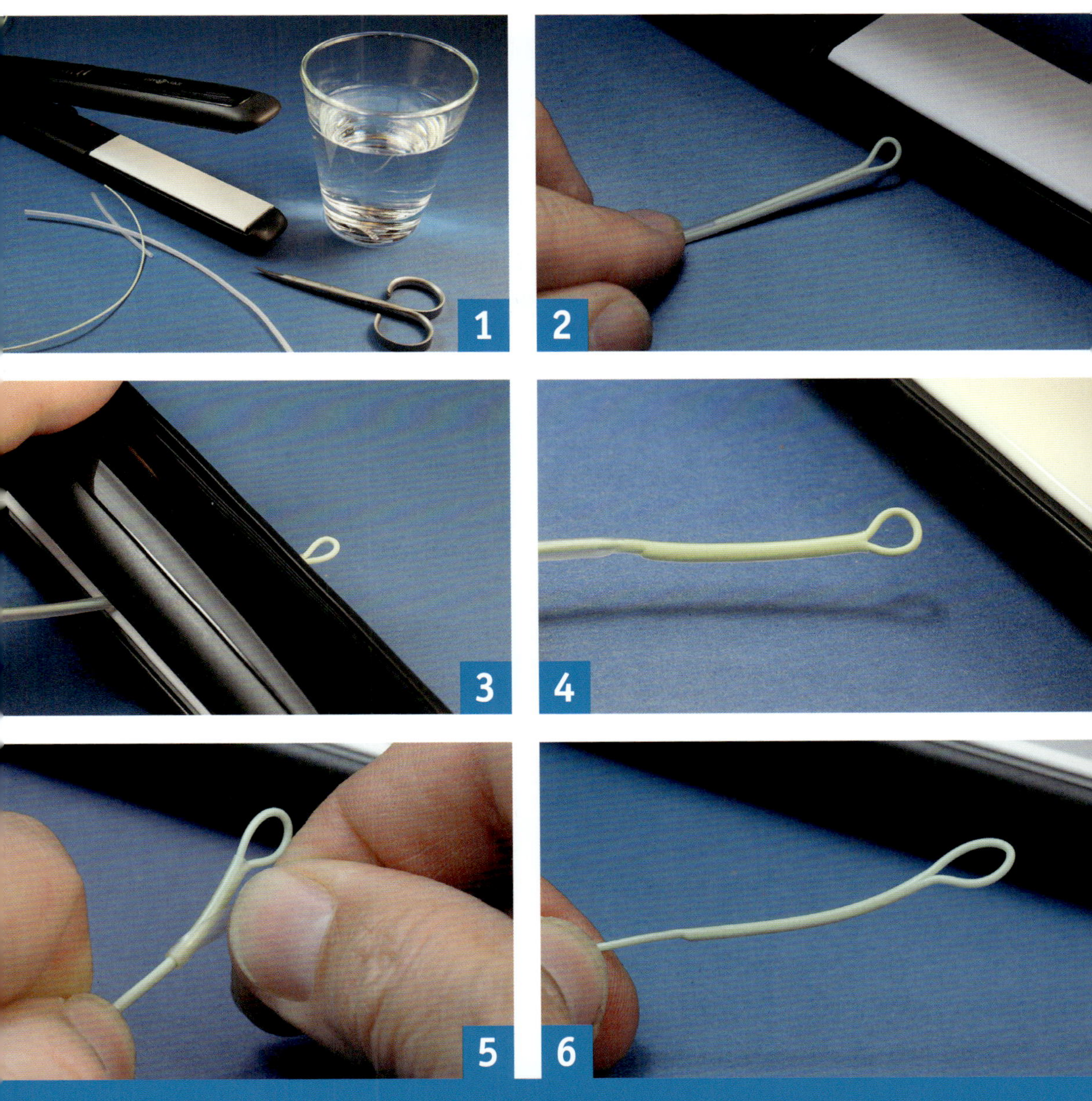

Ergebnis: *Eine saubere, haltbare Schlaufe Sie kann wiederum mit einer Monofilschlaufe eines Vorfachs verbunden werden.*

33 Das »unsichtbar verbundene« Vorfach

Wie kann der Übergang von der Fliegenschnur zu einem verjüngten Fliegenvorfach besonders glatt und energieübertragend und ohne »Ansatzpunkte« für Schmutz gestaltet werden? Eine Alternative zu geknoteten oder gewickelten Schlaufen und Co. ist gefragt.

Die Lösung: Vorfach einkleben

Schritt 1: Die Spitze der sauber abgeschnittenen Fliegenschnur fest zwischen Daumen und Zeigefinger greifen und die Nadelspitze mittig in die geflochtene Seele drücken. 1

Schritt 2: Die Nadel millimeterweise längs durch die Schnur drücken. Die Nadel nicht zu früh seitlich ausscheren lassen. In diesem Fall minimal zurückziehen und die Richtung korrigieren. Die Nadelspitze nach 1 bis 1,5 cm seitlich nach außen führen, bis das Nadelöhr frei liegt. 2

Schritt 3: Das Vorfach am starken Ende über 3 bis 4 cm mit dem Schleifpapier aufrauen. Eventuell vorhandene Schlaufe noch nicht abschneiden. 3

Schritt 4: Die Vorfachspitze rund 5 cm durch das Nadelöhr fädeln. 4 Die Fliegenschnurspitze festhalten, die Nadel rückwärts wieder herausziehen und so das Vorfach bis zum Beginn des angerauten Abschnitts durch die Fliegenschnur ziehen.

Schritt 5: Das Vorfach anhauchen, einen Tropfen Sekundenkleber auf das angeraute Monofil direkt vor die Eintrittsstelle in die Schnur geben und dann etwa 1 cm in die Schnur einziehen. Einige Sekunden mit viel Druck zwischen den Fingern rollen. 5

Schritt 6: Das seitlich herausstehende Vorfachende auf rund 1,5 cm kürzen und mit dem Skalpell dünn auslaufend abschaben. 6

Schritt 7: Den Bindfaden mit einigen engen Windungen über dem Vorfachende und der Schnur festlegen. Anhauchen und ein Tröpfchen Sekundenkleber darauf geben. Die Spule zwischen den Fingern rotieren lassen und das überstehende, abgeflachte Monofilstück gleichmäßig und stramm an die Schnur winden. 7

Schritt 8: Aus etwa 30 cm 0,16-mm-Monofil eine Schlaufe binden. Diese als Einziehhilfe parallel über die Wicklungen legen und mit weiteren Wicklungen bis zu einer kleinen Restschlaufe überdecken. Den Bindfaden abschneiden, durch die Schlaufe stecken und diese zum Schließen unter den Wicklungen hindurchziehen. Der Faden wird mit untergezogen und ist somit gesichert. Bündig abschneiden. 8

Schritt 9: Die Wicklung mit etwas Sekundenkleber benetzen und sehr kurz zwischen Daumen und Zeigefinger hin und her rollen. Mit Nagellack abschließen. 9

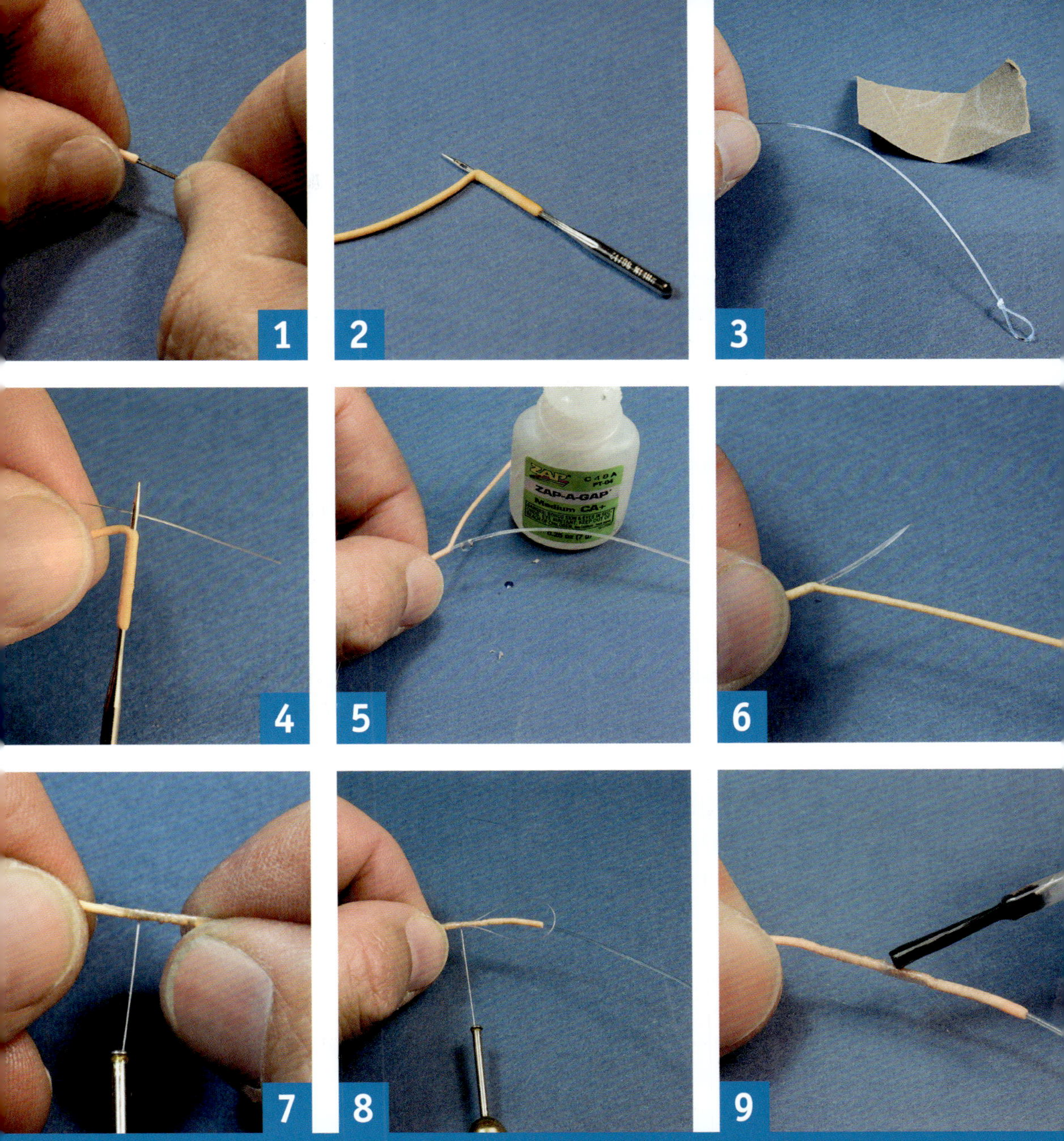

Materialien: *Fliegenschnur mit geflochtener Seele, ein verjüngtes, knotenloses Vorfach, eine sehr feine Nähmaschinennadel (das Öhr sitzt in der Spitze), feines Schleifpapier, Sekundenkleber, Skalpell, Spulenhalter mit relativ feinem, reißfestem Bindefaden, etwas Monofil 0,16 mm ∅, Nagellack.*

34 Backing mit Rolle und Fliegenschnur verbinden

Wenn man mit dem Fliegenfischen beginnt, kennt man die bewährten Verbindungen zwischen den unterschiedlichen Schnurarten, der Fliegenschnur und dem Backing, noch nicht. Das erste Problem stellt die Verbindung von Backing und Spule dar.

Die Lösung: Knoten von der Spule bis zur Leine

Die Verbindung von Rolle und Backing unterscheidet sich nicht vom Anbringen einer Monofilschnur auf einer gewöhnlichen Angelrolle.

Spulenknoten: Der *Arbor Knot* **1** dient zum Fixieren der Nachschnur auf der Spulenachse. Die vorliegende Variante schließt sich beim Zusammenziehen von selbst. Auf den letzten Millimetern hilft man ein bisschen mit dem Fingernagel nach, bis die Schlaufe dicht an der Achse anliegt und beim Aufrollen des Backings nicht durchrutscht. Auch das Unterlegen eines kleinen Stückchens Klebebandes hilft in dieser Hinsicht.

Backing zu Fliegenschnur: Idealerweise werden Backing und Schnur mit einer Steckschlaufenverbindung zur Unterstützung eines *schnellen Schnurwechsels* verbunden (→ Nr. 9). Wer einen Knoten bevorzugt, entfernt zuerst den Kunststoffmantel von der Seele der Fliegenschnur und könnte dann einen *Grinner Knoten* **2** verwenden, der sich zur Verbindung von 2 nicht zu unterschiedlichen Schnurstärken eignet. Mit dem *Grinner* lässt sich auch eine schließbare Schlaufe knüpfen (→ Nr. 94), mit der sich Fliegen (→ Nr. 37) oder *Vorfachringchen* (→ Nr. 39) anknoten lassen.

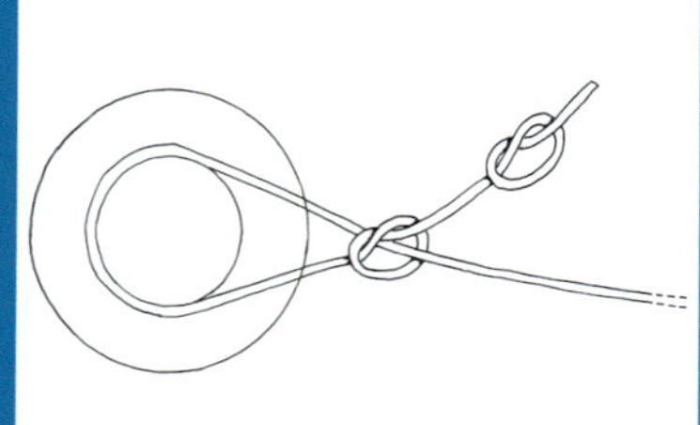

1

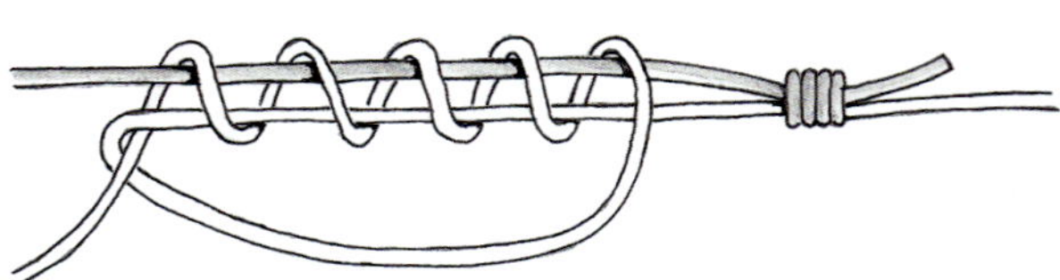

2

35 Fliegenschnur und Vorfach verbinden

Bei Fliegenschnur und Vorfach handelt es sich um grundlegend unterschiedliche Materialien. Deswegen ist die Verknüpfung der beiden etwas speziell. Die Verbindungsstelle soll haltbar, aber möglichst unauffällig sein.

Die Lösung: Steckschlaufen oder Klemmknoten

Manche Verbindungen brauchen etwas mehr Zeit und Sorgfalt für die Herstellung, andere müssen im Notfall schnell gehen, sehen aber etwas gröber aus. Sie können die Schnur direkt *einkleben* (→ Nr. 33). Fliegenschnur und Vorfach können aber auch durch Schlaufen verbunden werden. Und ganz ohne Vorbereitung rettet der Klemmknoten.

Die Einzelschlaufen: Sie können für die Schlaufe in der Schnur eine *geschweißte* (→ Nr. 32) oder *gewickelte* (→ Nr. 31) Schlaufe verwenden.
Auch am Anfang des Monofil-Vorfachs ist eine Schlaufe nötig. Oft ist sie schon vorhanden. Ansonsten kann sie auch geknüpft werden. Achtung! Die nachfolgenden Knoten sind für Nylon-Material geeignet. Für Fluorocarbon-Monofil müssen, zumindest teilweise, spezielle Knoten verwendet werden. Das hängt aber ein bisschen vom jeweiligen FC-Material ab und kann hier aus Platzgründen nicht vertieft werden. Eine besonders einfache Schlaufe ist die *Chirurgenschlaufe* 1: Sie ist nichts anderes als eine zwei- bis dreifache Überhandschlaufe.
Soll die Schlaufe besonders klein, unauffällig und gerade abstehend ausfallen, greift man zum *Perfection Loop*. Dazu zwischen Daumen und Zeigefinger eine Schlaufe formen und das Schnurende um die stehende Schnur herumführen. Dadurch entsteht eine zweite Schlaufe. Das Schnurende zwischen beide Schlaufen legen 2. Die untere, zweite Schlaufe nun durch die erste hindurchführen 3 und den Knoten festziehen. Das Schnurende zurechtstutzen.

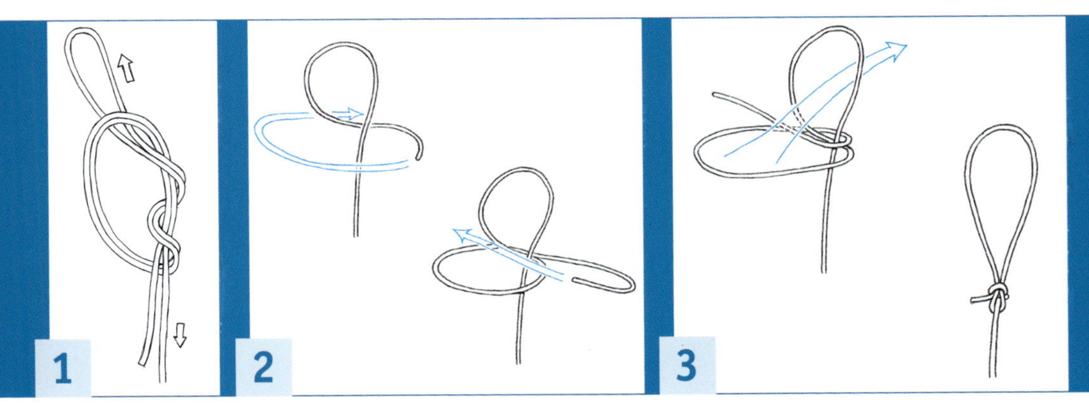

Die Steckschlaufenverbindung ist eine der häufigsten Methoden, um Vorfach und Schnur zu verbinden. Schnurende und Vorfachanfang müssen mit einer Schlaufe versehen sein. Die Vorfachschlaufe über die hier **4** gelbe Fliegenschnurschlaufe schieben, dann die Vorfachspitze durch die gelbe Schlaufe stecken und bis zum Ende durchziehen. Diese Verbindung hält übrigens auch mit 0,40 mm starkem Nylon-Monofil und Raubfisch-Stahlseide (→ Nr. 40). Interessant für das Streamerfischen auf Hecht. Wichtig: Die Verschlaufungen müssen gleichmäßig ineinandergreifen, das Umschlagen einer Schlaufe schwächt die Verbindung (→ Nr. 36).

Schnur zu Schnur: Im Notfall, die Fliegenschnurschlaufe könnte während des Fischens beschädigt werden, sollte man auch das blanke Fliegenschnurende schnell mit dem Vorfach verbinden können. Bei dem hier gezeigten Knoten handelt es sich eigentlich um den *Schotstek* der Seefahrer, die ihn zur Verbindung zweier unterschiedlich starker Leinen verwenden. Während aber der normale *Schotstek* mit einem Umschlag auskommt, werden in diesem Fall 3 Umschläge durchgeführt. Englische Fliegenfischer nennen diesen Knoten einfach *Jam Knot*, auf Deutsch eben *Klemmknoten*. Es gibt sicher elegantere Lösungen, aber diese ist eine schnelle für den Notfall. **5** zeigt folgende Schritte: 1. *Chirurgenschlaufe* (→ **1**) oder *Perfection Loop* (→ **2**+**3**) in das Vorfachende knüpfen. 2. Das Fliegenschnurende durch die Schlaufe fädeln, dann rückwärts 3 Umschläge um die gesamte Schlaufe herum, aber unter der hereinkommenden Fliegenschnur hindurchführen. 3. Die Fliegenschnur festziehen. Rest abschneiden.

Gewickelte Monofilschlaufe: Kann man im starken Ende eines Monofilvorfachs eine gewickelte und damit knotenlose Schlaufe (→ Nr. 31) herstellen? Ja, aber das Monofil ist relativ steif und nicht so duldsam wie eine weiche Fliegenschnur. Sorgsames Vorgehen ist also notwendig. Ich mache es wie folgt:

1. Das Ende des starken Butts auf 2 cm Länge abschrägen und mit Sandpapier aufrauen oder mit einer Messerklinge anschaben. Probeweise zu einer passenden Schlaufe umlegen und das »stehende« Monofil an dieser Stelle ebenfalls vorsichtig auf 2 cm aufrauen. Die Schlaufe selbst bleibt unberührt und damit glatt.
2. Weiteres Vorgehen grundsätzlich wie in Nr. 31. Die aneinandergelegten aufgerauten Stellen werden überwickelt und statt mit Lack mit Sekundenkleber verklebt. Vor Auftrag von Sekundenkleber die zu verklebende Stelle immer anhauchen, um sie ganz dünn anzufeuchten. Das erhöht die Klebewirksamkeit ungemein.

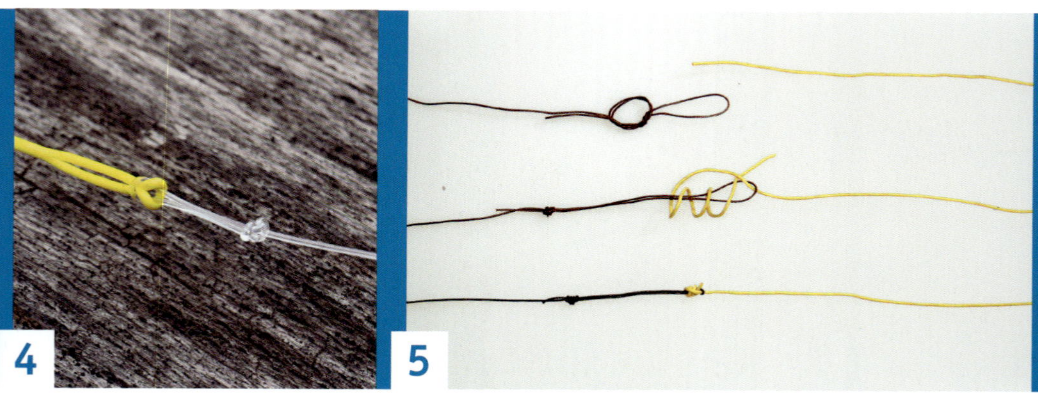

36 Schlaufenverbindung bei ungleichen Schnurstärken

Eine Verbindung der relativ dicken Fliegenschnur mit dem dünnen Monofil hat ihre Tücken. Mit der einfachen Steckschlaufenverbindung (→ Nr. 35) rutscht das Monofil an der Flugschnurschlaufe nach unten und schneidet in sich selbst ein. Eine »Sollbruchstelle«.

Die Lösung: Gesteckte Schlaufen gekreuzt

Nicht immer haben Fliegenschnurspitze und Vorfachanfang eine zueinanderpassende Stärke. Will man beispielsweise für den Einsatz einer beschwerten Nymphe ein durchgehend unverjüngtes und eben relativ dünnes Monofilvorfach direkt an der Fliegenschnur starten lassen, wäre eine Steckschlaufenverbindung eine praktische Sache. Durch einen einfachen Trick wird sie auch bei so verschieden starken Schnüren eine verlässliche, gute Lösung. Das Abrutschen 1 lässt sich durch Kreuzen 2 verhindern. Für eine bessere Handhabung kann man die Monofilschlaufe etwas länger knüpfen. 5 cm reichen aber aus.

Schritt 1: Zuerst die dünne Monofilschlaufe über die dickere Flugschnur führen, die Monoschlaufe einmal um sich selbst drehen und auf diese Weise die beiden Monofäden kreuzen.

Schritt 2: Mit 2 Fingern den Kreuzungspunkt knapp unterhalb der Flugschnurschlaufe festklemmen und dann das neu geschaffene »Auge« in der Monofilschlaufe noch einmal über den Fliegenschnur-Loop führen.

Schritt 3: Abschließend wie gewohnt das andere Ende des Vorfachs durch die Fliegenschnurschlaufe stecken und schließlich vorsichtig zusammenziehen. Eventuell mit einem Fingernagel das Monofil in die richtige Position schieben. Wenn alles stimmt, führt das Monofil in gerader Linie aus der Fliegenschnurschlaufe heraus und die Tragkraft wurde nicht geschwächt.

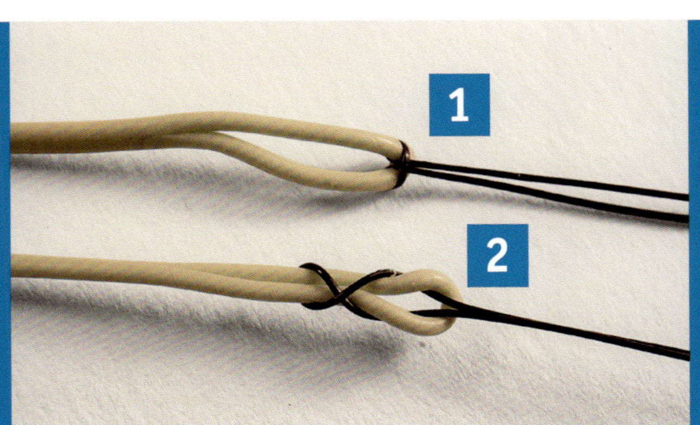

1 *einfach gesteckt (falsch) und nach unten verrutscht.*

2 *gekreuzt (richtig).*

37 Verbindung von Vorfach und Fliege

Die alles entscheidende Verbindung. Hier befindet sich in der Regel die schwächste Stelle unserer Verbindungskette. Der Unauffälligkeit wegen wird in der Regel das dünnste Material verwendet. Aus diesem Grund müssen die Knoten sehr sicher sein.

Die Lösung: Starke und sichere Knoten

In 95 % aller Situationen verwende ich die 2 nachfolgenden Knoten:

Der *Verbesserte Klammerknoten,* auch *Improved Clinch Knot* genannt, ist einfach zu knüpfen, sehr universell und tragkräftig. Eigentlich kennt ihn jeder, denn er kommt bei allen Angelarten zum Einsatz. Allerdings muss es tatsächlich der richtige Knoten sein. Man darf ihn auf keinen Fall mit dem *Einfachen Klammerknoten* verwechseln, bei dem das lose Ende nur durch das Schnurauge vor dem Öhr gesteckt wird. Diesen Knoten sollte man nie verwenden, er öffnet sich unter stärkerem Zug. Eine geschätzt 2 kg schwere Bachforelle winkte mir deswegen einmal mit ihrer Schwanzflosse zum Abschied zu. Beim *Verbesserten Klammerknoten* 1 wird das Vorfachende zuerst durch das Monofilauge direkt vor dem Öhr und dann zusätzlich durch die große Schlaufe gesteckt (rot), bevor man den Knoten schließt. Ich benutze diesen Knoten für Trocken- und Nassfliegen sowie Nymphen und zum Anbinden eines *Vorfachringchens* (→ Nr. 39). Für sehr kleine Fliegen eignet sich auch der *Midge Knoten* (→ Nr. 60)

Der *Schlaufenknoten,* auch *Non-Slip-Mono-Knoten* genannt 2, bildet eine offene Schlaufe und verbessert das Spiel von Streamern oder Nymphen, da sich das Hakenöhr frei in der Schlaufe bewegen kann. Dazu einen Überhandknoten in das Monofilende legen, dabei aber genug loses Ende lassen. Den Überhandknoten nah ans Öhr führen, das lose Ende durch den Knoten zurückführen und 4 bis 5 Törns um das stehende Ende schlagen. Dann das lose Ende zurück durch das Auge des Überhandknotens führen. Zuziehen.

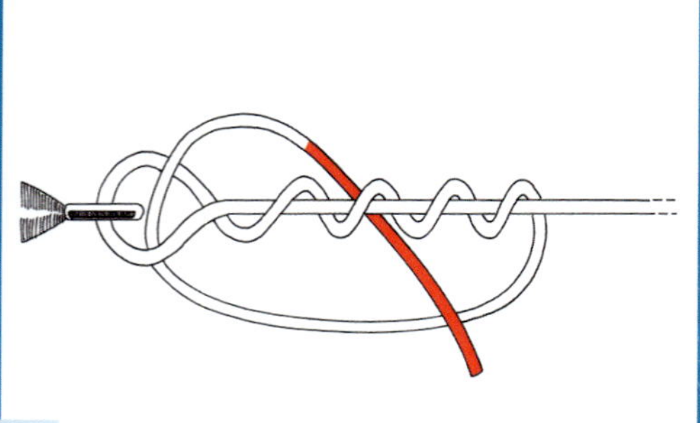

1

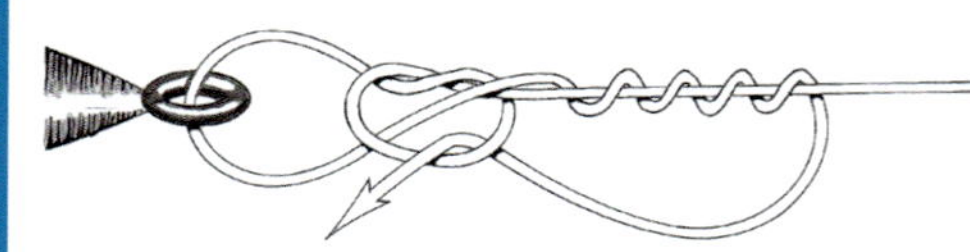

2

38 Knoten zum Verlängern der Vorfachspitze

Die Vorfachspitze wird mit jedem Einsatz kürzer. Es kommt relativ oft vor, dass man einen Knoten im Spitzenbereich des Vorfachs benötigt. Auch im Zusammenspiel mit einem in der Spitze eingesetzten Vorfachringchen (→ Nr. 39).

Die Lösung: Der Wasserknoten

Das Anknüpfen von zusätzlichem Monofil ist sehr einfach mit dem *Wasserknoten*, der fälschlicherweise gerne als Chirurgenknoten bezeichnet wird. Er ist nichts anderes als ein gewöhnlicher, mehrfacher Überhandknoten. Bei den dünneren Monofilstärken im Vorfachbereich wird er im Unterschied zur Grafik nicht nur zweifach, sondern dreifach ausgeführt.

Geiz ist nicht geil: Vorfachmaterial ist Verbrauchsmaterial! Gehen Sie großzügig damit um! Das ist kein Aufruf zur Verschwendung, aber im Verhältnis zum restlichen Gerät ist Vorfachmaterial geradezu spottbillig. Mit einer ausreichenden Länge zwischen den Fingern lässt sich ein Knoten eben viel einfacher knüpfen als mit kurzen Schnurstummeln. Vor allem wenn nur ein paar Meter vor uns eine gefühlt zweipfündige Bachforelle kleine graue Eintagsfliegen von der Wasseroberfläche schlürft und die Fingerspitzen vor lauter Aufregung ohnehin schon genug zittern. Zur Entsorgung des Restmaterials → Nr. 30.

Auf die in Nr. 31 bis Nr. 38 vorgestellten Verbindungen kann ich mich absolut verlassen. Andere wende ich nur in seltenen Fällen an. Es gibt aber ganz sicher sehr gute und mindestens gleichwertige Alternativen. Man muss sie nur einüben. Wer tiefer einsteigen möchte, dem lege ich mein Buch *Angelknoten – schnell und sicher* (BLV, 2011) ans Herz.

Erinnerung: Alle Monofilknoten vor dem Schließen leicht anfeuchten. Das minimiert die schädliche Reibungshitze beim Zusammenziehen (→ Nr. 26).

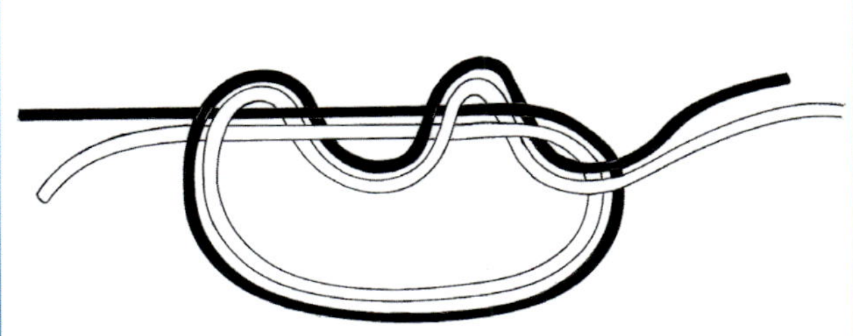

Wasserknoten, hier zweifach. Ein Knoten, den wir aus dem täglichen Leben kennen.

39 Das richtige Spitzenmanagement

Bei jedem Fliegenwechsel verliert der feine Spitzenbereich eines Trockenfliegenvorfachs, das Tippet, einige Zentimeter. So verändern sich die Abroll- und Ablageeigenschaften und die Qualität der Präsentation fällt mit jedem Zentimeter weniger unsensibler aus.

Die Lösung: Das Vorfachringchen

Gegen Ende der Spitze sperrt sich das dort stärkere Monofil sogar gegen das Einfädeln. Eine unpraktische Überraschung! Wie bemerkt man rechtzeitig, dass es Zeit wird, die Vorfachspitze zu erneuern? Und wie bringt man sie an? Die Lösung heißt *Vorfachringchen*, oder nach seinem Erfinder, dem Regensburger Fliegenfischer Edgar Pitzenbauer (†) auch *Pitzenbauer-Ringerl*. Sie werden in unterschiedlichen Größen vertrieben. Es gibt auch recht robuste Varianten für starke Raubfischvorfächer.

Position finden: Der winzige Edelstahlring wird möglichst exakt am Übergang zur Verjüngung gesetzt. Um diese Stelle zu finden, greift man das dünne Ende der Vorfachspitze zwischen Daumen und Zeigefinger und führt es an sich selber zurück. Im direkten Vergleich sieht man den Beginn des verjüngten Teils sehr gut. Hier wird, mit etwas Überstand zur besseren Handhabung, die Restspitze abgeschnitten.

Ringchen setzen: Das Ringchen lässt man zum Anknoten am Hauptvorfach auf dem Lieferkarabiner. Im losen Zustand hat man nicht den Hauch einer Chance, es auf das Monofil zu fädeln. Die Vorfachspitze sowie den hinteren Vorfachteil jeweils mit einem beispielsweise *Verbesserten Klammerknoten* (→ Nr. 37) befestigen.

Erleichtertes Spitzenmanagement: Der kleine Ring ist in erster Linie ein idealer Verbindungshelfer, aber zusätzlich auch ein augenfälliger Kontrollpunkt für die aktuelle Länge der Vorfachspitze. Wir können das *Tippet* jetzt jederzeit erneuern, ohne das Hauptvorfach anzutasten.

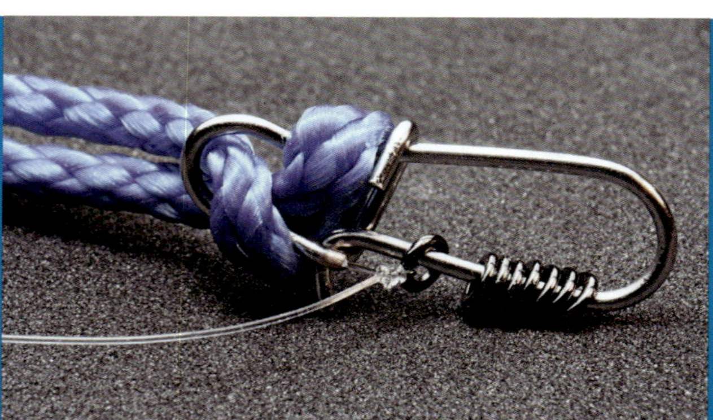

Zum Anknoten bleibt der winzige Ring aus Sicherheitsgründen auf dem Karabiner.

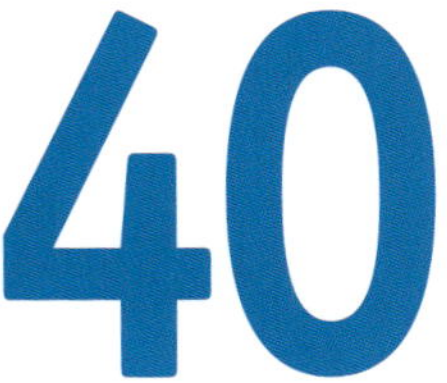

Raubfischvorfächer anbringen

Beim Fliegenfischen auf Hecht mit großen Streamern wird widerstandsfähiges Vorfachmaterial aus Stahlseide oder Hard-Monofil benötigt. Welche Verbindungen, auch zur Fliege, sind dann empfehlenswert?

Die Lösung: Spezielle Knoten

Raubfischvorfächer kennt man vom Spinn- oder Grundangeln. Sie werden mit schweren Wirbeln und Karabinern mit der Hauptschnur verbunden. Diese kommen an einem Fliegenvorfach weniger zum Einsatz. Die Stahlseide oder das Hard-Mono werden in unserem Fall als circa 30 bis 40 cm lange Vorfachspitze mit dem 1 bis 1,5 m langen 0,40 bis 0,45 mm starken Monofil-Hauptvorfach verbunden.

Stahlvorfächer: Der *Achterknoten* 1 eignet sich, um größerer Hecht- oder Salzwasserstreamer an die mehrfädige, weiche Stahlseide zu binden. Er ist einfach zu knüpfen und hält korrekt geschlossen absolut sicher. Das obere Ende des Stahlvorfachs wird mit einer *Chirurgenschlaufe* (→ Nr. 35) versehen und in das ebenfalls mit einem Loop ausgestattete Hauptvorfach eingeschlauft.

Hard-Mono: Ein passender Knoten zum Anknüpfen der Fliege für dieses abriebresistente, superstarke Monofil (30 lbs und mehr) ist der *Homer-Rhode-Knoten* 2, der gerne beim Fliegenfischen auf Tarpon verwendet wird. Man benötigt eine gezähnte Flachzange, um das Monofil sicher fassen und schließen zu können.

Quetschklemmen: Diese sind eine elegantere Lösung, allerdings benötigt man dazu zwingend eine spezielle Zange. Das Monofilende kann man mit einem Feuerzeug kugelförmig anschweißen, um es zusätzlich vor dem Durchrutschen zu schützen.
Die Verbindung zum Hauptvorfach erfolgt beispielsweise mit einer *gekreuzten Steckschlaufenverbindung* (→ Nr. 36) oder tatsächlich mit einem kleineren Karabiner ohne Wirbel.

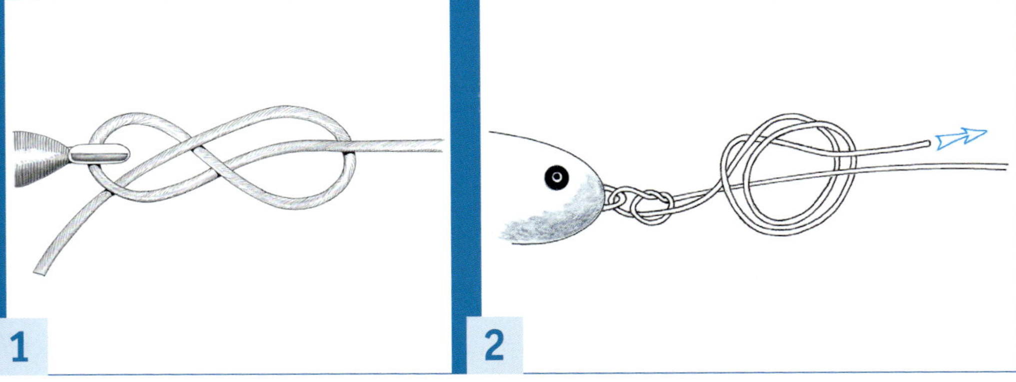

Der Aufbau von der Rolle ...

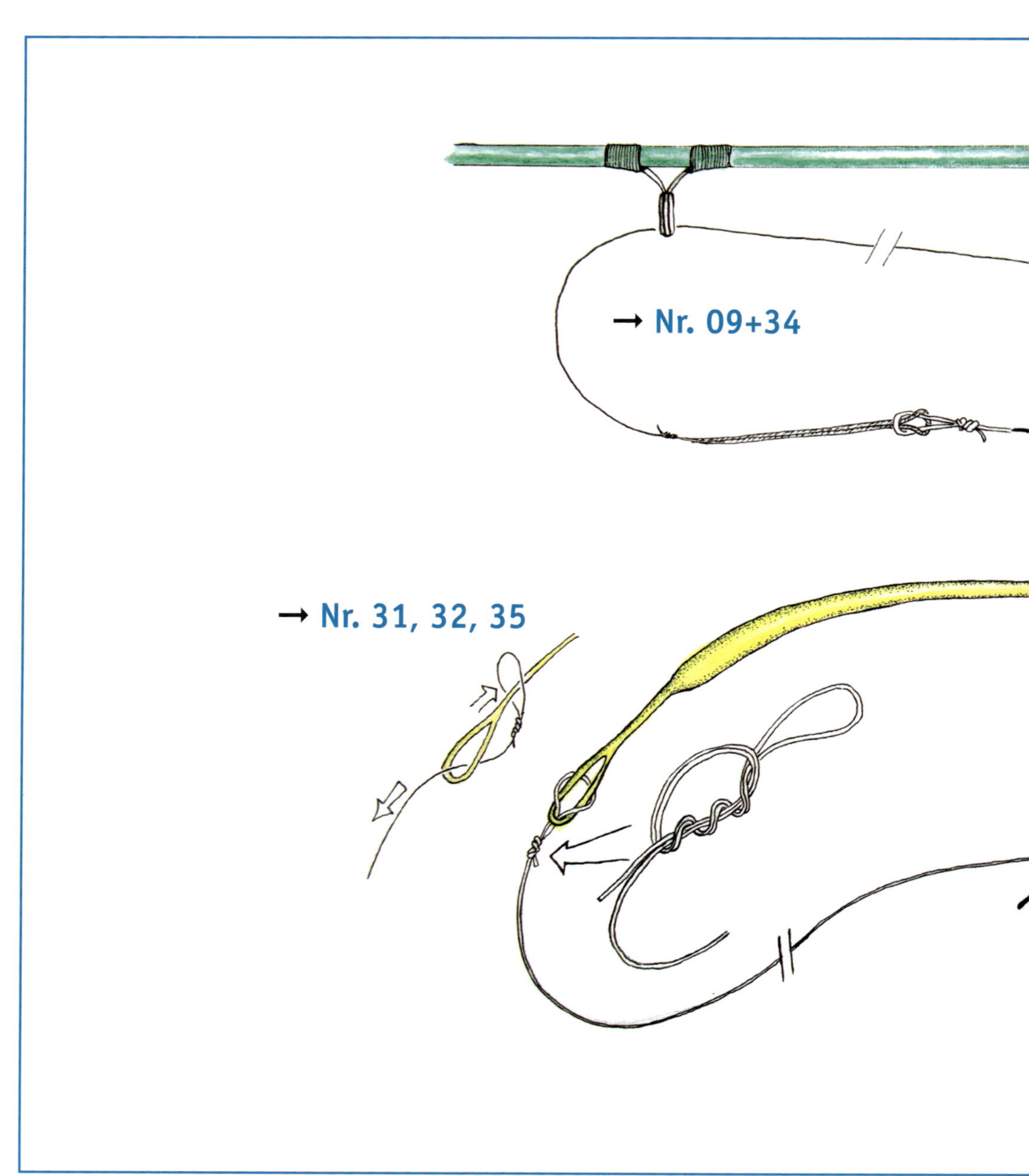

… bis zur Fliege

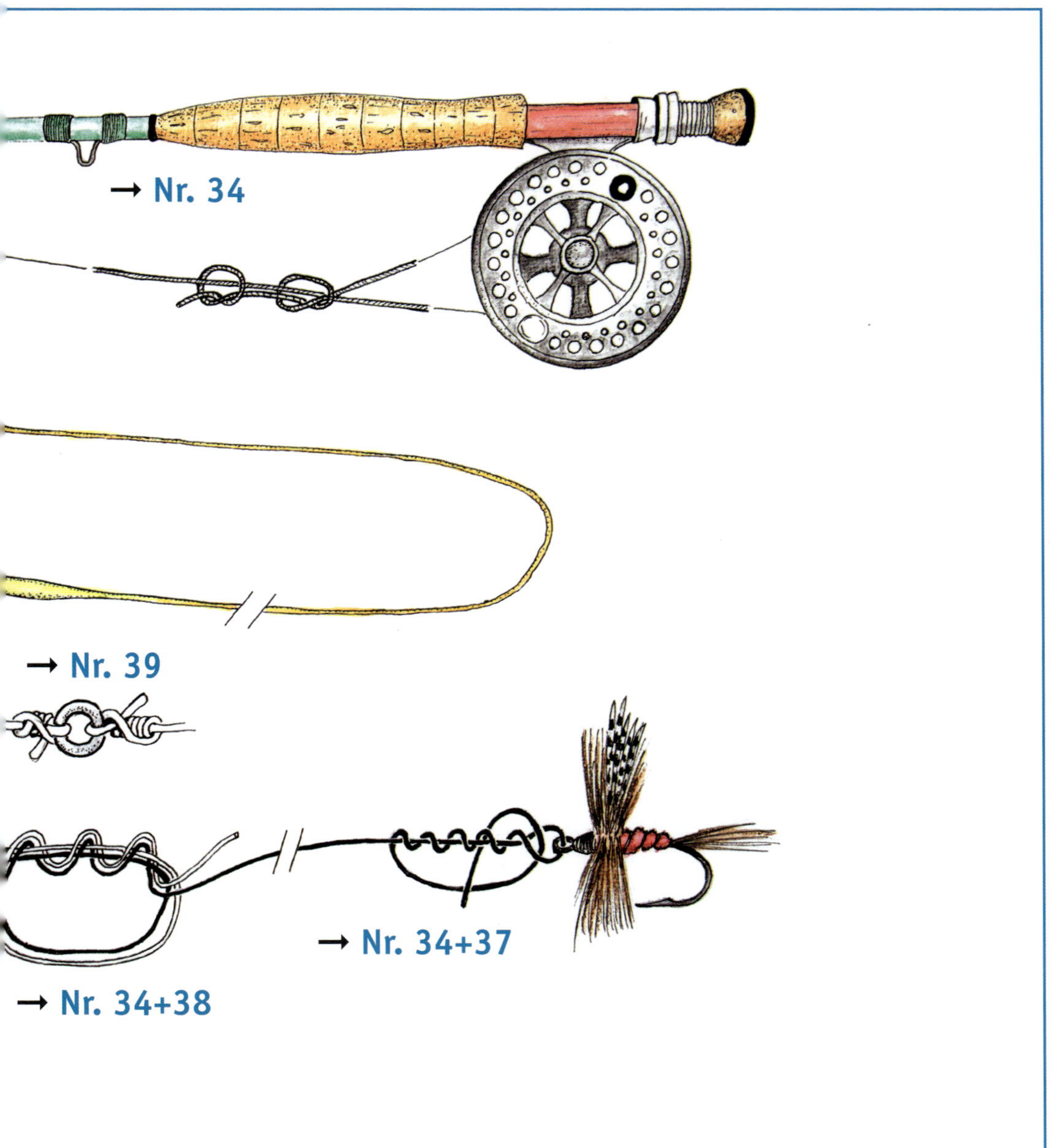

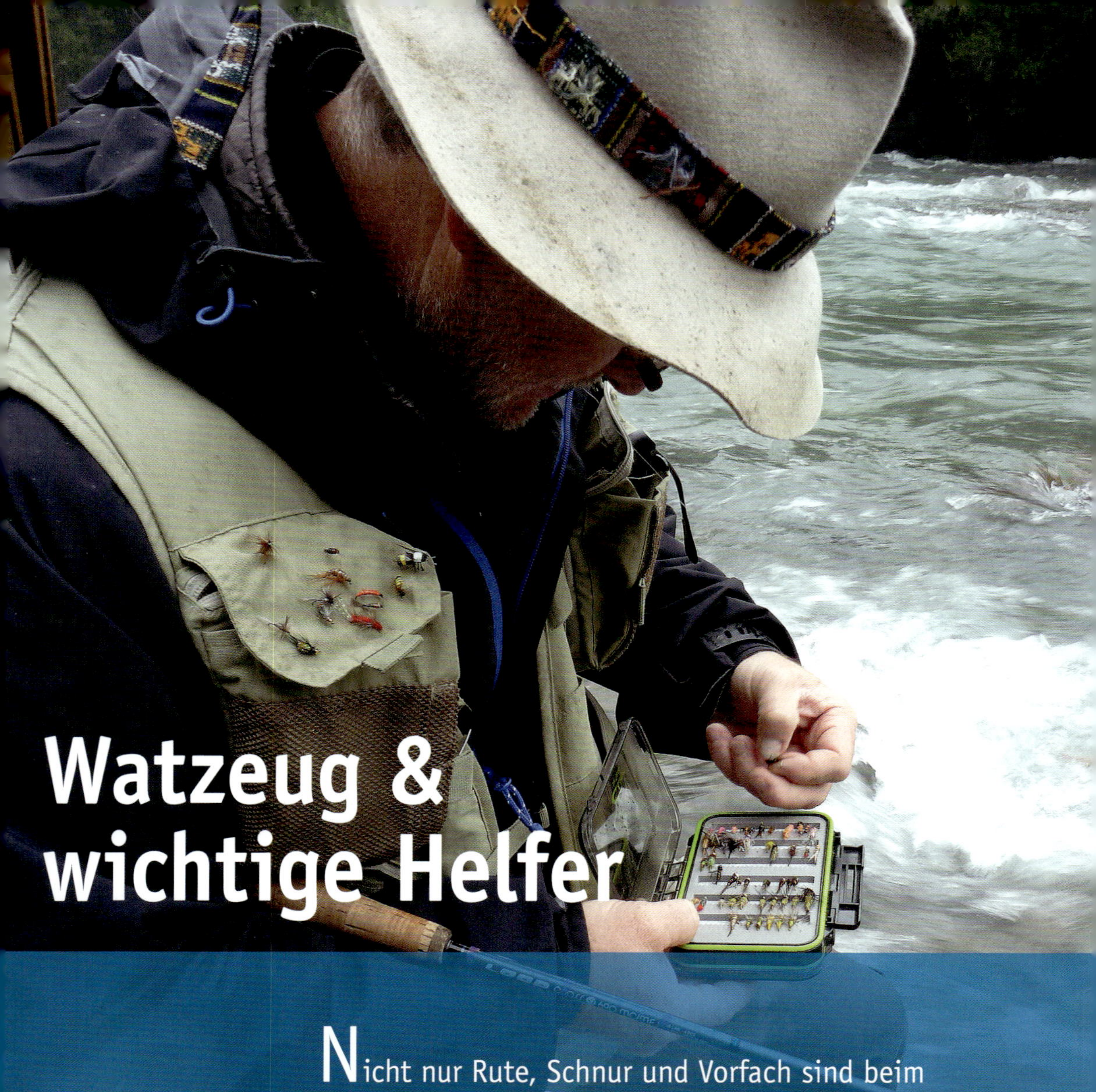

Watzeug & wichtige Helfer

Nicht nur Rute, Schnur und Vorfach sind beim Fliegenfischen optimal auf eine sehr dynamische Angelweise am und im Wasser ausgelegt. Watzeug, eine gut bestückte Fliegenweste und andere Accessoires sorgen für zusätzliche Mobilität. Um Vorfach, Fliege und Fisch im Wasser im Auge zu behalten, gibt es diverse Hilfen für einen scharfen und blendfreien Blick. Was zu beachten ist, finden Sie in diesem Kapitel.

41 Fliegenfischen ohne Watzeug?

An größeren Fliegengewässern entscheiden sich die meisten für eine Wathose, in kleineren vielleicht nur für Hüftstiefel. Es gibt aber auch typische Wiesenbäche, wo das Waten keine Vorteile bringt oder es sogar verboten ist. Kann man da auf Watzeug verzichten?

Die Lösung: Ein bisschen Waten muss immer sein

Immer wieder sieht man Fliegenfischer ohne jegliche Watausrüstung, sie tragen höchstens Wanderschuhe. Denn sie haben gar nicht vor, ins Wasser zu gehen.

Aus Respekt für die Fische: Probleme bei der schonenden Behandlung eines Fisches, den man zurücksetzen möchte, sind ohne Watzeug vorprogrammiert. Im besten Fall lässt er sich vom erhöhten Ufer aus *mit der Rutenspitze abhaken* (→ Nr. 110). Aber wenn das nicht gelingt, müsste man eigentlich zum Fisch zur Wasserlinie hinunter. Mit Wanderschuhen bekommt man aber nasse Füße, also wird ein kleiner Fisch dann gerne aus Einfachheitsgründen aus dem Wasser geliftet und für die weiteren Schritte in die trockene Hand genommen. Schlecht!

Persönlich habe ich mich irgendwann in meiner Fliegenfischerlaufbahn dazu entschlossen, so gut wie immer zumindest Hüftstiefel zu tragen. Auch in den Fällen, in denen ich meine Fliegen nur vom Ufer aus präsentiere. Das mag im Sommer ein wenig warm werden, aber dafür kann ich jederzeit und fast überall zu einem gehakten Fisch ins Randwasser steigen. Ein gesunder Nebeneffekt in der üppigen Ufervegetation: Durch den fast hüfthohen Beinschutz verringert sich das Risiko von Zeckenbissen enorm. Übrigens kenne ich eine »Fly-Only«-Salmonidenstrecke an der Wiesent in der Fränkischen Schweiz, wo das Watfischen ausdrücklich verboten, aber das Tragen von zumindest wadenhohen Gummistiefeln aus den eingangs erwähnten Gründen vorgeschrieben ist. Allen Respekt vor der Weitsicht des Eigentümers. So kann man zumindest am Uferrand ins flache Wasser einsteigen und den Fisch anständig behandeln.

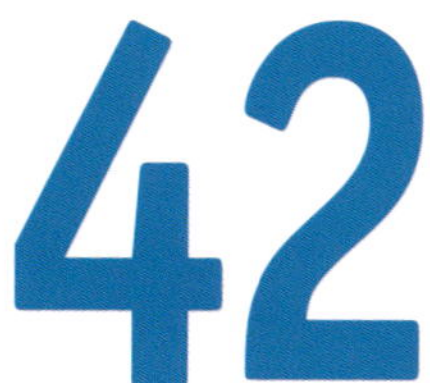

Gutes Watzeug auswählen

Wenn am Gewässerboden von Flüssen und Bächen größere abgerundete Steine vorhanden sind, kann das Waten sehr unsicher werden. Man kann nicht nur einfach baden gehen, sondern sich auch verletzen und im schlimmsten Fall dabei ertrinken.

Die Lösung: Auf die Sohle kommt es an

Die Steine sind oft mit einem dünnen, aber äußerst glitschigen Algenüberzug überzogen. Es kommt also auf eine zuverlässige Geh- und Standsicherheit an, und dafür sind in erster Linie die Sohlen der Watschuhe/-stiefel zuständig.

Gummisohlen: Früher hatten alle Watschuhe Sohlen aus Gummi. Da diese sehr rutschig sind, kam man auf die Idee, Eisenspäne mit einzumischen, um die Reibung auf glattem Untergrund zu erhöhen. Aber auch das reicht oft nicht aus.

Filzsohlen: Dagegen vermitteln gute Filzsohlen auf glatten, algenüberzogenen Felsen ein recht sicheres Gefühl. Aber auch sie lassen sich noch durch zusätzlich eingeschraubte Metall- oder Keramikspikes, wofür die Sohlen aber mit entsprechenden Fassungen präpariert sein müssen, optimieren. Reiselustige Fliegenfischer müssen allerdings beachten, dass Watschuhe mit Filzsohlen wegen der Gefahr der Fischseuchenübertragung nicht überall erlaubt sind und in einigen Ländern gar nicht eingeführt werden dürfen. Auch aus diesem Grund wurden moderne, feinporige Kunststoffsohlen (Vibram) entwickelt, die einen ähnlichen Rutschwiderstand wie Filzsohlen besitzen sollen. Das lässt sich leider nicht bestätigen.

Watzeug am Ufer: Auch wenn spikebewehrte Filzsohlen im Wasser sehr gut sind, auf nassen, steilen und grasüberzogenen Ufern rutscht man gnadenlos. Das sollte man beim Verlassen des Wassers am steilen Grasufer beachten. Separate, feste Watschuhe sorgen für einen besseren Stand als direkt an den Hosenbeinen befestigte Stiefel.

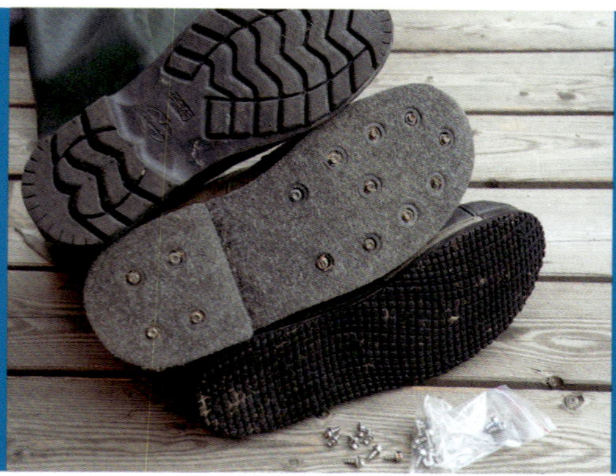

Von links: Normale Gummiprofilsohle (o. k. für Sand- und Kiesböden), Filzsohle mit Spikes (empfohlen für glatte Steine), Vibram-Sohle (auch mit Spikes den Filzsohlen unterlegen).

43 Für mehr Sicherheit beim Waten

Die richtigen Schuh- oder Stiefelsohlen (→ Nr. 42) sind wesentliche Faktoren, aber sie stehen nicht alleine, wenn es um die Sicherheit beim Watfischen geht. Neben Hilfsmitteln kommt es vor allem auf die Methoden an.

Die Lösung: Gürtel, Watstock und System

Watstock: Hebe ich für den nächsten Schritt ein Bein, balanciere ich für einen Moment nur auf dem anderen, möglicherweise zerrt an ihm gerade eine starke Strömung. Und mit dem ersten taste ich gleichzeitig wieder nach einem sicheren Auftritt. Ein Watstock als »drittes Bein« springt immer dann ein, wenn eines meiner natürlichen gerade keinen Bodenkontakt hat. Für schnellere und vor allem steinige Fließgewässer ist er unbedingt zu empfehlen. Zusammenfaltbare Modelle können gut am Gürtel getragen werden. Nicht vergessen, dort auch die Sicherungsleine anzuknüpfen, sonst ist das gute Stück plötzlich weg.

Kiwi Crossing: Habe ich zuerst in Neuseeland gesehen, wird in den USA auch *Buddy Wading* genannt. Dabei umfassen sich 2 Fischerkameraden »freundschaftlich« an der Hüfte und stützen sich. Ein guter Ersatz für den fehlenden Watstock, denn von 4 Beinen haben immer mindestens 2 Bodenkontakt.

Flussdurchquerung: Niemals schräg *gegen* eine stärkere Strömung waten. Vor allem nicht, wenn das Wasser über die Knie reicht. Zuerst eine geeignete Landestelle am anderen Ufer ausmachen, dann etwas stromauf wandern und schräg stromabwärts durch den Fluss auf diese Stelle zuhalten.

Gürtel: Die *Wathose* sollte trotz integrierter Hosenträger unbedingt mit einem bündig am Körper anliegenden Gürtel bestückt werden. Falls man doch Baden geht, verhindert er unkontrolliertes Eindringen von Wasser. Es würde die für die Eigenrettung nötige Beweglichkeit im Wasser stark behindern.

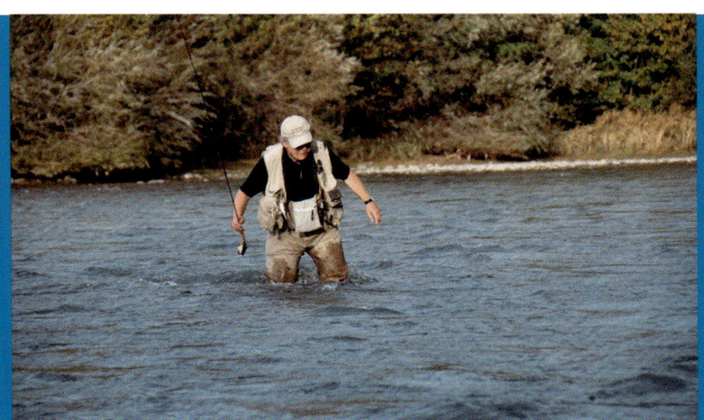

Jetzt wird es langsam kritisch. Zügiges, bis über die Knie reichendes Wasser entwickelt eine enorme Kraft. Hier wäre ein Watstock ein sicherer Helfer.

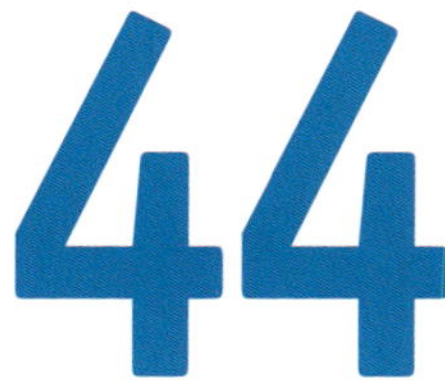

Die Reparatur-Notfallbox

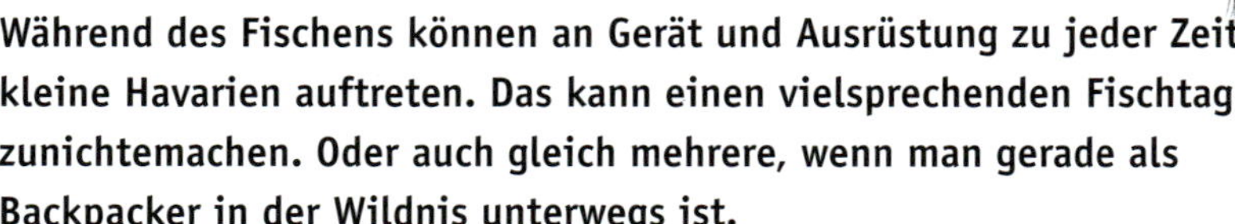

Während des Fischens können an Gerät und Ausrüstung zu jeder Zeit kleine Havarien auftreten. Das kann einen vielsprechenden Fischtag zunichtemachen. Oder auch gleich mehrere, wenn man gerade als Backpacker in der Wildnis unterwegs ist.

Die Lösung: Multifunktioneller Inhalt

Ein Spitzenring bricht ab oder die Fliegenschnur benötigt eine neue Schlaufe. An der Fliegenweste reißt eine Naht. Sehr hilfreich kann für all die für Fliegenfischer alltäglichen kleinen Unfälle eine kleine Reparatur-Notfallbox mit ein paar wichtigen Helferchen werden. Sie wird in der Gerätetasche mitgeführt. Hier mein Vorschlag für den Inhalt:

- 1 Multifunktions-Taschenmesser
- 1 kleiner Schraubenzieher mit Wechselköpfen (Schlitz und Kreuz)
- 1 kleine Kombi-Flachzange, gezähnt und mit Drahtschneider
- 1 Sturmfeuerzeug
- 1 Heißleimstift (wie für die Heißklebepistole)
- 5 oder 6 mittelgroße bis große Sicherheitsnadeln (universell, man kann sogar einen Behelfsrutenring damit formen)
- 1 Spulenhalter
- 1 Röllchen Rutenseide (mind. 25 m)
- 1 Nähnadelset mit unterschiedlichen Nadeln (Als Nähfaden dient die Rutenseide oder Vorfachmonofil.)
- 1 Tube Sekundenkleber
- 1 Fläschchen transparenter Nagellack
- 1 kleine Rolle weiches Kunststoffklebeband, beispielsweise Isolierband
- 1 Flickzeug für Wathose/-stiefel: Die Art hängt vom Material ab. Beispielsweise ein Tübchen Aqua-Seal (Silikon) für Neopren und normales Gummimaterial. Spezialflickzeug für atmungsaktive Wathosen wird oft beim Kauf der Hose mitgeliefert.

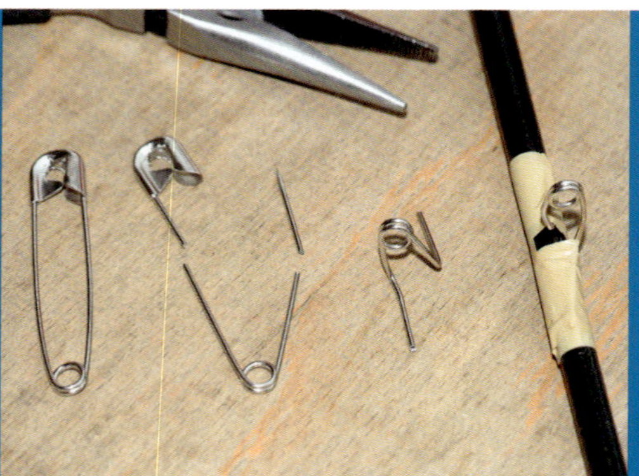

Sicherheitsnadel als Rutenring: Material mit Kombizange aufschneiden und in Form biegen. Den alten Ring vom Blank entfernen und den »neuen« mit Klebeband provisorisch befestigen.

45 Fliegenfischen mit Sehhilfe

Irgendwann mit zunehmender Weitsichtigkeit aufgrund fortschreitenden Alters brauchen die meisten zum Lesen eine Brille. Das Gleiche gilt dann auch für das Anbinden von Fliegen. Allerdings stellt man fest, dass die normale Lesebrille nicht ganz ausreicht.

Die Lösung: Günstige Verstärker

Alltags-Sehhilfen stärker als normal wählen: Wer eine Lesebrille benützt, wird die teure vom Optiker nicht mit ans Wasser nehmen. Und geschliffene Gleitsichtgläser in der Polbrille oder andere teure Lösungen für Angler sind nicht jedermanns Sache. Die meisten von uns »Altersweitsichtigen« haben in der Regel Billigmodelle an verschiedenen Orten des täglichen Lebens deponiert. Die in der Fliegenweste sollte etwa 1 Dioptrie stärker sein als die Lesebrille. Denn man hält eine Fliege beim Knotenbinden etwas näher vor die Augen als die Zeitung. Was mich betrifft, komme ich zum Lesen mit 1,5 Dioptrien zurecht. Beim Anbinden einer Fliege tue ich mich mit 2 bis 2,5 Dioptrien aber leichter. Das funktioniert also ein bisschen wie eine Lupe.

Hat Eyes: Es gibt auch noch einige andere gute Produkte. Die *Hat Eyes* zum Beispiel sind eine geniale Sache. Befestigt werden diese Vergrößerungslinsen am Schild des Caps. Sie sind eingezogen, lassen sich bei Bedarf aber direkt vor den Augen ausklappen. Die erhältlichen Vergrößerungen reichen in etwa von 2,0 bis 2,75. Ich habe gleich mehrere Kopfbedeckungen damit ausgestattet. Es gibt solche Sehhilfen oder Kopflupen in unterschiedlichen Ausführungen von verschiedenen Herstellern. Vermeiden Sie bruchgefährdete Plastikhalterungen und -aufstecker.

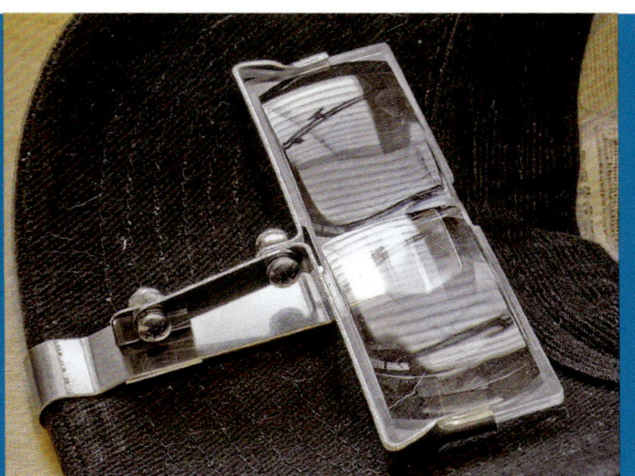

Eingeklappte Sehhilfe unter dem Schirm der Kopfbedeckung.

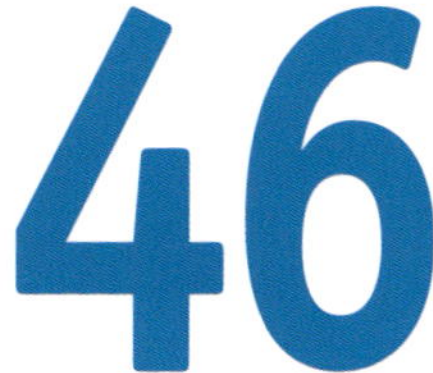

Die Wahl der Polbrille

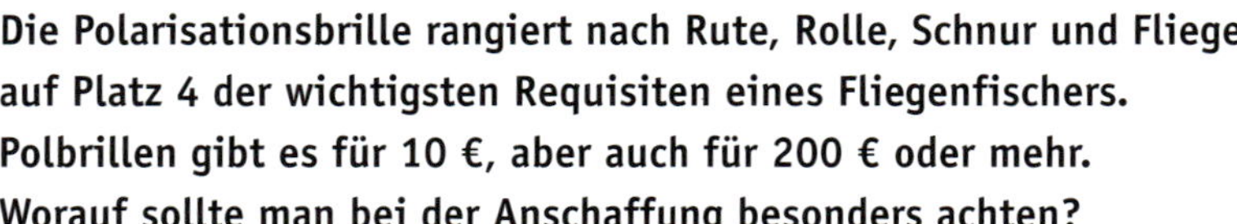

Die Polarisationsbrille rangiert nach Rute, Rolle, Schnur und Fliege auf Platz 4 der wichtigsten Requisiten eines Fliegenfischers. Polbrillen gibt es für 10 €, aber auch für 200 € oder mehr. Worauf sollte man bei der Anschaffung besonders achten?

Die Lösung: Die »goldene« Mitte

Eine Polbrille ist deshalb so wichtig, weil sie, klares Wasser vorausgesetzt, einen gewissen Einblick unter die Wasseroberfläche ermöglicht und zudem die Augen vor unkontrolliert durch die Luft irrenden Fliegenmustern mit scharfen Hakenspitzen schützt. Hier ein paar Gesichtspunkte, die möglicherweise bei der Erstanschaffung hilfreich sind:

Die Qualität der Gläser: Die ganz billigen erfüllen ihren Zweck, aber ihre Kunststoffgläser sind natürlich von keiner besonderen Qualität. Das führt meist zu leichten optischen Verzerrungen, die irgendwann Kopfschmerzen verursachen können. Ab etwa 30 € bekommt man aber schon ganz passable Modelle.

Die Farbe: Am gebräuchlichsten sind Grau, Braun und Gelb. Was aber ist am geeignetsten?

- **Grau** mildert hellen Sonnenschein zwar gut ab, aber die Welt erscheint damit etwas einfarbig. Besonders wenn sich die Sonne hinter einer Wolke verzieht, kann es richtig düster werden.
- **Gelb** hellt auf, ist also besonders gut für dunklere Tage und Fischen in der Dämmerung geeignet. Bei Sonnenschein nichts für blendempfindliche Augen.
- **Bräunliche Gläser** vermitteln eine freundliche warme Umgebung. Man sollte sie aber nicht zu dunkel wählen, denn an guten Angeltagen macht sich die Sonne eher rar. Hellbraune Gläser (amber) sind sehr gute Allrounder. Sie sind für die meisten fischereilichen Situationen vielseitig einsetzbar.

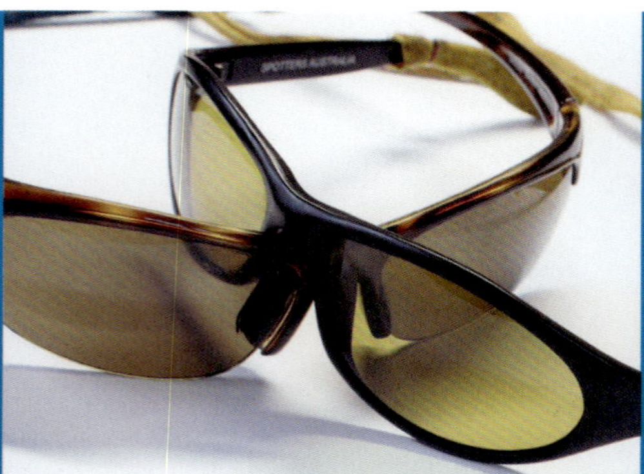

Grau, Hellbraun und Gelb. Hellbraun ist am universellsten. Für die meisten Fliegenfischer somit vermutlich die richtige Wahl.

47 Die richtige Kopfbedeckung

Die Kopfbedeckung ist eines der wichtigsten Kleidungsstücke für den Fliegenfischer. Sie wird manchmal ein wenig stiefmütterlich behandelt, sollte aus verschiedenen Gründen aber sorgfältig gewählt werden. Denn sie dient der Sicherheit.

Die Lösung: Schutz und Sehhilfe

2 Dinge sind bei Kopfbedeckungen wichtig:

1. Gesundheit und Sicherheit des Trägers: Der Kopf eines Menschen kann zu viel Nässe und Kälte schlecht vertragen, zu viel Sonne und Hitze auch nicht. Achtung: Die Wasseroberfläche reflektiert die UV-Strahlen, sie kommen dann direkt von vorne. Ergo Sonnenschutzmittel trotz Hut nicht vergessen. Bei den weit verbreiteten und beliebten Baseballcaps mag der lange Schirm vor direkter Sonne im Gesicht schützen. Die Ohren liegen aber frei. Einmal Sonnenbrand ist noch erträglich, aber Hautkrebs in späteren Lebensjahren gar nicht lustig. Wer das vermeiden möchte, denkt beim Aufbringen von Sonnenschutzmittel (LSF 50!) auch an die Ohren oder er greift gleich zu einem Hut mit umlaufender Krempe, der dann auch vor dem einen oder anderen Regenguss schützt. Man kann ja immer zwischen einem leichten Sonnenschutzmodell und einem aus wasserdichtem Material wählen.

2. Unterstützung der Sehleistung: Die UV-Strahlung ist eine Sache, aber Licht von vorne ist auf die Dauer für die Augen auch sehr anstrengend. Footballspieler ziehen sich deswegen einen schwarzen Strich auf die Wangenknochen unter die Augen. Das sieht martialisch aus und reduziert irritierende Lichtreflexionen. So weit müssen wir nicht gehen, aber wir könnten einen relativ hellen Hut – Hitzeschutz – verwenden, bei dem die Unterseite des Schirms oder der Krempe dunkel und somit lichtschluckend ausfällt. Notfalls könnte man mit einem schwarzen wasserfesten Stift mit besonders breiter Faserspitze nachhelfen.

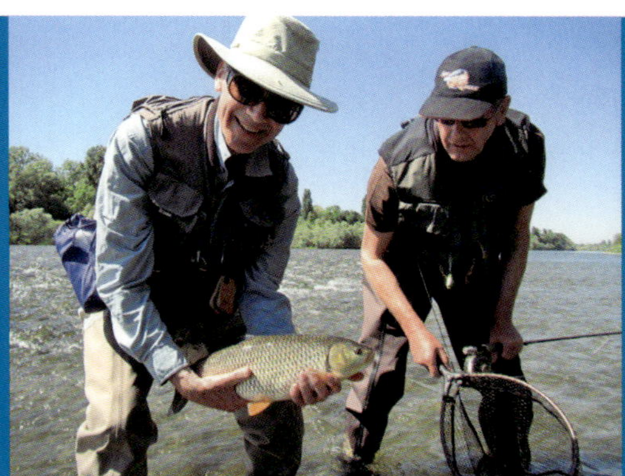

Wer genau hinsieht: Der Hut ist hell, aber die Unterseite seiner breiten Krempe ist dunkel. Beim dunklen Cap sind die Ohren ungeschützt. Bei dem Fisch handelt es sich um einen großen Döbel (→ Nr. 100).

48 Die Wahl des Keschers

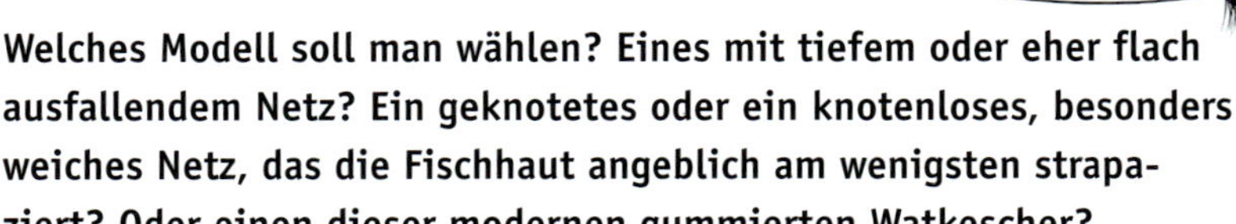

Welches Modell soll man wählen? Eines mit tiefem oder eher flach ausfallendem Netz? Ein geknotetes oder ein knotenloses, besonders weiches Netz, das die Fischhaut angeblich am wenigsten strapaziert? Oder einen dieser modernen gummierten Watkescher?

Die Lösung: Der Umgang macht ein gutes Netz

Hängt ein Fisch am Haken, gibt es nur 2 Möglichkeiten:

1. Der Fisch ist zu klein oder wird aus anderen Gründen der Fischhege wieder freigelassen, muss also bestmöglich geschont werden.
2. Er wird als Küchenfisch entnommen. Hier taugen eigentlich alle Kescher.

Gibt es ein wirkliches Catch-&-Release-Netz? Am schonendsten wäre das *Abhaken mit der Rutenspitze* (→ Nr. 110). Muss die Hand oder ein Hakenlöser verwendet werden, wird der Fisch aber auch nicht aus dem Wasser gezogen, sondern in seinem Element abgehakt. Manchmal ist es möglich, den Fisch direkt ohne Kescherhilfe mit nasser Hand zu greifen, um ihn zu befreien, aber das Netz macht es einfacher. Es dient allerdings nur dazu, seinen Bewegungsraum einzugrenzen, es soll ihn nicht »festhalten« in dem Sinn, dass es ihn mit Druck berührt. Die Fischhaut ist so empfindlich, dass es relativ egal ist, wie »extra fischfreundlich« die Maschen sind, weil sie ihr alle bei falschem Netzeinsatz nicht wirklich guttun. Und gerade bei als besonders »sanft« propagierten gummierten Maschen ist beim Abhaken besondere methodische Sorgfalt geboten: Sie sind zwar glatt, bieten dem Fisch jedoch durch ihre Steifigkeit festen Widerstand. Ihre Vorteile liegen woanders. Wer einen Fisch in einem gummierten Netzkorb über Wasser hebt, erlebt, wie er sich auf der rigiden Unterlage mit seinem ganzen Muskelapparat abdrückt und entsprechend unkontrolliert herumspringt und -zappelt. Das führt auf jeden Fall zur Beschädigung der Schleimschicht.

Der richtige Netzeinsatz beim Zurücksetzen: Der Fisch sollte nicht im Netzsack liegend aus dem Wasser herausgehoben werden, sodass er mit dem ganzen Gewicht auf die Maschen drückt und seine Schleimschicht strapaziert wird. Der Kescherrahmen wird allerhöchstens so weit über die Wasserlinie angehoben, dass der Fisch mit Wasser bedeckt locker in den Maschen liegt. Wenn alle diese Kriterien beachtet werden, ist es egal, welche Maschenart das Netz aufweist. Die »Fischfreundlichkeit« haben wir in der Hand.

Der Fisch wird entnommen: Jetzt ist es absolut egal, welches Netzmodell man verwendet, solange es den Fisch am Entkommen hindert. Er wird aus dem Wasser gehoben und sofort betäubt und getötet. In einem tieferen Netzsack hängt der Fisch sicherer als in einem flachen.

Kescher mit tiefen Netzsäcken: Trägt man sie seitlich am Gürtel, verhängt sich der Netzsack gerne in den lauernden Ästchen und Zweigen des Ufergesträuchs. Hier gibt es einen kleinen Trick. Falten Sie das durchhängende Netz zusammen und fixieren Sie es mit einem kleinen Ringgummi. Das Netz öffnet sich trotzdem bei jedem halbwegs schweren Fisch im Entnahmefall von selbst. Damit der Gummi dabei nicht jedes Mal verloren geht, wird er einfach in eine Masche eingeschlauft.

Netze mit langem Stiel: An Wiesenbächen mit hohen Ufern sieht man hin und wieder Fliegenfischer mit solchen Keschern. Solange sie nur der Entnahme von Küchenfischen dienen, ist das in Ordnung. Das »Hochholen« von Fischen, Ablegen auf dem Boden, Abhaken und Zurückwerfen ist allerdings abzulehnen. Sollte das *Abhaken mit der Rutenspitze* (→ Nr. 110) von oben nicht gelingen, muss man unweigerlich zum Fisch ins Wasser.

Gut für den Fliegenfischer: Was die Fische betrifft, spielt die Art des Netzes tatsächlich keine Rolle, solange es richtig eingesetzt wird. Für die Netzbesitzer gibt es aber doch noch einiges zu bedenken. Tatsächlich gibt es Qualitätsunterschiede. Weicher Gummi, der auch bei längerem Einsatz weich bleibt, kostet etwas mehr. Persönlich verwende ich recht gerne eine Ausführung mit tieferem, gummiertem Netzsack. Gummiert nur deswegen, weil es schnell trocknet und mir nicht den Rücken, wo ich das Netz trage, anfeuchtet. Außerdem lässt sich Fischschleim besser abwaschen als bei einem Stoffnetz. Beim Zurücksetzen verfahre ich wie beschrieben vorsichtig und umsichtig.

1 *Auch mit glatten Gummimaschen sollte man einen Fisch, den man zurücksetzen möchte, nicht über die Wasserlinie heben. Schnelles Abhaken innerhalb des Kescherrahmens im Wasser ist wichtig.*

2 *Mit einem einfachen Gummiring lässt sich ein schlapperndes Netz bändigen.*

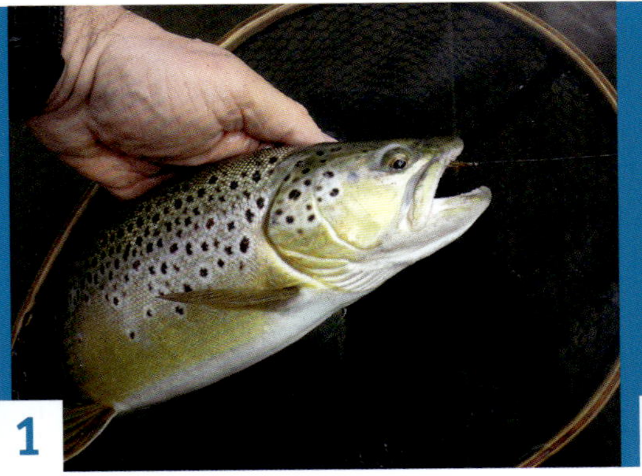

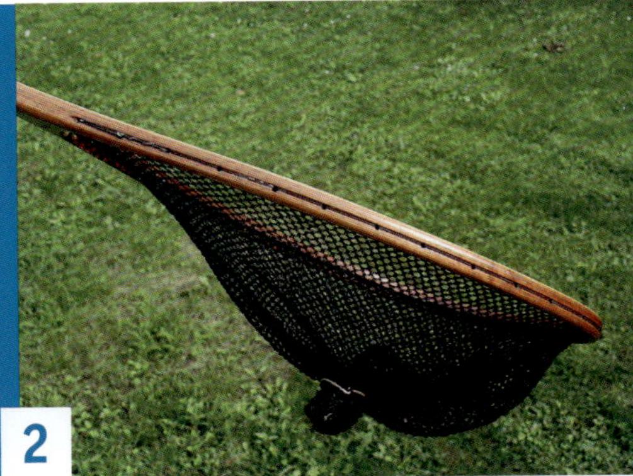

49 Gefangene Fische handlich verstauen

Als Fliegenfischer muss man für küchentauglich befundene Fische meistens eine Weile mit sich führen. Früher gab es zu diesem Zweck stilvolle Weidenkörbe, die an einem langen Gurt um die Schulter getragen wurden. Viele finden das heute umständlich.

Die Lösung: Praktischer Fischträger

Als Notlösung schneidet sich der eine oder andere eine dünne, aber zähe Astgabel von einem Strauch ab und fädelt den Fisch durch die Kiemen auf einen der 2 Sprosse. So bringt man 2 oder 3 Portionsfische unter. Die Astgabel drückt man mit einer Hand zusammen und kann die Fische damit zumindest behelfsmäßig transportieren. Allerdings findet man nicht immer einen passenden, kräftigen und trotzdem biegsamen Ast.

Und es gibt eine noch viel einfachere Lösung. Bei der Rehwildjagd verwende ich dieses handliche Prinzip schon seit vielen Jahren, um erlegte Stücke bequem bis zum Auto ziehen zu können. Warum ich diese praktische Sache nicht schon eher auf die Fischerei übertragen habe, weiß ich auch nicht so recht.

Material: Sie brauchen eine etwa *50 cm lange, dünne Kunststoffleine*, beispielsweise eine ausgediente Fliegenschnur. Sie ist glatt und unempfindlich und schnell wieder zu reinigen. Eine *8 bis 10 cm lange, möglichst konisch zulaufende, glatte Stange von einem Rehbockjährling oder ein Stück in Form geschliffenes Hartholz* als Griff.

Herstellung: Mit einem 5-mm-Holzbohrer ein Loch in den Griff bohren. Eine Schlaufe in die Leine *knüpfen* (→ Nr. 35) oder *schweißen* (→ Nr. 32). Das andere Ende durch das Griffloch fädeln und beispielsweise mit einem Grinnerknoten festmachen. Bis zum Einsatz steckt der kleine praktische Fischträger in einer Westentasche.

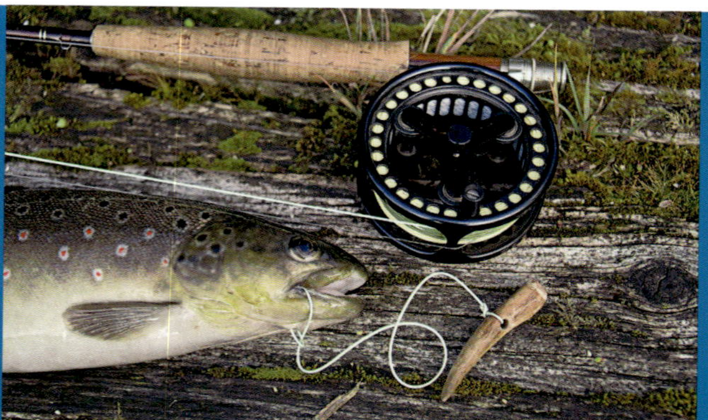

Verwendung: Für den ersten Fisch den spitzen Griff durch Maul und Kiemen fädeln, dann durch die Endschlaufe der Schnur stecken und zuziehen.
1 bis 2 weitere Fische werden einfach zusätzlich aufgefädelt.

50 Der Inhalt der Fliegenweste

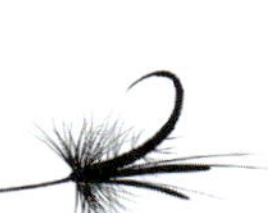

Fliegenfischer sind für optimale Bewegungsfreiheit kompakt unterwegs und verstauen die Utensilien in der Fliegenweste. Leider füllt sich diese allzu schnell mit Kleinkram, den man nicht unbedingt braucht.

Die Lösung: Die richtige Grundausstattung

Welche Dinge sind es, die der Fliegenfischer auf jeden Fall in seiner »Berufskleidung« mit sich führen sollte? Hier einige Vorschläge:

Der Pflichtinhalt

- **Fliegendosen 1:** Kleinere *Dosen* (→ Nr. 64) sind nicht so sperrig in der Weste, aber man sollte im Auto noch mindestens eine andere mit ähnlichem Inhalt haben. Wenn eine Fliege oder die ganze Dose ins Wasser fällt, kann man Ersatz holen. Manche Modelle lassen sich mit einem Schnürchen anbinden.
- **Imprägniermittel (Float-Gel) 2:** Manche Gelbehälter haben einen Ring am unteren Ende, mit dem man sie beispielsweise an einem Ausziehröllchen befestigen kann. So hängt die Öffnung immer nach unten und auch bei geringem Inhalt lässt sich die erforderliche Menge leicht herausdrücken.
- **Verschiedene Bissanzeiger 3:** Harte Anzeiger trägt man in einer kleinen Plastikbox mit sich. Garn im Tütchen, Knetmasse in einem kleinen Döschen.
- **Vorfachmaterial 4:** In der Kategorie normale Forellen- und Äschenfischerei 0,20, 0,18, 0,16 und 0,14 mm starkes Monofil auf kleinen Plastikspulen *gelagert* (→ Nr. 28). 1 oder 2 fertige handelsübliche Vorfächer im Tütchen.
- **Clip am Ausziehröllchen 5:** Erledigt die vielen kleinen Schneidearbeiten beim Wechseln der Fliege und Knüpfen eines Vorfachs. Hängt griffbereit außen an der Weste. Auf gute Qualität achten.

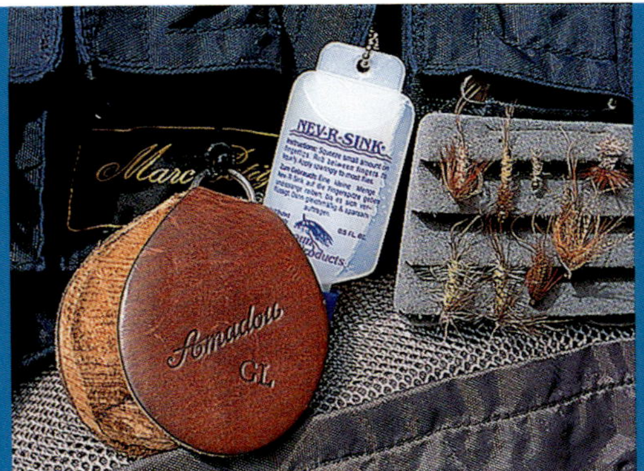

Imprägniermittel: Bei kühlem Wetter muss man gegebenenfalls einige Male über die Öffnung hauchen, um das Gel fließfähig zu machen.

Arterienklemme 6: Zum Andrücken eines Widerhakens an der Fliege (→ Nr. 51) oder als Hakenlöser (→ Nr. 110). Wird griffbereit an der Patte einer der aufgesetzten Taschen oder an einem kräftigen Ausziehröllchen getragen. Eine stärkere Version besitzt zusätzlich eine Schere mit feingesägten Schneidbacken. Damit lassen sich auch die Stahlvorfächer zum Hechtfischen zurechtschneiden.

Flypad 7: Meist aus dichtporigem Schaumstoff, das mit einer Klammer an der Weste befestigt wird. Es hält auch Schonhaken sehr sicher. Hier werden nasse Fliegen zum Trocknen »geparkt« (→ Nr. 56+58).

Fliegentrockner 8: Ein Päckchen Papiertaschentücher oder ein Amadou (Baumschwamm) (→ Nr. 56). Den Amadou vor zu viel Nässe schützen. Bei Regen sollte er nicht außen an der Weste getragen werden.

Priest 9: Mit schwerem Kopf zum sicheren Betäuben der Fische bei der Entnahme. Der auf dem Bild ist ein Eiscrusher aus der Haushaltswarenabteilung. Üblich sind Prieste mit schwerem Messingkopf.

Klappmesser 10: Mit spitzer, arretierbarer Klinge zum Schlachten und Ausweiden der Fische. Im Sommer ist wegen der Hitze unverzügliches Ausweiden angebracht.

Lizenzen 11: Wasserdicht in einem Plastikbeutel mit Ziplockverschluss verpackt in der Brustinnentaschen.

Sehhilfen 12: Brillen und Linsen zur Vergrößerung, besseren und blendfreien Einsicht sind beim Fischen mit Fliegen unabdingbar.

Die Kür: Ist in der Fliegenweste noch Platz, wäre noch folgendes Zubehör interessant:

Ausziehbarer Stabmagnet: Beim Fliegenwechsel direkt am Wasser fällt nicht selten ein Muster ins hohe Gras. Eine Suche mit Auge und Hand ist meist erfolglos. Mit dem Stabmagnet bekommt man die Fliege in 95 % der Fälle zurück. Erhältlich in Magnetshops im Internet.

Hand-Insektennetz: Fliegenklatsche aus Kunststoff ohne Stiel (→ Nr. 53)

Entfettungsmittel für die Schnur: Das Gegenmittel zum Float-Gel. Wird hauptsächlich zum Entfetten des Vorfachs benutzt, um dessen Sinkeigenschaften zu verbessern. Alternativ: Duschgel oder Schmierseife in einem kleinen Plastikfläschchen.

Pocketlämpchen mit biegsamem Leuchtkopf: Zum *Fliegenwechsel in der Nacht* (→ Nr. 62). Achten Sie auf Qualität. Ein Aluminiumgehäuse wäre gut. Wird mittels Kugelschreiberklemme an einer Westentasche befestigt.

Insektenschutzmittel: Sollte man im Sommer unbedingt dabeihaben. Bevor man die Fliegenschnur wieder berührt, unbedingt die Hände waschen (→ Nr. 21).

Kamera: Am besten ein wasserdichtes Modell im Pocketformat wählen. Es macht nichts, wenn sie nass wird, und man könnte sogar unter Wasser fotografieren. Wenn man weiß, dass nichts kaputt gehen kann, setzt man die Kamera auch gerne ein.

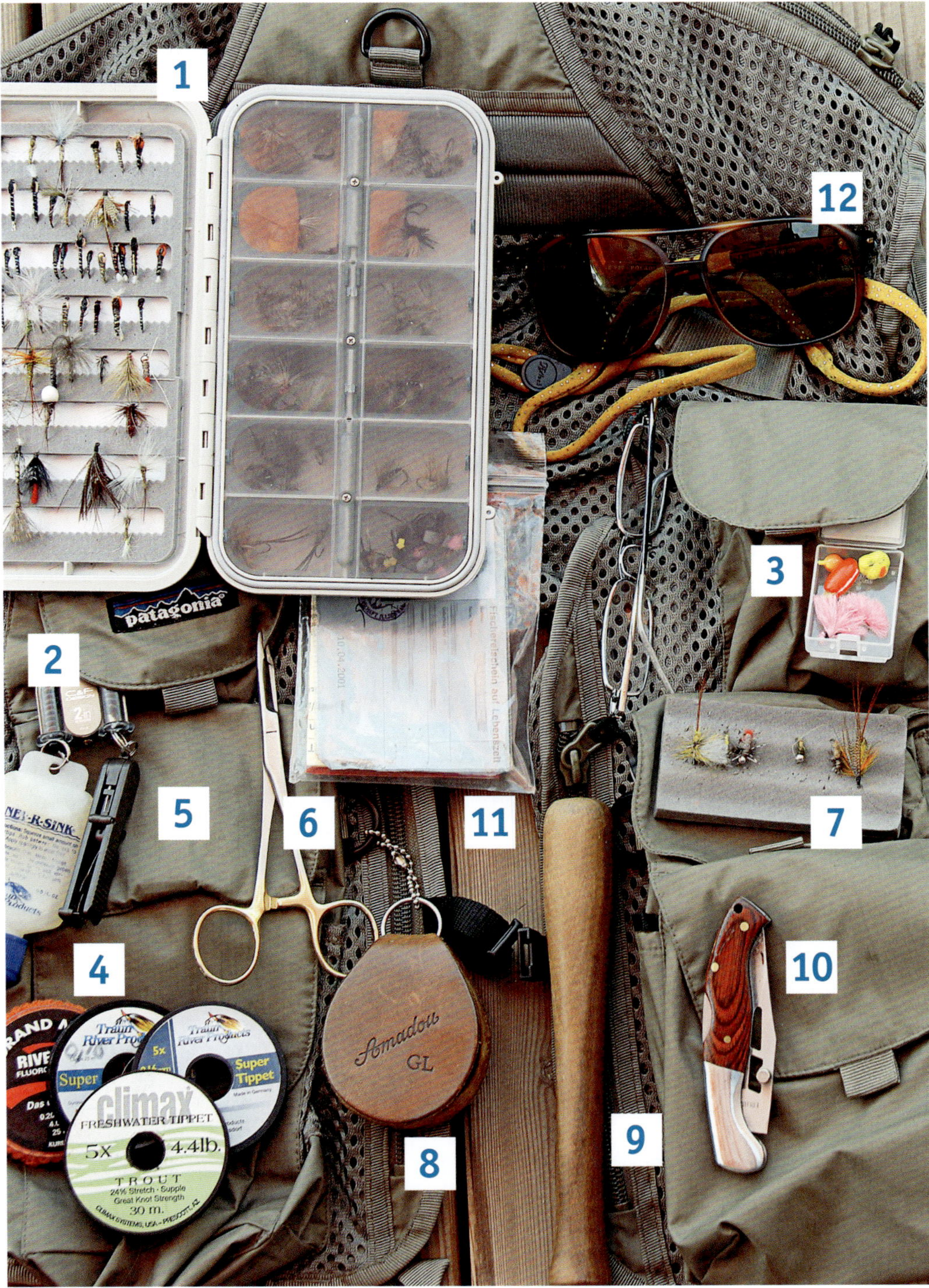
1
12
patagonia
3
2
5
6
11
7
4
10
Super Tippet
climax
FRESHWATER TIPPET
5X
4.4lb.
TROUT
30 m.
Amadou
GL
9
8

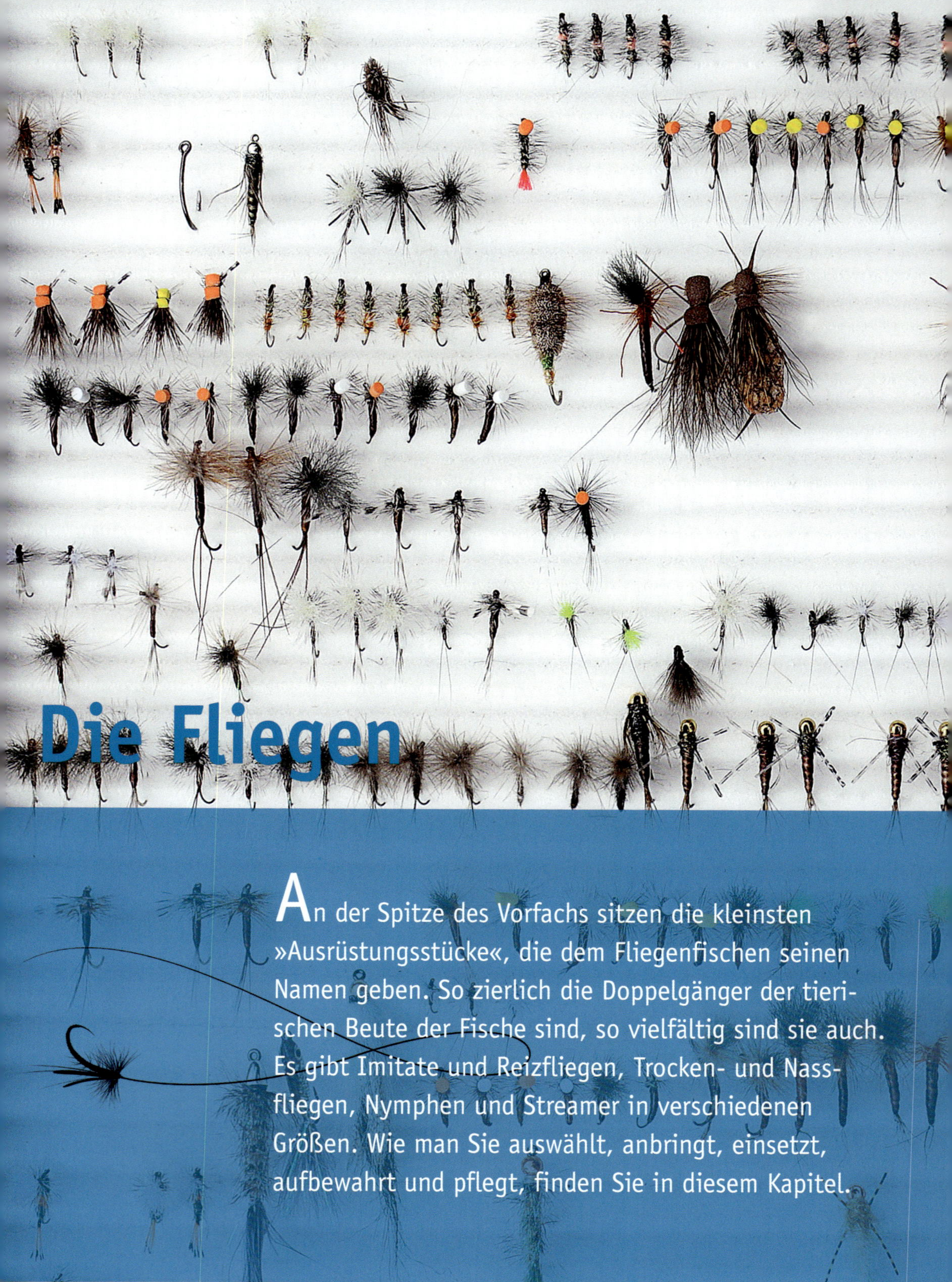

Die Fliegen

An der Spitze des Vorfachs sitzen die kleinsten »Ausrüstungsstücke«, die dem Fliegenfischen seinen Namen geben. So zierlich die Doppelgänger der tierischen Beute der Fische sind, so vielfältig sind sie auch. Es gibt Imitate und Reizfliegen, Trocken- und Nassfliegen, Nymphen und Streamer in verschiedenen Größen. Wie man Sie auswählt, anbringt, einsetzt, aufbewahrt und pflegt, finden Sie in diesem Kapitel.

51 Warum ohne Widerhaken?

Kann man mit dem »Angstbart« wirklich besser fischen? Eine genauere Betrachtung der Vor- und Nachteile von Widerhaken zeigt schnell, dass »gutes« Fischen mehr bedeutet, als jeden Fisch vermeintlich sicher am Haken zu haben.

Die Lösung: Gut für Fisch und Fischer

Das Tierwohl widerspricht dem Wohl des Fischers keineswegs. Neben der gesteigerten Fairness ist widerhakenloses Fischen moralischer, wirtschaftlicher und sicherer für jeden Angler, nicht nur für Fliegenfischer.

Respekt vor dem Tier: An den meisten Fliegengewässern ist das widerhakenlose Fischen mittlerweile Pflicht, aber viele Fliegenfischer verzichten ohnehin freiwillig darauf. Es hat sich herumgesprochen, dass man Fische mit der richtigen Technik auch ohne »Angstbart« – einige Angler fürchten, dass der Fang ohne den Widerhaken von der Angel hüpft – erfolgreich drillen und landen kann. Werden sie dann bei Bedarf schonend behandelt und zurückgesetzt (→ Nr. 110), was bei Widerhaken so gut wie unmöglich ist, haben sie bessere Überlebenschancen. Wir Angler sollten uns dem Tier gegenüber fair verhalten und mangelhafte Technik nicht durch unfaire Geschütze und vermeidbares Tierleid kompensieren.

Wirtschaftliche Vorteile: Die Schonung der Fische durch den Verzicht auf Widerhaken kommt neben einem ethischen auch einem gesunden betriebswirtschaftlichen Denken entgegen. Gewässerbesitzer und -bewirtschafter sollten eigentlich daran interessiert sein, den Besatz, falls er aufgrund mangelnder natürlicher Reproduktionsfähigkeit notwendig ist, so günstig wie möglich zu gestalten. Besatzfische kosten Geld, je größer sie sind, desto mehr. Geschickte, verantwortungsbewusste Bewirtschafter werden deshalb, und um eine abgestufte Altersstruktur des Bestandes zu fördern, die Fische so klein wie möglich einsetzen. Von mehreren Tausend 3 bis 4 cm langen Brütlingen überleben durch die natürliche Auslese bedingt aber nur die fittesten.
Beispielsweise springen 20 oder 25 cm lange, also untermaßige Exemplare im vollen Wachstum besonders gerne nach allen Ködern. In einem Gewässer mit naturnahem Altersaufbau wird man deshalb für jedes Exemplar über dem Schonmaß etwa 10 kleinere haken. Mit Widerhaken müsste man diese ohne Ausnahme mit der Hand greifen und auf relativ komplizierte Weise vom festsitzenden Haken befreien. Selbst wenn der Fisch schließlich wieder mit noch lebhaftem Flossenschlag in der Tiefe verschwindet, könnte man nicht sicher sein, ob er die Prozedur wirklich überlebt. Er hat den harten Überlebenskampf bis

jetzt überstanden und wird durch die unsachgemäße Behandlung möglicherweise ohne Not »aussortiert«.

Die eigene Sicherheit: Nicht nur der Fisch kann die Auswirkungen einer Widerhakenattacke zu spüren bekommen. Nur so viel: Ich habe vor vielen Jahren an einem See in Irland miterlebt, wie ein Angelkollege sich den feinen Drilling eines kleinen *Rapala-Wobblers* unter den Daumennagel spießte. Die Hakenspitze saß bis über dem Widerhaken im Fleisch. Dieser Angler war Arzt und hat sich den Haken ohne Betäubung selbst wieder entfernt. Erfolgreich. Aber nach der Prozedur hätte seine Gesichtsfarbe für jede Werbung eines Weißwaschmittels getaugt.

Spinnfischen ohne Widerhaken: Mancherorts teilen sich Fliegen- und Spinnfischer ein Salmonidengewässer, und Widerhaken sind nicht verboten. Ich respektiere alle Angelarten und greife auch hin und wieder zur Spinnrute. Jeder soll sich an seiner Lieblingsfischerei erfreuen. Aber jederzeit sollte der optimale und schonende Umgang mit der potenziellen Beute jedweder Art gewährleistet sein. Persönlich möchte ich auch mit Hecht, Zander, Barsch und Co. respektvoll umgehen. Meine Meinung: Spinn- und Fliegenfischer können zusammen ein Salmoniden- beziehungsweise Raubfischgewässer befischen, solange widerhakenlose Einzelhaken verwendet werden. An manchen Gewässern ist das schon der Fall. Und das bedeutet keineswegs weniger »Anglerglück« für Spinnfischer:
Auch für das Spinnfischen sehe ich keine Notwendigkeit für einen Widerhaken oder gar die an den meisten Ködern vorhandenen Drillinge. Bis vor einigen Jahren waren keine passenden Einzelhaken für Spinner, Blinker oder Wobbler zu finden. Heute gibt es sie. Mein persönlicher Lieblingshaken ist der *kurzschenklige Ganakatsu LS-3423F*, den ich für Gelenkstreamer wie auch für Spinnköder verwende. Er verfügt über ein großes, nicht zu starkes Öhr, das sich problemlos in einen Springring einziehen lässt. Der Durchmesser des Einzelhakens sollte dabei in etwa ¾ des vorher vorhandenen Drillings betragen. Nicht vergessen, den kleinen Widerhaken anzudrücken. Eine ideale Lösung für die meisten Spinnköder.

Der Spaßfaktor: Einmal nahm ich Paul, einen 6-jährigen, geradezu angelverrückten, Buben mit an einen Forellenbach. Normalerweise wird in diesem Privatgewässer nur mit der Fliege gefischt. Dazu war der junge Angler noch nicht in der Lage, aber nach kurzer Einweisung konnte er bereits ganz passabel mit leichtem Spinngerät umgehen. Im Vorfeld präparierte ich einige kleine Wobbler mit widerhakenlosen Einzelhaken.

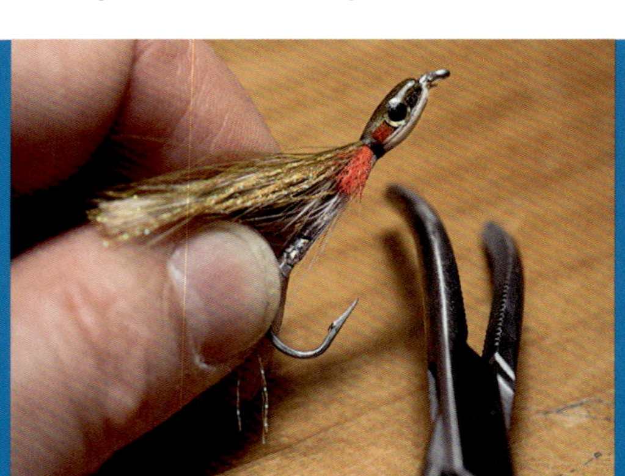

Mit einer Arterienklemme lassen sich die unnötigen Widerhaken schnell und einfach unschädlich machen.

Und um es kurz zu machen: Wir hatten alle einen Riesenspaß. Paul fing an diesem Frühlingsabend gefühlt einen Fisch nach dem anderen und war restlos begeistert. 90 % davon waren relativ kleine Fische, denn in diesem Gewässer ist die Altersstruktur sehr naturnah.

Ich übernahm natürlich das Abhaken direkt an der Wasserlinie und das schonende Zurücksetzen, während Paul interessiert zusah und es einfach grandios fand, dass die kleinen Fische wieder schwimmen durften und wir ihnen nicht »wehtaten«, wie er es ausdrückte.

3 Forellen maßen gut über 30 cm und hatten damit das hier gültige Mindestmaß erfüllt. Paul durfte sie mit nach Hause nehmen und überreichte sie dort superstolz seiner Mama mit dem Auftrag, ein leckeres Pfannenfischgericht für die ganze Familie zu zaubern. So soll es sein. Außerdem hatte ich irgendwie das Gefühl, es wird nicht mehr lange dauern und Paul kann auch mit einer Fliegenrute umgehen. Bei ihm hatte der tückische Angelvirus seine Arbeit schon ziemlich früh erledigt.

Nachhaltige Gewässerbewirtschaftung: Eingangs wurde eine gestufte Altersstruktur und das Einbringen von kleinen Fischen zur Unterstützung des beziehungsweise als Ersatz für den Naturnachwuchs erwähnt. Nur 2 Gedanken dazu. Fängt man ganz unten an, wäre beispielsweise das Einbringen von Bachforellen-Eiern ideal. Dazu gibt es verschiedene Vorrichtungen, Brutboxen und -kästen, die im Gewässer eingesetzt werden. Am Ende der Aktion freut man sich über leere Behälter. Ein Zeichen für vollständigen Schlupferfolg? Entscheidend ist der Einbringungsort. Ideal sind kleine Seitenbäche mit wenig Druck durch Räuber. Werden die Kästen aber direkt in den Hauptbach eingesetzt, finden die erwachsenen Forellen der Umgebung möglicherweise schnell heraus, dass an dieser Stelle, bei ohnehin schon kargem Nahrungsangebot im Winter, ein reichlich gefüllter »Futterautomat« installiert wurde.

Bringt man dagegen im Frühjahr wenige Zentimeter lange Brütlinge über eine gewisse Strecke (Empfehlung: 1000 Stück pro km Fluss) verteilt aus, minimiert sich das Verlustrisiko zumindest. In anderen Gewässern kann das Aussetzen von zweisommerigen Forellen besseren Erfolg haben. Grundsatz: Besatzfische immer so klein wie möglich und so groß wie nötig wählen.

Es gibt viele Varianten der Bestandsunterstützung, die man anhand der natürlichen Gegebenheiten vor Ort sorgfälltig gegeneinander abwägen sollte, um die jeweils beste Lösung zu finden. Das Aussetzen von fangfähigen Fischen ist allerdings prinzipiell zu vermeiden.

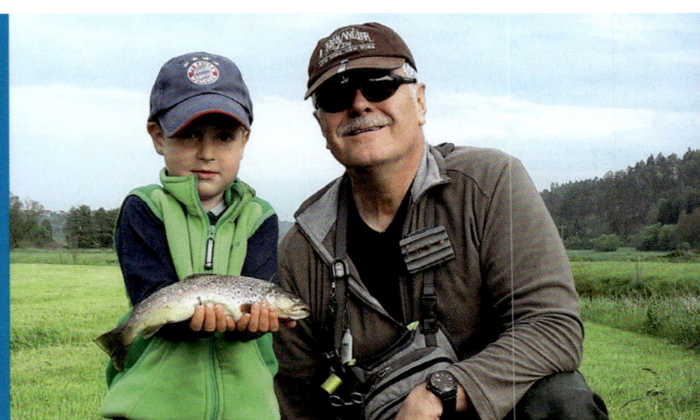

Echte Fishing-Buddies: Paul und der Autor.

52 Fliegen nach Saison auswählen

Es gibt Tausende von verschiedenen Fliegenmustern, auch wegen des Eifers von ebenfalls Tausenden von über den Globus verteilten leidenschaftlichen Fliegenbindern. Wie soll man sich inmitten dieser Mustervielfalt orientieren?

Die Lösung: Kleine Insektenkunde

Hinter der Vielzahl an Fliegenmustern stecken nur eine Handvoll unterschiedlicher, nennen wir sie zoologisch unrein »Insektengruppen«, an denen sich die Imitate der Fliegenfischer orientieren. Bei uns in Mitteleuropa sind es vor allem Eintags- und Köcherfliegen, Steinfliegen und Mücken. Dazu kommen noch Landinsekten, die von außerhalb ins Wasser geraten können.
Die wichtigste Frage für Fliegenfischer bei der Musterwahl ist: Welche der nachgeahmten Insekten findet man schwerpunktartig im Jahresverlauf an unseren Gewässern? Eine ungefähre Übersicht der Aktivitätsphasen, die sich je nach Breitengrad und Höhenlage natürlich immer verschieben können, bietet die folgende Tabelle.

Ganzjahresinsekten: Die Nymphenformen aller hier genannten Insekten (außer Landinsekten), könnten mit mehr oder weniger Erfolg grundsätzlich das ganze Jahr (Schonzeiten beachten!) über erfolgreich verwendet werden. Imitationen von Mücken als Puppen (unter Wasser) und adulten, geflügelten Insekten (Wasseroberfläche) sind vor allem in Stillwassern wichtig.

	Eintagsfliegen	Köcherfliegen	Landinsekten	Steinfliegen	Mücken (Stillwasser)
Januar					
Februar					
März					
April					
Mai					
Juni					
Juli					
August					
September					
Oktober					
November					
Dezember					

53 Fliegen nach Standort auswählen

Die Fische steigen und es treiben kleine Fliegen auf der Wasseroberfläche. Von weitem sind sie mit bloßem Auge nicht zu identifizieren, aber man bräuchte eine Vorlage, um eine passende Imitation in der Fliegenbox zu finden.

Die Lösung: Insekten vor Ort bestimmen

Man braucht kein Entomologe im wissenschaftlichen Sinn zu sein, aber wer über die wichtigsten Insekten in Gewässern ein bisschen Bescheid weiß, wird als Fliegenfischer einfach mehr Spaß und Erfolg haben.

Am besten wäre es, 1 oder 2 Exemplare zur näheren Begutachtung abzufangen, um aus nächster Nähe betrachten zu können, auf welche Beute die Fische zurzeit »geeicht« sind. Wer das schon mit der Hand als Schöpfkelle versucht hat, weiß, wie wenig Erfolg diese Methode verspricht. Das Wasser strömt um die Hand herum und damit entschlüpft auch die kleine Beute. Es geht auch einfacher.

An der Oberfläche (Trockenfliegen): Der Fachhandel bietet spezielle kleine Insektennetze für die Fliegenweste an, und man findet auch immer wieder Anleitungen zum Selberbasteln eines »Fliegenfängers«. Am einfachsten und billigsten geht es aber mit einer gewöhnlichen Fliegenklatsche aus Plastik. Der lange Handstiel wird entfernt, verwendet wird nur das circa 8 × 10 cm messende, flache Kunststoffgitter, das in jeder Westentasche Platz findet. Hält man es vor einem herantreibenden Insekt ins Wasser, bleibt das Tierchen sicher in den Maschen hängen. Schon mit bloßem Auge lassen sich die wichtigsten Merkmale nach Art, Größe und Farbe bestimmen.

TIPP: Wer es noch genauer wissen will, kann das in den Maschen sitzende Insekt mit dem Smartphone oder einer kleinen Digitalkamera fotografieren. Zu Hause am Computer wird alles vergrößert und mit entsprechender Fachliteratur oder im Internet näher bestimmt.

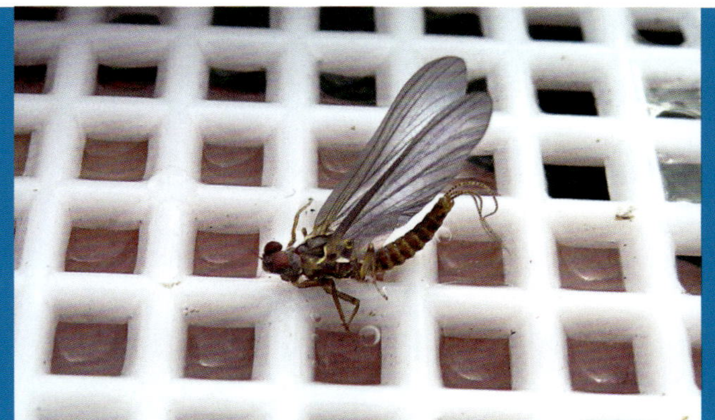

Unversehrte Eintagsfliege auf der Fliegenklatsche. In diesem Fall handelt es sich um eine »blaugeflügelte Olive« (Blue Winged Olive), kurz BWO genannt.

Unter Wasser (Nymphen): Es ist immer ratsam, zuerst ein paar erreichbare Steine vom Grund zu holen und umzudrehen. Gehen Sie, wenn möglich, auch ein paar Schritte in die schnellere Strömung hinein. Dort siedeln nämlich andere Arten als im ruhigen Randwasser. Man kann auch ein paar Wasserpflanzen entnehmen und am Ufer oder auf der Handfläche genauer untersuchen. Meistens werden wir diverse Nymphen, Larven oder Kleinkrebse finden. Das erleichtert die Musterwahl. Für eine genauere Untersuchung vor dem Fischen eignet sich ein größeres Netz (ca. 50 × 50 cm) aus einem stabilen Insektengitter mit 2 Stäben an der Seite. Man stellt es stromab vor sich ins Wasser und kratzt ein wenig mit den Füßen auf dem Boden. Die aufgewirbelten Kleintiere fangen sich im Gitter und können nach dem Herausheben genau begutachtet und eingeordnet werden.

Direkt am Fisch (Magenuntersuchung): Wer das Spektrum der aufgenommenen Nahrung der Fische genauer untersuchen möchte, sieht sich den Mageninhalt eines entnommenen Fisches an. Als »Untersuchungsgeräte« dienen ein Schraubglasdeckel mit weißer Innenseite sowie eine kleine Lupe. Alles lässt sich problemlos in der Fliegenweste mitführen.

Ist der Magen geöffnet, befindet sich im hinteren Abschnitt nicht mehr identifizierbarer feiner Nahrungsbrei. Aber vorne, in der Nähe des Schlundes, findet man die letzte, noch weitgehend unversehrte Mahlzeit des Fisches. Geben Sie in den umgedrehten Deckel etwas Wasser und ein paar der aneinanderklebenden Insekten. Sie lösen sich voneinander und lassen sich jetzt mit einem kleinen Vergrößerungsglas gut identifizieren.

Magenlöffel: Fliegenfischer auf den britischen Inseln verwenden gerne alternativ einen speziellen *Magenlöffel*. Dieser lange, dünne Spatel wird über den Schlund des toten Fisches bis in den Magensack eingeführt, gedreht und wieder herausgezogen. In der konkaven Löffelrinne liegt dann in chronologischer Reihenfolge alles aufgereiht, was der Fisch in den letzten Stunden gefressen hat.
Die gut erhaltenen und für uns interessanten Tierchen befinden sich ganz oben und sind damit das Vorbild für eine passende Imitation aus der Fliegenbox. Eine etwas sauberere Angelegenheit als das Öffnen des Magensacks.

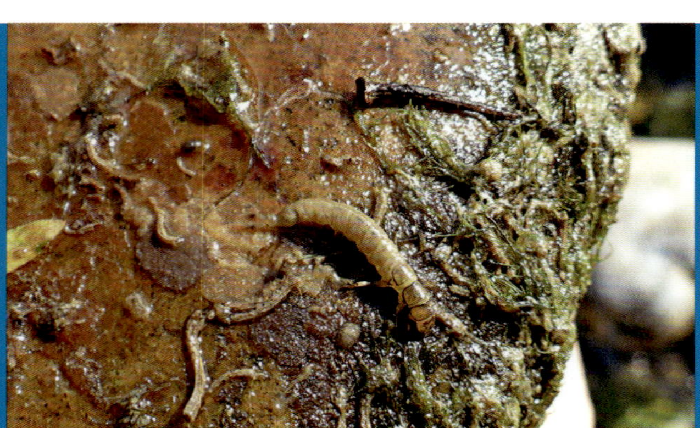

Freilebende Köcherfliegenlarve an einem Bachstein. Von den Fischen geliebt und deswegen ein gerne imitiertes Vorbild.

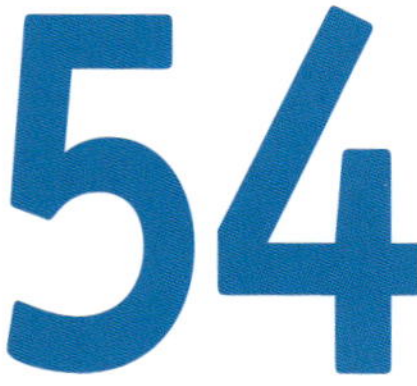

Kunstfliegen nach Einsatzbereichen

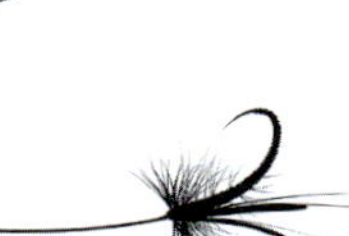

Wer mit dem Fliegenfischen beginnt, hat möglicherweise Probleme, künstliche Fliegen als Köder immer sofort den richtigen Anwendungsbereichen zuzuordnen. Nassfliege, Trockenfliege, dann wird wieder von Nymphe und Streamer gesprochen. Es ist ein wenig verwirrend.

Die Lösung: Der richtige Überblick über Trockenfliege, Nassfliege, Nymphe & Co.

Hier eine kurze Erklärungstabelle, denn wie in einem gut organisierten Kleiderschrank kann man die unterschiedlichen Fliegenmuster, auch wenn die Anwendungsbereiche mitunter etwas überlappen, schematisch in für sie passende Schubladen stecken.

Verschiedene Fliegentypen

	Nachahmung	Wo wird das Muster angeboten
Trockenfliege 1	Ein gerade schlüpfendes Insekt, das sich an der Wasseroberfläche die Flügel trocknet. Ein Insekt legt Eier auf der Wasseroberfläche ab.	Schwimmend auf der Wasseroberfläche.
Emerger 2 **(Ausschlüpfer)**	Schlüpfendes Insekt, das sich gerade die Nymphenhaut abstreift.	Unter Wasser: knapp im oder unter dem Oberflächenfilm eingetaucht.
Nassfliege 3	Ertrunkenes totes Insekt. Zum Schlüpfen aufsteigendes Insekt. Schwimmender Käfer o. Ä.	Meist in den oberen Wasserschichten.
Nymphe 4a, 4b	Zum Schlüpfen aufsteigendes Insekt. Am Gewässergrund lebende Insektenlarve.	In allen Wasserschichten, abhängig davon, was imitiert wird.
Streamer 5	Kleinfisch oder auch Egel, Frosch, Maus o. Ä.	Alle Wassertiefen.
Lachsfliege	Sonderform des Streamers, reine Reizfliege für Lachse.	Alle Wassertiefen, je nach Jahreszeit. Regel: Kaltes Wasser tief, warmes Wasser hoch.

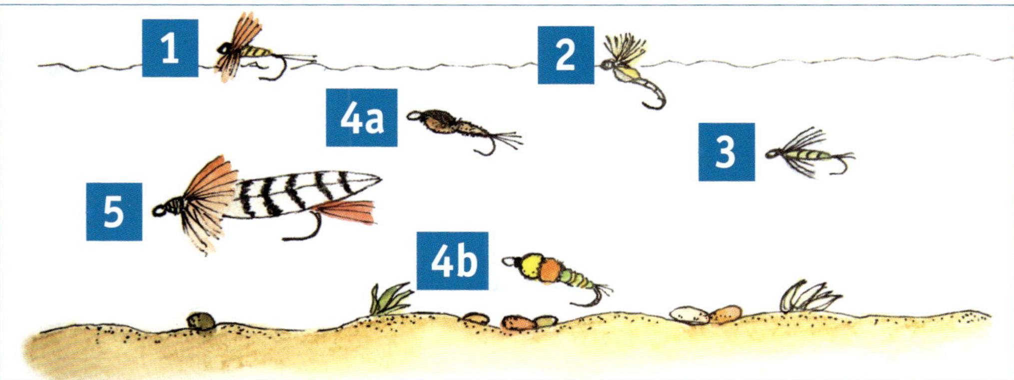

55 Die richtige Fliegengröße bestimmen

Beim Schlupf von kleinen grauen Eintagsfliegen ein passendes Muster aus der Fliegendose auszuwählen, sollte keine große Sache sein. Die Silhouette und auch die Farbe kann man so ungefähr einschätzen, die Größe sowieso. Ist es wirklich so einfach?

Die Lösung: Der direkte Vergleich

Die genaue Farbe spielt ohnehin eine eher untergeordnete Rolle, und je nach Bindematerial kann dieses im Wasser noch nachdunkeln. Aber die Fische sehen zumindest eine Trockenfliege immer nur von unten und damit hauptsächlich deren dunkle Silhouette. Nehmen wir an, der Binder der Fliege hat die Schlüsselreize richtig gesetzt und auch dieser Anspruch ist erfüllt. Bleibt noch die Größe des Musters. Die sollte schon übereinstimmen, oder? Interessant, dass in den allermeisten Fällen das ausgesuchte Muster tatsächlich fast immer um einiges größer ist als die Naturausgabe. Wir hatten zwar die echte Fliege gerade noch auf dem Gitter unseres kleinen *Fliegenfängers* (→ Nr. 53) und die Maße des Insekts abgeschätzt und uns eingeprägt. Aber jetzt ist es wieder weg, wir mussten das Gitter ja wieder wegstecken, um nach der Fliegendose kramen zu können. Und selbst mit einer derart »frischen« Erinnerung im Kopf lässt sich das menschliche Auge leider täuschen. In den meisten Fällen greifen wir tatsächlich zu einem vergleichbar größeren Muster. Der amerikanische Fliegenfischer und Autor *Dave Hughes* hat in einem seiner Bücher dieses Phänomen beschrieben und gibt einen einfachen Tipp: Setzen sie einfach eines der natürlichen Vorbilder in die geöffnete Fliegendose und lassen Sie es ein wenig darin herumkrabbeln. Sie werden überrascht sein, welche Größenverhältnisse sich dann darstellen. Jedenfalls fällt es jetzt leichter, das passende Format zu wählen.

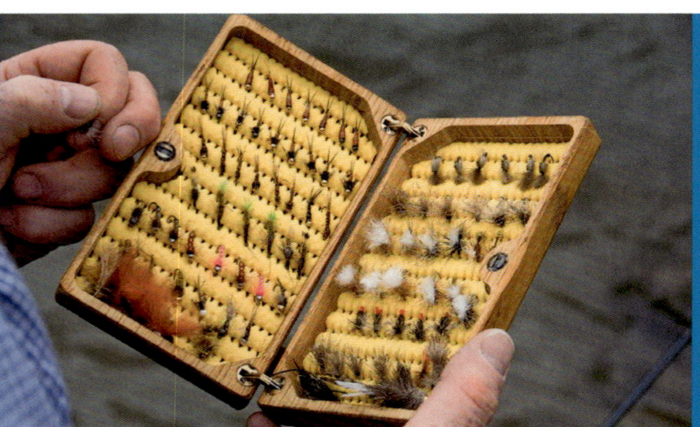

Vielleicht sollte man öfter einmal eines der natürlichen Vorbilder in der Dose herumkrabbeln lassen.

56 Damit die Trockenfliege schwimmt

Eine gute Trockenfliege muss neben einer möglichst lebensechten und damit für Fische appetitlichen Erscheinungsform vor allem eine weitere Qualität aufweisen: Sie sollte gut schwimmen. Welche Faktoren spielen hierbei eine Rolle?

Die Lösung: Imprägnieren, reinigen, trocknen

Wenn eine Trockenfliege nicht oder nicht mehr ausreichend schwimmt und vorzeitig abtaucht, muss Verschiedenes bedacht werden. Schwimmt sie von Anfang an schlecht, ist sie vielleicht von minderer Qualität oder wurde noch nicht imprägniert. Und auch eine gute und bewährte Trockenfliege wird ohne *regelmäßige* Pflege mit der Zeit nachlassen.

1. Imprägnieren: Der Fliegenfischer spricht vom »Fetten der Fliege«, obwohl meistens synthetische Silikonpräparate verwendet werden. In Sprayform sind sie weniger zu empfehlen, denn ein Großteil des teuren Mittels wird an der Fliege vorbei in die Luft geblasen. Produkte aus Plastikfläschchen lassen sich gezielter anwenden. Ist die Umgebungstemperatur hoch genug, sind diese Gele fast flüssig und problemlos aufzutragen. Bei kühleren Temperaturen sind sie zäher, deshalb trägt man das Fläschchen besser in einer Innentasche nahe am Körper. Ein kleiner Tropfen auf der Fingerspitze genügt. Etwas darüber hauchen, damit ein öliger Film entsteht. Diesen zwischen Daumen und Zeigefinger verreiben und behutsam auf die noch trockene Fliege tupfen. Nasse oder auch nur feuchte Fliegen zu imprägnieren, macht keinen Sinn. Sind im jeweiligen Muster Entenbürzelfedern *(CDC)* verarbeitet, sollten diese nicht behandelt werden. Die feinen Fibern würden schnell verkleben und ihre Schwimmfähigkeit verlieren. Silikongele hinterlassen beim ersten Aufsetzen auf dem Wasser gerne einen öligen Film, der bei ruhiger Wasseroberfläche die Fische abschrecken kann. Den dafür verantwortlichen Überschuss auf einer frisch präparierten Fliege nehme ich vor dem ersten Einsatz mit einem Papiertaschentuch ab.

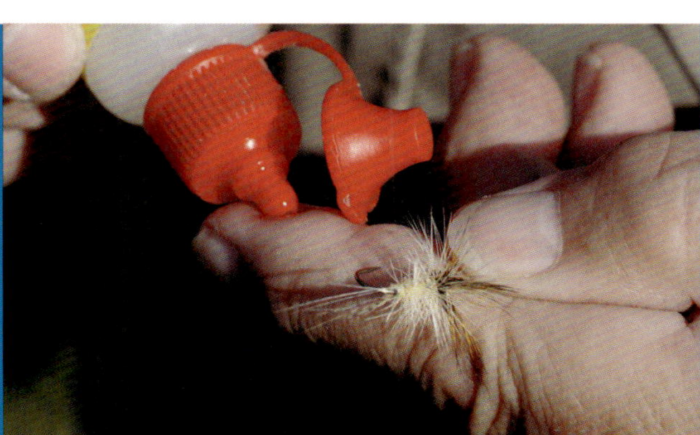

Nur nicht zu viel Gel auf den Finger geben. Sonst verklebt die Fliege.

Zwar kann man mit Silikon-Gel-Präparaten direkt vor Ort imprägnieren, am besten behandelt man die für den nächsten Fischgang vorgesehenen Fliegen aber schon zu Hause, gibt sie in eine durchsichtige Dose und stellt sie in die Sonne. Der Behälter heizt sich auf, das Gel verflüssigt sich und dringt gründlich in die Muster ein. Es gibt noch andere flüssige Spezialpräparate (z. B. *Water Shed*), die auch bei Entenbürzelfedern anwendbar sind und keinen Film auf dem Wasser hinterlassen. Die damit behandelten Fliegen schwimmen auffallend lange sehr gut. Diese Mittel werden grundsätzlich immer einige Stunden, besser einen Tag vor dem Einsatz aufgetragen. Ein Tropfen davon wird mit den Fingern in der Fliege verrieben.

2. Nasse Fliege reinigen und trocknen: Spätestens beim Haken eines Fisches wird die Fliege nass und, wenn sie im Maulinneren sitzt, vom Fischschleim durchdrungen. Nach dem Abhaken muss sie sorgfältig gereinigt werden: Mehrmaliges Ablegen von Schnur und Fliege im Wasser und schnelles Herausziehen waschen den anhaftenden Schleim gut ab. Danach drückt man die Fliege in einem Papiertaschentuch oder einem *Amadou*, einem saugfähigen, aber teuren Zunderschwamm, aus. *Wasserabsorbierende Puder* auf Silikatbasis nehmen anschließend den Rest Feuchtigkeit auf. Man legt die Fliege am Vorfach in ein Döschen voll Puder ein, schließt den Deckel, schüttelt einige Male, und schon ist das Muster staubbedeckt, aber maximal trocken. Der Staub verfliegt beim nächsten Wurf und eine gewisse Zeit schwimmt die Fliege wieder, bevor man sie erneut behandeln muss.

TIPP: Grundsätzlich wird irgendwann auch die beste Trockenfliege ihren Dienst an der Wasseroberfläche verweigern und will erst einmal abgelöst werden. Sie bekommt dann eine Ruhephase am *Flypad* an der Weste. Es wäre gut, wenn sich dann noch 1 oder 2 Exemplare des gerade so erfolgreichen Musters in der Fliegendose fänden.

Flypads: An manchen traditionellen Fliegenwesten findet man noch Flypads aus einem Stück Schafwolle. In den langen Fasern werden aber gerade Trockenfliegen vollkommen verdrückt und widerhakenlose Fliegen halten daran einfach nicht. Mit modernen Flypads aus dichtporigem Schaumstoff, wie er auch in Fliegenboxen verwendet wird, ist das kein Problem.

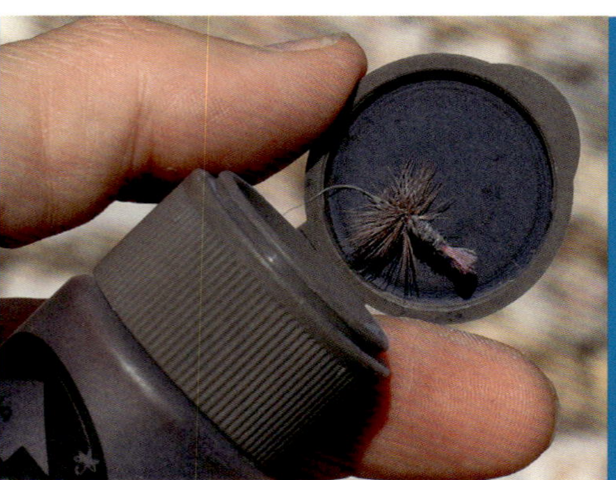

Der feine Silikatpuder saugt die letzte Feuchtigkeit aus der Fliege.

Die Schwimmlage der Trockenfliege verbessern

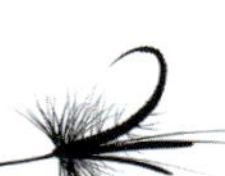

Klassische Trockenfliegen mit Rundumhechelkranz sind, obwohl es mittlerweile viele andere modernere Bindevarianten gibt, immer noch sehr beliebt. Allerdings sitzen sie durch die nach unten abgespreizten Fibern mitunter etwas hoch im Wasser.

Die Lösung: Fliegen »tieferlegen«

Sitzen Fliegen mit Rundumhechelkranz recht hoch im Wasser, wirkt das möglicherweise auf den Fisch etwas unnatürlich, vor allem bei ruhiger Wasseroberfläche. Die von den Fischen geliebten frisch geschlüpften Eintagsfliegen schmiegen sich nämlich mit ihrem Körper eher dicht an die Wasseroberfläche an. Wie die Straßenlage bei Sportwagen lässt sich auch die Schwimmlage einer künstlichen Fliege durch »Tieferlegen« verbessern.

Richtig frisieren: Mithilfe einer kleinen, spitzen und scharfen Schere schneidet man dazu auf der Hakenunterseite ein V aus dem Hechelkranz heraus. Fliegenbinder machen das sofort nach der Entnahme des neuen Musters aus dem Bindestock. Am Wasser geht auch der scharfe Schnurclip an der Fliegenweste. Aber unbedingt beachten: Die um den Haken gewickelte Hechelfeder legt ihre Fibern erst um den Hakenschenkel herum und dann spreizen sie sich seitlich tangential ab. Die Schere muss man folglich auf der richtigen Seite etwas versetzt ansetzen, um ein sauber nach unten weisendes freies V zu erhalten. Der Körper des Musters sackt dann wie beim natürlichen Vorbild auf der Wasseroberfläche etwas nach unten. Das wirkt erheblich lebensechter, und so mancher sonst noch unentschlossene Fisch mag sich vielleicht dadurch zum Zugreifen inspiriert fühlen.

Nützlicher Nebeneffekt: Durch die Unterbrechung des geschlossenen Hechelkranzes verliert sich die Neigung des Musters, sich im Wurf zu drehen (Helikoptereffekt!). Dann »verdrallt« sich auch das Vorfachmonofil nicht.

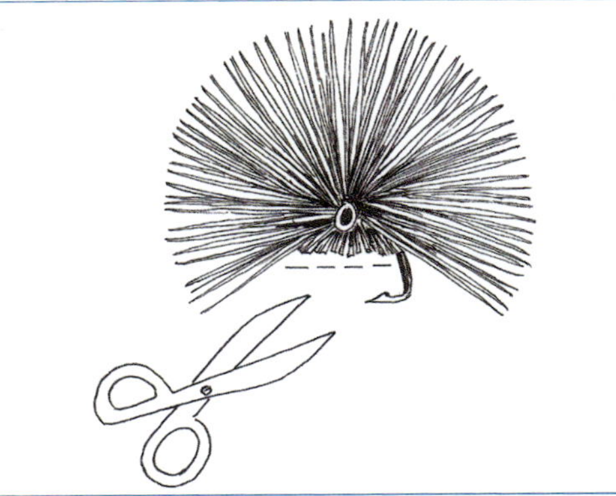

Eine gekonnt tiefergelegte Trockenfliege wirkt oft lebensechter.

58 Strapazierte Fliegen wieder in Form bringen

Nach einem ausgiebigen Einsatz kommen nasse Trockenfliegen erstmal an den Hut oder ans Flypad. Wenn sie hier durchtrocknen, werden die Hecheln, Schwänzchen oder Schwingen stark verdrückt und geraten aus der Form.

Die Lösung: Dampfbad für Trockenfliegen

Durch dieses unkontrollierte Lufttrocknen etwas aus der Form geratene Muster sind nicht auf Dauer unbrauchbar. Es gibt 2 Möglichkeiten, ihnen ihre ursprüngliche Gestalt zurückzugeben:

1. Einzeltherapie: Mit einer etwas in Vergessenheit geratenen Methode, nämlich einem kleinen »Dampfbad«, lassen sie sich wieder in Form bringen. In einem handelsüblichen Wasserkocher wird etwas Wasser zum Sieden gebracht. Die verdrückte Fliege hält man mithilfe einer langen Pinzette etwa 50 Sekunden lang in die Dampfwolke des Ausgießers. Die verbogenen Hecheln oder Flügel richten sich wieder auf und die Fliege sieht hinterher wieder aus wie frisch aus dem Bindestock.

2. Sammeltherapie: Alle zu behandelnden Fliegen nass machen, dann in ein nicht zu kleines, feines Küchensieb aus Metall geben und einen Damenstrumpf darüberziehen. Nun ein paar Minuten mit einem guten Haarfön mit Temperatureinstellung anstrahlen, bis die Fliegen trocken sind. Ganz nebenbei haben sie ihre ursprüngliche Gestalt wieder angenommen.

TIPP: Achten Sie darauf, Ihre Trockenfliegen in für sie passenden Fliegendosen unterzubringen, sonst geraten sie bereits vor dem ersten Einsatz aus der Form (→ Nr. 64).

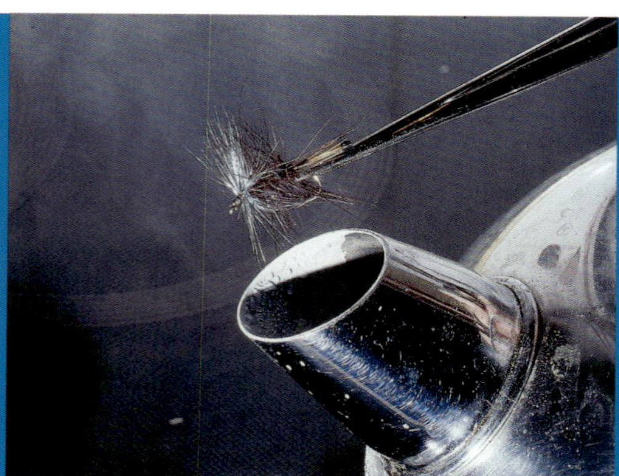

Eine Trockenfliege nur kurz mit einer Pinzette in den heißen Dampfstrahl halten und sie sieht wieder aus wie neu.

59 Die Sichtbarkeit der Trockenfliege optimieren

Trockenfliegen sind auf dem Wasser unter gewissen Bedingungen schwierig zu sehen. Man verliert sie deshalb in der Drift schnell einmal aus den Augen und dann ist es nicht leicht, sie wieder optisch »einzufangen«.

Die Lösung: Sichthilfen für Trockenfliegen

1. Ins Muster integrierte Sichthilfen: Bei etwas größeren Fliegenmustern kann die Sichthilfe im Bindestock direkt ins Muster integriert werden. So kann man etwa auch die naturnahe Ausführung des Flügels von kleinen Eintagsfliegen-Imitationen für den Fisch unauffällig durch einen kleinen »Leuchtpunkt« ergänzen. Bei feinen Flügeln aus Entenbürzelfedern könnte das ein kleines, rotes oder orangefarbenes Büschel aus dem gleichen Material sein. Grüne oder bräunliche Grashüpfer aus Schaumstoff erhalten einen Tupfer Rot oder Gelb auf den Rücken. Ein gutes Beispiel für ein hochsichtbares Muster ist die *Chernobyl Ant* mit zweifarbigem Aufbau. Beispielsweise mit grauer oder grüner Bauchseite und einem gelb leuchtenden Rücken **1**. Gut sichtbar auch aus 20 m Entfernung, selbst in den unruhigen Wellen im Auslauf einer Rausche.

2. Bissanzeiger »zweckentfremden«: *Bissanzeiger* (→ Nr. 102) werden gewöhnlich mit beschwerten, möglichst tief geführten Nymphen in Verbindung gebracht. Beim Trockenfliegen- oder leichten Nymphenfischen knapp unter der Oberfläche sind sie weniger gebräuchlich. Dabei kann so eine diskrete Sichthilfe unter schwierigen Gewässerbedingungen auch diese beiden beliebten Varianten optimieren. Am einfachsten setzt man ein kleines Kügelchen aus schwimmender Knetmasse **2** genau auf den Verbindungsknoten beziehungsweise das Vorfachringchen zur 70 bis 100 cm langen Vorfachspitze. Dort hält es am sichersten. So eine Minisichthilfe zeigt auch jede Attacke auf eine stromauf angebotene, 10 bis 20 cm unter der Oberfläche driftende Fasanenschwanz- oder Hasenohrnymphe an.

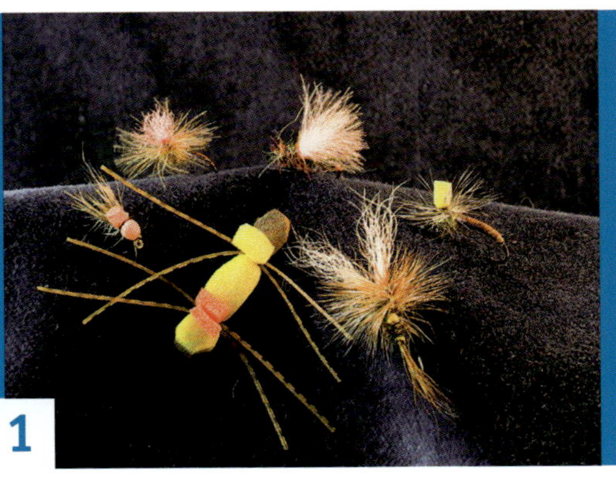

1

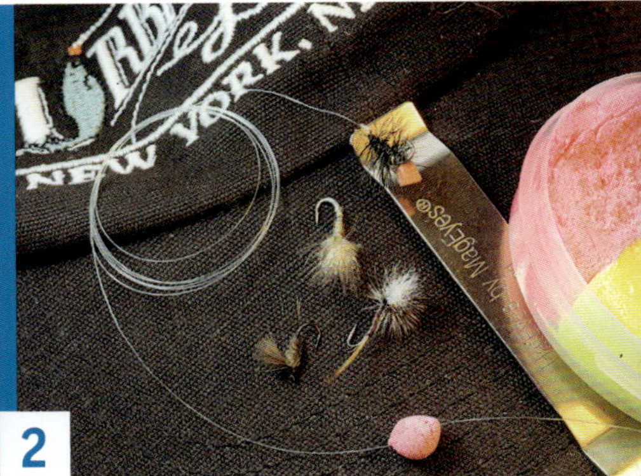

2

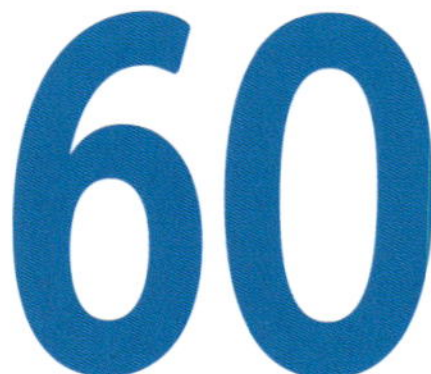 Kleine Fliegen richtig handhaben

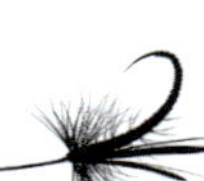

Mit kleinen Fliegen zurechtzukommen, ist nicht ganz einfach. Ab Größe 16 und darunter gelten besondere Anforderungen, sonst wird man mit diesen extrem kleinen Winzlingen nicht so recht glücklich.

Die Lösung: Besondere Haken und Co.

Hier ein paar Tipps, die den Umgang mit den Minis erleichtern:

Weiches Monofil für die Vorfachspitze: Die kleinen Muster sollen sich so natürlich wie möglich verhalten. Soft-Mono hilft dabei, ihre Mobilität zu erhalten.

Besondere Fliegendose: Normale Fliegendosen sind oft ungeeignet. Dagegen erleichtern *Tablettendöschen mit abgerundeten Fächern* (→ Nr. 64 + 102) die Einzelentnahme. Für eine lockere Unterbringung sollten sich nicht mehr als 5 Stück in jedem Fach befinden.

Geschränkter Haken: Mithilfe der Arterienklemme lässt sich der Hakenbogen etwas anschränken, also seitlich aus der Längsachse des Hakenschenkels biegen 1. Der Anhieb sitzt besser und der Haken hält sicherer im Fischmaul.

Größeren Haken verwenden: Wer seine Fliegen selbst herstellt, könnte das Muster auch auf eine Hakengrößenstufe höher als bei den im Verkauf üblichen binden, was wiederum den Sitz des Hakens unterstützt. Die Fische stören sich in der Regel nicht an dem nicht ganz zur Fliegengröße passenden Haken.

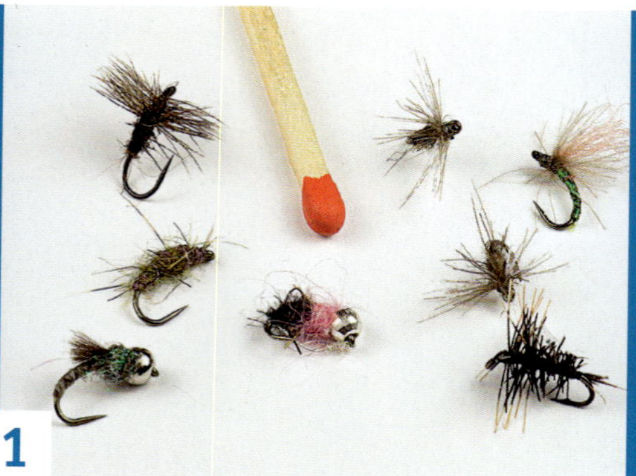

1

1 *Minifliegen mit leicht geschränktem Haken fassen im Fischmaul besser zu.*

Arterienklemme: Die Klemmbacken halten auch einen winzigen Haken sicher fest. Auf diese Weise fällt das Anknüpfen ans Vorfach leichter.

Spezieller Knoten: Der *Midgeknoten* 2, auch als *Davy-Knot* bekannt, ist für Minis besonders gut geeignet, da er kaum sichtbar und mit Nylon absolut rutschfest ist. *Fluorocarbon* (→ Nr. 29) sollte man im Einzelfall mit diesem Knoten gut testen. Das hängt ein wenig von der Marke ab. Man muss jedenfalls darauf achten, die Windung um die stehende Leine nach innen unter die Schlaufe (rote Linie) in Richtung Fliege zu führen. Legt man den Umschlag auf die andere Seite, also in Richtung Fliegenschnur, rutscht der Knoten absolut gnadenlos durch.

Bisserkennung: Wie erkennt man einen Anbiss, wenn die kleine Fliege auf einer welligen Wasseroberfläche für unser Auge verschwunden ist? Man kann einen kleinen *Bissanzeiger* vorschalten (→ Nr. 59) oder auch eine größere Trockenfliege im Tandem mit der Minifliege anbieten. Wem das zu auffällig ist, dem bleibt nichts anderes übrig, als die in Richtung Fliege zeigende schwimmende Vorfachlinie zur Orientierung zu benutzen. Dazu muss das Vorfachmonofil aber gut gefettet sein.

Haken setzen: Das ist mit kleinen Haken und dünnem Monofil nicht immer einfach. Hier eine durchaus praktikable Möglichkeit: Statt die Schnur beim Hakensetzen festzuhalten, wird sie freigegeben und man formt mit den Fingern einen *O-Ring* um sie herum (→ Nr. 75). Beim Heben der Rute sorgt die bloße Reibung der Schnur in den Ringen und im Fingerkreis für genügend Widerstand, um den winzigen Haken im Fischmaul festzusetzen. Das erfordert allerdings einige Übung, bis es zuverlässig klappt. Aber es bewahrt vor dem Abriss der feinen Vorfachspitze bei einem etwas zu heftigen Anschlag.

Sensibler Drill: Kleine Haken können durch weichere Ruten weniger ausschlitzen. Im Vergleich zu schnellen, härteren Ruten bremst eine nachgiebige Rutenaktion die Fische sanft ab, hält aber einen gleichmäßigen Zug aufrecht und ermüdet den Fisch trotzdem recht schnell. Die Fische gebärden sich an solchen Ruten durch den weichen, nachgiebigen Puffer auch weniger wild, als wenn sie gegen den ruppigen Widerstand einer harten Rute ankämpfen müssen. Es ist immer wieder überraschend, wie »gefügig« sich selbst große Fische an solchen Ruten verhalten.

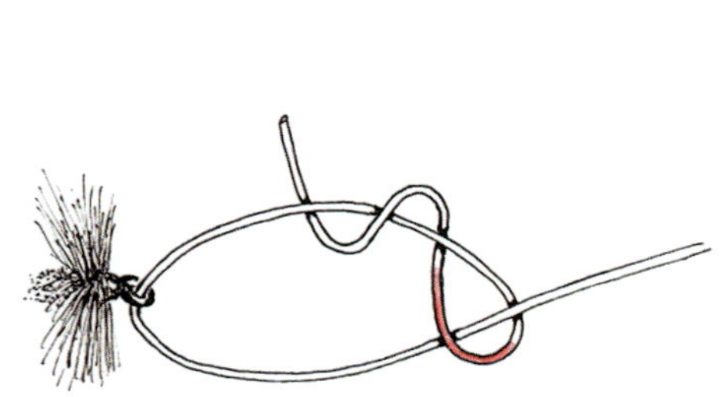

2

2 *Im geschlossenen Zustand ist der Midgeknoten kaum sichtbar.*

61 Knifflige Fliegenwechsel

Auch wenn man die wichtigsten Knoten sicher beherrscht, der Fliegenwechsel gestaltet sich unter bestimmten Bedingungen gar nicht so einfach. Fliegen unter Hakengröße 16 leisten besonders gerne Widerstand.

Die Lösung: Einfädler und Fliegenkette

Einfädler: Das winzige Hakenöhr und die feine Vorfachspitze wollen oft nicht zusammenkommen. Man könnte spezielle Einfädler verwenden, ähnlich jenen, mit welchen ein Nähfaden durch ein schmales Nadelöhr geführt wird. Spezielle Fliegendosen sind damit ausgestattet.

Fliegenkette: Man kann auch mehrere Muster auf ein kurzes Stück gedoppeltes 14er- oder 16er-Monofil ziehen, in dessen Ende ein Knoten geknüpft wird. Prinzipiell also nichts anderes als eine große Chirurgenschlaufe (→ Nr. 35). Vorbereitet wird alles bereits zu Hause in aller Ruhe und bei gutem Licht. Dazu muss man nur gleich starkes oder 1 Stufe dünneres Monofil durch die fertig geknüpfte Trägerschlaufe ziehen und die beiden offenen Enden parallel aneinanderlegen. Beide Enden nun durch das Hakenöhr der Fliege fädeln und diese auf die Trägerschlaufe schieben. Das wird so oft wiederholt, bis die Schlaufe ausreichend mit Fliegen gefüllt ist. Die »Fliegenkette« kommt dann in eine kleine Dose. Für einen Fliegenwechsel steckt man das Vorfachende durch die *Kettenschlaufe* und schiebt die nächste Fliege auf das Monofil, greift sie mit der Spitze der Arterienklemme und knüpft den *Midgeknoten* (→ Nr. 60).

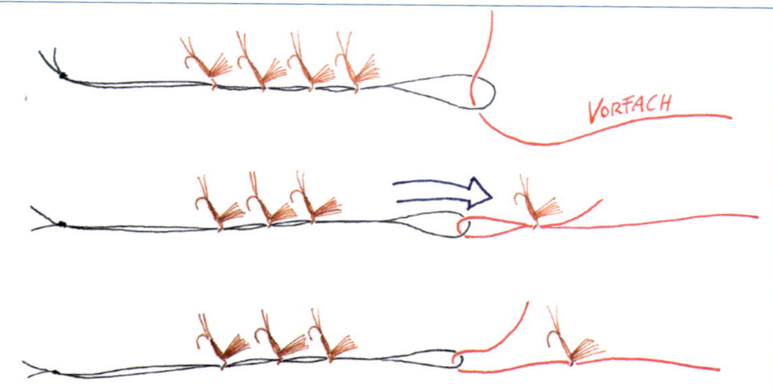

So rutscht die Fliege von der Fliegenkette auf das Vorfach.

62 Fliegenwechsel bei Nacht

Das Fliegenfischen spätabends und in der Dunkelheit, wenn große Forellen auf Raubzug gehen, kann an bestimmten Gewässern sehr erfolgreich sein. Wie gelingt dann der Austausch eines Musters möglichst problemlos?

Die Lösung: Fliegen vorbereiten

In den Flüssen von Wales fischt man seit jeher gerne in der Nacht auf Meerforellen. Traditionsgemäß mit Nassfliegen beziehungsweise Trockenfliegen, die über die ruhige Wasseroberfläche der tiefen *Pools* (→ Nr. 87), die Einstände der Fische, geschlittert werden. Interessanterweise vor allem mit dunklen, teilweise rabenschwarzen Mustern (→ Nr. 101). Manche walisischen Angler umgehen das Knotenproblem, indem sie für einen etwaigen Wechsel vorgesehene Fliegen an etwa 30 cm lange Monofilstücke der gewünschten Tragkraft binden und das freie Ende mit einer Schlaufe versehen. Das Vorfach endet ebenfalls in einer Schlaufe. Beide werden dann ganz einfach mit einer *Steckschlaufenverbindung* zusammengefügt (→ Nr. 35). Die Wechselfliegen hakt man auf der Rückseite des Fischerhuts ein, das kurze Monofil hängt frei mit der Schlaufe nach unten. Der Austausch gelingt auf diese Weise auch im Schein einer schwachen Taschenlampe schnell und sicher.

Taschenlampen: Falls Sie nachts eine leuchtstarke Taschenlampe verwenden – Sie sollten schon aus Sicherheitsgründen eine dabeihaben –, achten Sie darauf, dass ihr Schein nicht direkt auf das Wasser fällt und damit die Fische verscheucht. Drehen Sie sich zum Fliegenwechsel und vor dem Einschalten der Lampe am besten immer mit dem Rücken zum Wasser. Sehr nützlich ist auch ein kleines Pocketlämpchen zum Anklemmen an der Weste (→ Nr. 50). Es gibt Modelle mit rund 10 cm langem, biegsamem Hals, deren kleiner Leuchtkopf punktgenau auf die Fliege gerichtet werden kann.

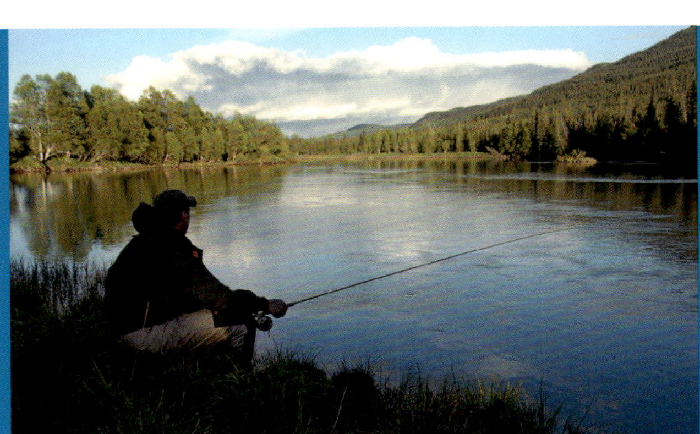

Vor allem an größeren Flüssen kann man in der Dunkelheit auf große Fische treffen. Der Fliegenwechsel sollte dann so einfach wie möglich durchgeführt werden können.

Die Fliegen-Grundausstattung

Die Auswahl an Mustern für Fliegenfischer ist riesig. Sich innerhalb der Vielfalt zu orientieren und die persönliche Lieblingskollektion an Fliegen zu finden, braucht Zeit. Einsteiger stellen immer gerne die Frage, welche Fliegenmuster man unbedingt in der Box haben sollte.

Die Lösung: Fliegenkollektion für die ganze Saison

Müsste ich mich spontan festlegen, würde ich für Mitteleuropa folgende *9 Muster in verschiedenen Größen* auswählen. 3 Stück pro Muster und Größe für die Fliegenweste. Zum Nachfüllen hat man hoffentlich noch mehr in einer großen Vorratsdose.

Trockenfliegen

- 1 *Hexe* in den Größen 12 bis 18: Generelle Imitation kleiner, dunkler Insekten unterschiedlicher Arten. Wenn nichts geht, rettet oft eine kleine Hexe.
- 2 *Buck Caddis (Rehhaarsedge)* in den Größen 12 bis 16: Eigentlich als Imitation einer adulten Köcherfliege entworfen, aber etwas feiner gebunden. Als frisch geschlüpfte Eintagsfliege immer eine gute Wahl. Sehr robust.
- 3 *Klinkhamer Spezial* in den Größen 12 bis 16: Ein fast legendäres Muster mit waagrechter Fallschirmbehechelung. Der charakteristisch gebogene Körper imitiert ein gerade schlüpfendes Insekt im Oberflächenfilm. In verschiedenen Farbkombinationen erhältlich. Sehr universell einsetzbar und für den Fischer sehr gut sichtbar mit olivfarbenem oder grauem Körper, Hechel in grizzly und weißer Schwinge.
- 4 *Chernobyl Ant* in den Größen 8 bis 12: Ziemlich bizarr erscheinendes Hopper-Muster mit hochschwimmendem Cell-Foam-Körper, grell gefärbtem Rücken und langen Gummibeinchen. Sehr gut zum »Schlittern« an der Wasseroberfläche (→ Nr. 98). Für den Fischer sehr gut sichtbar (→ Nr. 59).

Nassfliegen

- 5 *Partridge Orange* in den Größen 12 bis 16.
- 6 *Flymph*, grau in den Größen Gr. 12 bis 16. Beide Muster sind hervorragend universelle Nassfliegen.

Nymphen

- 7 *(Goldkopf-)Hasenohrnymphe* in den Größen 10 bis 16: Universelle Nachahmung vieler Nymphenformen. Ohne Goldkopf etwa zum Fischen mit feinerem Vorfach über und zwischen Krautbetten. Die *beschwerten Versionen* (→ Nr. 93) mit Metallperle zum tiefen Anbieten nahe am Grund, eventuell mit *Bissanzeiger* (→ Nr. 102).

- 8 *Goldkopf-Prince-Nymph* in den Größen 10 bis 14: Universelle Imitation dunklerer Nymphen und Köcherfliegenlarven bzw. -puppen. Ideal für den *Nassfliegenschwung* (→ Nr. 97).

Streamer

- 9 *Woolly Bugger (mit Metallkopf oder -augen)*, in Schwarz in den Größen 2 bis 6: Universelle Imitation kleiner dunkler Fischchen und anderer Wasserbewohner (z. B. Egel).

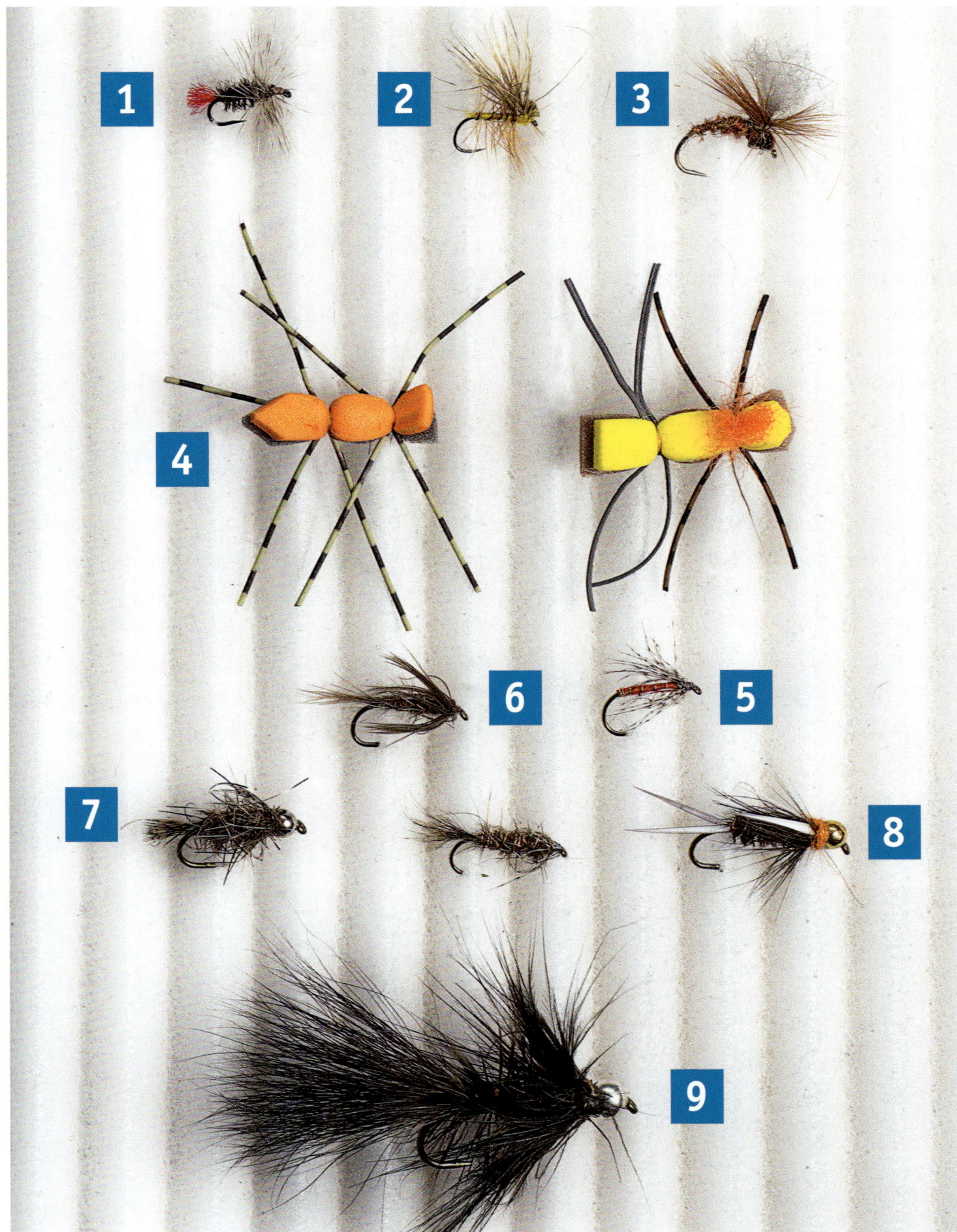

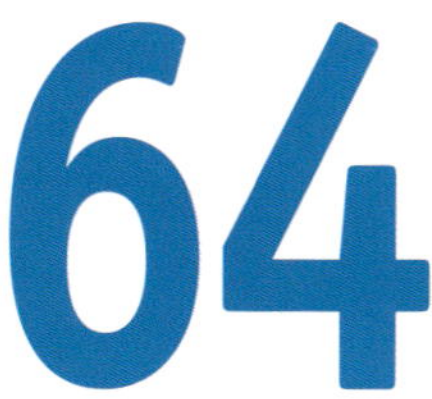

Die Wahl der Fliegendose

Fliegendosen gibt es in den verschiedensten Ausführungen. Die Auswahl ist aber keine Frage des persönlichen Geschmacks: Nicht jede ist für alle Muster geeignet. Von der passenden Dose hängt die Verfassung der Fliegen ab.

Die Lösung: Passend zu den Mustern

Eine zerknautschte Trockenfliege wird schlecht schwimmen und ein rostiger Haken einen Fisch nicht sicher haken.

Allgemein gilt: Wasserdichte Dosen haben einen großen Vorteil: Sie schwimmen. Verliert man sie im Bach oder Fluss, kann man zumindest versuchen, sie über eine längere Strecke zu verfolgen. Kleinere Fliegendosen erleichtern das Verstauen in der Weste, und sollte doch eine einmal verloren gehen, hält sich der Verlust in Grenzen. Vorausgesetzt, man hat noch Reserven in der im Auto wartenden Gerätetasche.

Die gängigen Dosen haben verschiedene Eigenschaften, die sie für bestimmte Muster besser oder schlechter geeignet machen. Hier ein kleiner Überblick:

Compartmentdose: Sie eignet sich für größere Trockenfliegen, deren abstehende Hecheln durch die lockere Aufbewahrung nicht zerknüllt und verbogen werden. Achtung! Die einzelnen Abteilungen nicht vollstopfen, sonst verfilzen die Muster miteinander und das schnelle und zielgerichtete Auswählen nach Sicht wird erschwert.

Pillendose: Eine spezielle Dose mit abgerundeten Fächern aus der Apotheke ist ideal zum Verstauen und Entnehmen von kleinen Fliegen ab Größe 16 und kleiner. Auch hier nicht zu viele Muster in ein einzelnes Fach legen.

Dosen mit Schaumstoffeinlage: Die Muster werden mit der Hakenspitze in den glatten oder geriffelten Schaumstoff eingesteckt. Ein Widerhaken würde den Schaumstoff bald unschön aufreißen,

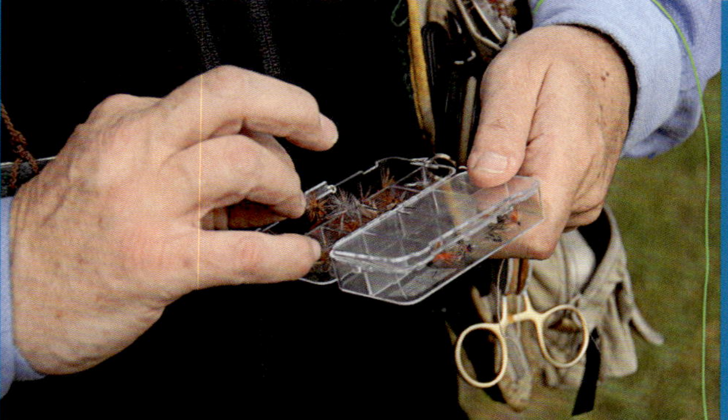

Immer noch sehr beliebt: Die einfache Compartmentdose. Man sollte sie nur nicht zu vollstopfen.

ohne Widerhaken gibt es nur ein kleines Löchlein. Die Muster sind schön ordentlich untergebracht, aber prinzipiell sind diese Dosen nur für Nymphen und Nassfliegen beziehungsweise Streamer geeignet, denn die nach unten stehenden Hecheln von Trockenfliegen werden gestaucht.

Dosen mit Schaumstoffleisten und Einsteckschlitzen: Sind heute Standard. Die Fliegen werden nach hinten in einen Schlitz eingeschoben. Ein transparenter Deckel lässt den Blick auf die gewünschten Muster schon vor dem Öffnen zu. Sie eignen sich für die meisten Fliegenmuster, auch für kleinere Trockenfliegen. Größere Trockenfliegen stoßen mit ihren Hecheln am Dosenboden an, deswegen sind sie besser in Compartmentdosen aufgehoben.

Aluminiumdosen mit Metallklemmen: In manchen Antiquariaten stolpert man hin und wieder noch über diese Modelle. Diese traditionelle Dosenform wurde vor allem für Nassfliegen verwendet. Sie macht durch die Gesamtmetallausführung einen wertigen Eindruck. Die Fliegen werden durch die Metallklemmen am Hakenbogen gehalten. Das ist leider auch der Schwachpunkt. Kommt ein Muster doch einmal nass in die Dose zurück, hält sich an der Klemme die Feuchtigkeit und der Haken beginnt zu rosten. Am besten nur für Schauzwecke verwenden.

TIPP: Grundsätzlich sollten alle gebrauchten Muster möglichst trocken in eine Dose jedweder Art kommen, sonst besteht immer Rostgefahr, nicht nur bei der Metallklemmenausführung. Deswegen die ausgewechselten Muster vorher immer eine Weile am offenen *Flypad* an der Weste herumtragen und der Luft aussetzen. Ist die Fliegendose einmal nass geworden, lange genug offen stehen lassen und gut austrocknen lassen.

Flypads: Noch ein paar Worte zum Thema *Flypad*: Früher waren alle Flypads aus einem Stückchen Schafffell gefertigt, und mitunter findet man an der einen oder anderen Weste noch heute ein solches Exemplar. Mancher mag das aus Nostalgiegründen schick finden. Allerdings: Widerhakenlose Fliegenmuster kann der dichte, langfaserige Haarfilz nicht sicher festhalten. Und damit ist er für unsere Zwecke untauglich. Die Steckfläche eines modernen Flypads besteht heute aus dem gleichen dichtporigen Spezialschaumstoff wie auch die Einlage einer entsprechenden Fliegendose.

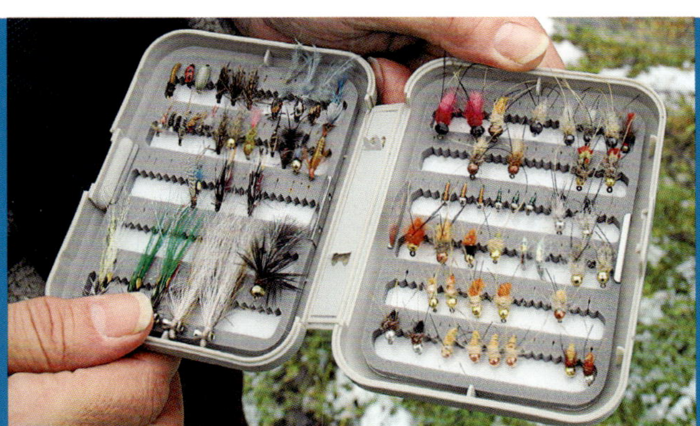

Für Nymphen oder Nassfliegen ideal: Schaumstoffleisten mit vorgeschnittenen Einsteckschlitzen.

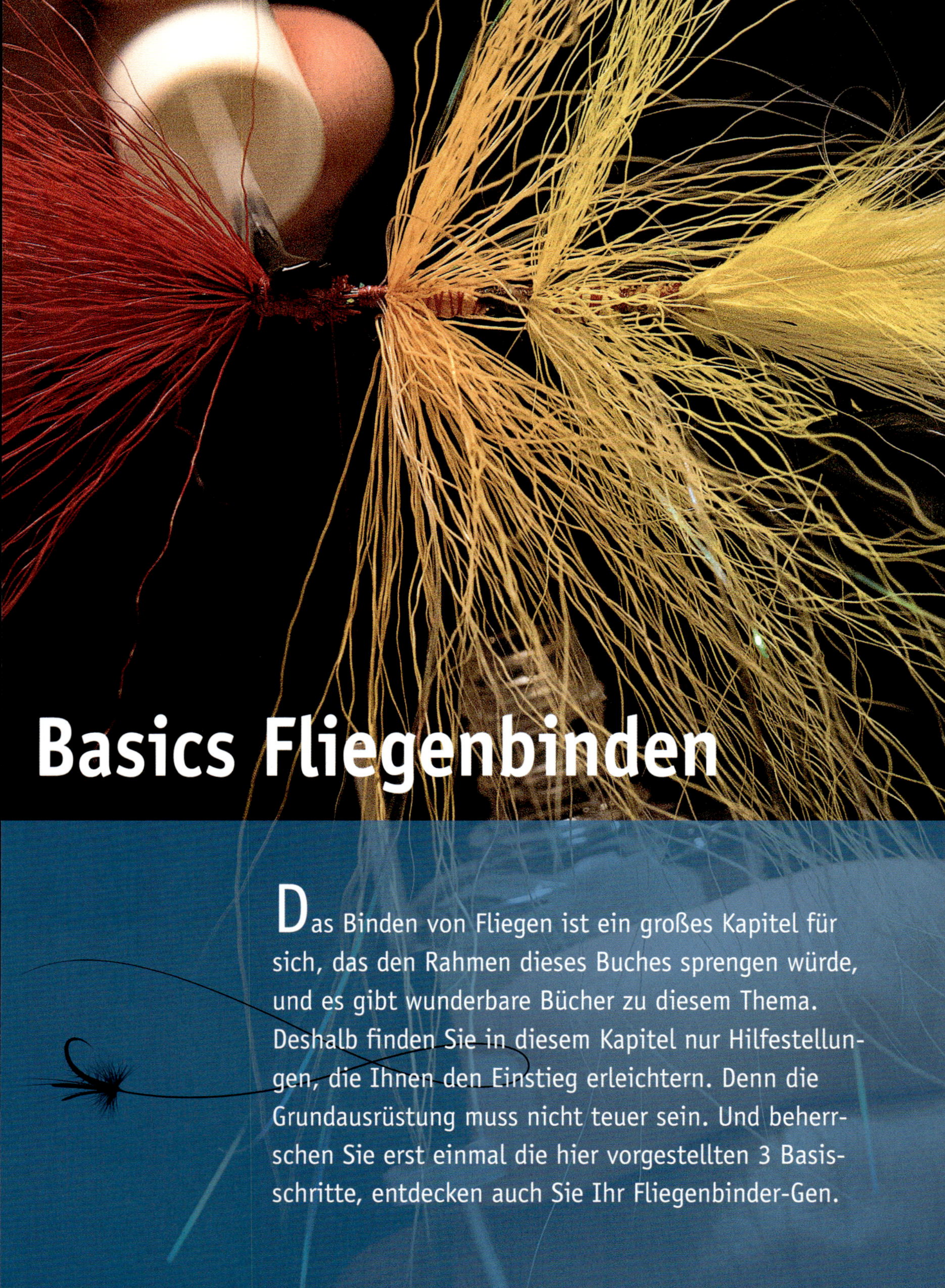

Basics Fliegenbinden

Das Binden von Fliegen ist ein großes Kapitel für sich, das den Rahmen dieses Buches sprengen würde, und es gibt wunderbare Bücher zu diesem Thema. Deshalb finden Sie in diesem Kapitel nur Hilfestellungen, die Ihnen den Einstieg erleichtern. Denn die Grundausrüstung muss nicht teuer sein. Und beherrschen Sie erst einmal die hier vorgestellten 3 Basisschritte, entdecken auch Sie Ihr Fliegenbinder-Gen.

Hardware für Fliegenbinder

Viele Fliegenfischer binden auch ihre eigenen Fliegen. Zu Anfang stellt sich aber die Frage: Was braucht man als Einsteiger wirklich und was nicht? Zu groß ist das Angebot. Und die günstig angebotenen »Fliegenbindesets« sind auch nicht immer das Gelbe vom Ei.

Die Lösung: Die richtige Grundausstattung

Der Blick in den Katalog eines Fachhändlers führt auch nicht zu einer klaren Entscheidungsfindung.

Der Fliegenbindestock (1 S. 102) ist das Zentrum einer Bindeausrüstung. Es gibt unzählige Ausführungen in allen Preisklassen. Wichtig: Der erste Bindestock muss solide und funktional, also einfach zu bedienen sein. Außerdem sollte er Haken aller relevanten Größen halten, von winzigen 16er-Trockenfliegenhaken bis zu Streamerhaken in Größe 3/0. Es gibt Stöcke mit Schraubhalterung oder einer schweren Bodenplatte. Letztere ist universell auf allen geraden Flächen einsetzbar, und man läuft im Gegensatz zur Schraubklemme nicht Gefahr, eine wertvolle Tischkante zu zerkratzen. Es gibt passable Bindestöcke in der Preisklasse zwischen 30 und 60 €, mit denen sich ganz vernünftig arbeiten lässt.

Der Spulenhalter, auch *Bobbin* genannt, liefert den Faden von einer Spule und hält ihn durch sein Eigengewicht unter Spannung, sobald er frei nach unten baumelt, weil wir alle Bindefinger gerade für etwas anderes brauchen. Einfache Ausführungen kosten zwischen 2 und 4 €. Ein grauer Bindefaden ist übrigens farblich sehr universell.

Der Einfädler hilft uns, den Faden durch das Röhrchen des Spulenhalters zu führen. Der Griff ist hohl und kann für den *halben Stich* (→ Nr. 31+66) am Kopfknoten verwendet werden. Das spart den Knotenbinder. Für 1 bis 2 € findet man gute Modelle.

Eine Schere in ausreichender Qualität bekommt man schon zwischen 5 und 10 €. Achten Sie auf scharfe Schneidblätter und eine feine Spitze. Beim Binden wird man auch hin und wieder feinen Metalldraht durchtrennen. Ich empfehle dazu eigentlich eine zu diesem Zweck verwendete alte Schere. Wer trotzdem die gute Schere verwenden möchte, sollte den Draht immer ganz hinten im Innenwinkel schneiden, nie im vorderen Spitzenbereich.

Eine Hechelklemme dient zum Erfassen der Spitze einer bereits auf dem Haken fixierten Hahnen- oder Hennenfeder, um sie dann um den Hakenschenkel zu winden und beispielsweise einen klassischen Hechelkranz zu formen. Die Klammerwirkung muss stark genug sein, um die feine Spitze der Feder festhalten zu können. Einfache Modelle kosten zwischen 2 und 4 €. Viel komfortabler ist aber eine rotierende Hechelklemme mit Griffstange ab 7 €.

Eine Bindenadel ist das vermutlich einfachste Gerät der Werkzeugsammlung, aber sehr universell. Man kann mit ihr Haare aus einem Fliegenkörper zupfen oder das eine oder andere Beinchen geraderücken. Der Einsatzbereich ist sehr vielseitig. Sie kostet um die 1,50 €.

Transparenter Nagellack kostet etwa 2 € und dient zum Fixieren des Kopfknotens oder auch zum Verkleben bestimmter Bindeschritte bei größeren Fliegen (z. B. Streamer).

Bindewachs wird benötigt, damit so manches Körpermaterial besser am Faden haftet. Dieses Spezialmittel kostet etwa 4 €.
Alle Kosten zusammengerechnet – der Bindestock ist dabei der teuerste Posten – lässt sich für rund 60 bis 100 € ein qualitativ ausreichend gutes Werkzeugset **2** selbst zusammenstellen, das viele Bindejahre seinen Dienst tun wird.

Zum Bindematerial: Dazu kommt jetzt natürlich noch das notwendige Bindematerial. Da dies ein sehr umfangreiches Thema ist, kann es im Rahmen dieses Büchleins nicht besprochen werden. Man sollte grundsätzlich immer Schritt für Schritt vorgehen und sich nur Material für ein paar wichtige Fliegen kaufen, die man in der Anfangszeit auch wirklich bindet. Wenn man nicht aufpasst, gibt man sehr schnell viel mehr für Bindematerial aus, als für das eben sorgfältig kalkulierte Werkzeugset. Und nur das wenigste davon verarbeitet man wirklich. Sie werden mit der Zeit ihre Lieblingsmuster entdecken und können dann ganz gezielt Material dazukaufen.

Warum selber machen? Über eines sollten Sie sich bitte unbedingt von Anfang am im Klaren sein. Wer Ihnen erzählt, durch das Selbstbinden von Fliegen würde man Geld sparen, weil man dann keine teuren Fliegen kaufen müsse, hat entweder keine Ahnung oder er lügt.
Fliegenbinden ist allerdings aus folgenden Gründen sehr empfehlenswert: Es macht Spaß, ist eine außerordentlich intensive Art gesunder Medidation, und ganz nebenbei lernt man wie von selbst jede Menge Nützliches über den Lebensraum Wasser und seine Lebensgemeinschaften.

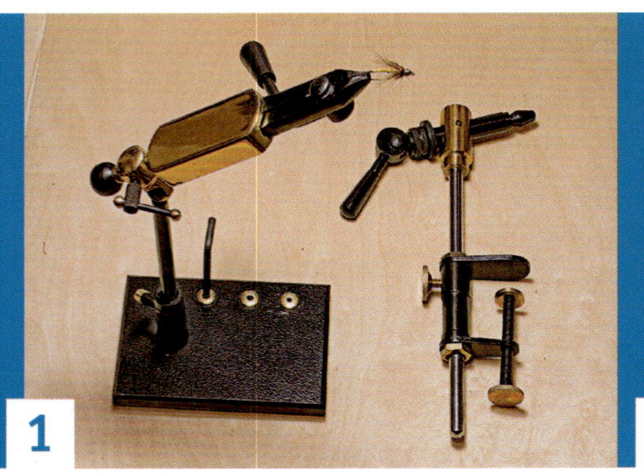
1

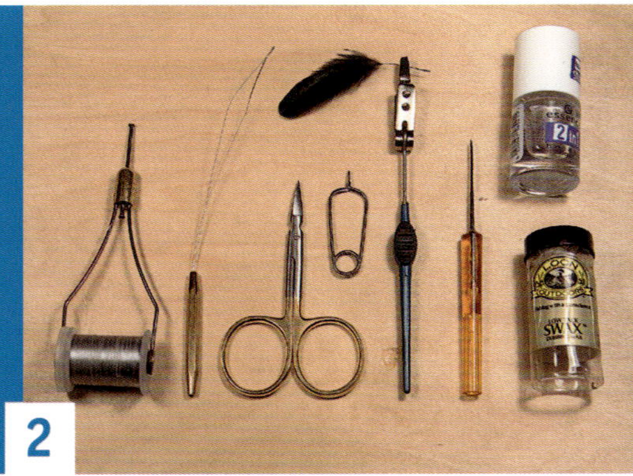
2

66 Die wichtigsten Bindeschritte

Wer einem Fliegenbinder zusieht, ist fasziniert und anfangs sicher entmutigt von den kunstvollen Handgriffen an den winzigen Kunstwerken. Kann man das als Normalmensch lernen, oder überlässt man es künstlerisch und motorisch Hochbegabten?

Die Lösung: Die 3 Basisschritte trainieren

Unglaublich, wie sauber ein geübter Fliegenbinder den Hechelkranz einer Trockenfliege anwindet oder ein loses Fasergemisch namens *Dubbing* mit flinken Fingern geschickt an einen Faden spinnt und daraus einen wohlproportionierten Körper formt… Das sind aber schon bindetechnische Feinheiten. Worauf der interessierte Beobachter in der Regel weniger achtet, sind nur *3 einfache Basisschritte*, die ein Bindeexperte selbstverständlich und ganz unauffällig ausführt. Jeder Anfänger muss sie unbedingt erlernen, ohne sie wird kein Fliegenmuster gelingen. Die gute Nachricht: Die Basisschritte lassen sich wunderbar üben. Wer sie erstmal beherrscht, dem stehen vielfältige selbst gebundene Fliegenmuster offen.

Den Haken vorbereiten: Bevor man sich an die 3 Grundschritte wagt, muss der Haken sicher in den Klemmbacken des Bindestockes verankert werden. Dabei soll der Hakenschenkel waagrecht nach vorne weisen, die Hakenspitze ragt in der Regel aus dem Klemmkopf noch etwas heraus. Sind die Klemmbacken lang genug, lasse ich bei kleineren Haken die Spitze oft zwischen ihnen verschwinden, so besteht keine Gefahr, mit dem Faden hängen zu bleiben und ihn abzureißen. Auf Druck von oben darf der Haken nicht nach unten wegkippen.

Wenn Sie *widerhakenlos fischen* möchten, was ich aus Hegegründen immer empfehle (→ Nr. 51), sollten Sie den Widerhaken bereits vor dem Binden der Fliege mit einer kleinen Flachzange andrücken. Denn hin und wieder kann dabei die ganze Spitze abbrechen. Passiert dies mit der fertigen Fliege, wäre die ganze Bindearbeit umsonst gewesen.

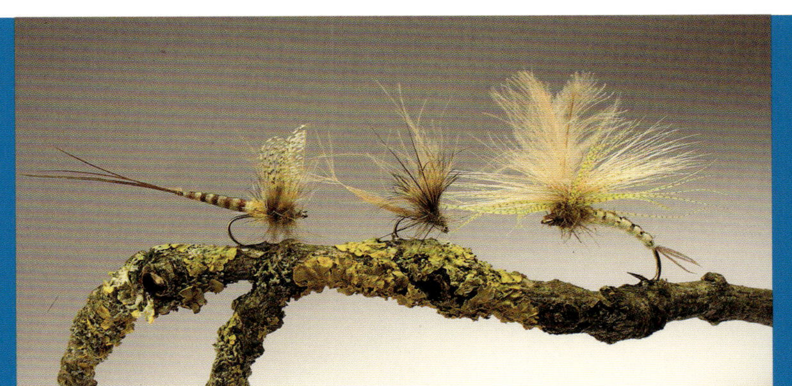

Manche Fliegen sind kleine Kunstwerke. So wie diese Maifliegen, gebunden von Werner Steinsdorfer und Hans-Jürgen Baum.

Basisschritt 1: Anwinden des Fadens. Halten Sie das Fadenende mit der linken Hand unter den Haken und den Spulenhalter darüber. Der Faden liegt etwa in der Mitte des Hakenschenkels am Metall an 1. Nun schlagen Sie die Spitze des Spulenhalters um den Hakenschenkel und führen den Faden mit straffen, eng aneinanderliegenden Windungen nach vorne zum Hakenöhr. Dort kehren Sie um, wickeln wieder zurück Richtung Hakenbogen und sichern so die darunterliegenden Fadenwindungen. Als Anfänger zieht man dabei zuerst entweder zu wenig oder zu stark. In letzterem Fall reißt der Faden ab.

ÜBUNGSTIPP: Als Anfangsübung ist das Abreißen sogar in Ordnung. Wenn man ein paar Mal den Faden bewusst »überspannt«, entwickelt man schnell ein zuverlässiges Gefühl für die richtige Zugkraft, um den Faden rutschfest auf dem Haken anzubringen und ihn eben nicht mehr abzureißen. Damit ist die erste Hürde genommen.

Allerdings gibt es heute sehr reißfeste, feine Super-Bindefäden. Sie sind durchaus empfehlenswert. Mit ihnen lassen sich winzige Trockenfliegen, aber auch große Hechtstreamer binden.

Basisschritt 2: Korrektes Festlegen von Material auf dem Haken. Wird ein Schwänzchen oder Flügel einer Fliege schief eingebunden, sieht das nicht gut aus und das Muster wird sich außerdem in der Luft drehen und dadurch das Vorfach verdrallen und nicht korrekt im Wasser liegen. Wer das einzubindende Material zwar von oben senkrecht auf den Haken hält und dann versucht, es mit dem Faden *vor den Fingerspitzen* festzulegen, drückt das Material zur Seite, was zur Schieflage von Schwanzfäden oder Flügeln führt. Dabei gibt es aber einen einfachen Trick, der sich relativ schnell erlernen lässt und rasch zu guten Bindeergebnissen führt. Dieser Trick heißt *lockere Schlaufe*. Versuchen Sie nicht, den Faden vor den Fingerspitzen über das Material zu legen, sondern fassen Sie mit den Fingerspitzen über den Faden und führen Sie diesen *zwischen Hakenschenkel und den beiden Fingerkuppen* hindurch 2. Dazu muss man die Finger während der Prozedur immer ein wenig öffnen und wieder schließen, um den Faden festzuklemmen. So kommt direkt über dem Hakenschenkel die lockere, offene Fadenschlaufe zustande. Sie wird dann von beiden Fingerkuppen gegen den Haken gedrückt und nach unten festgezogen.

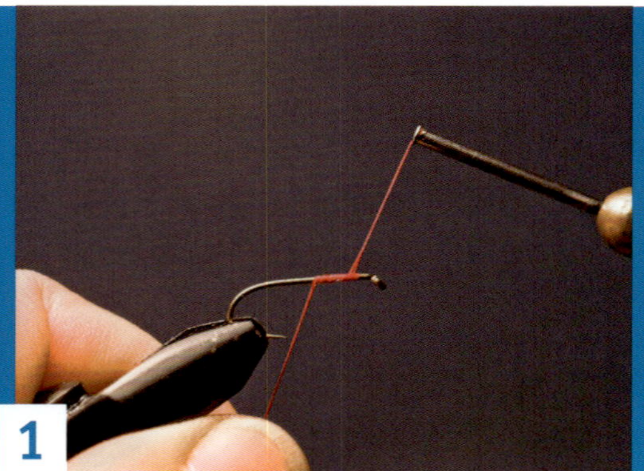
1

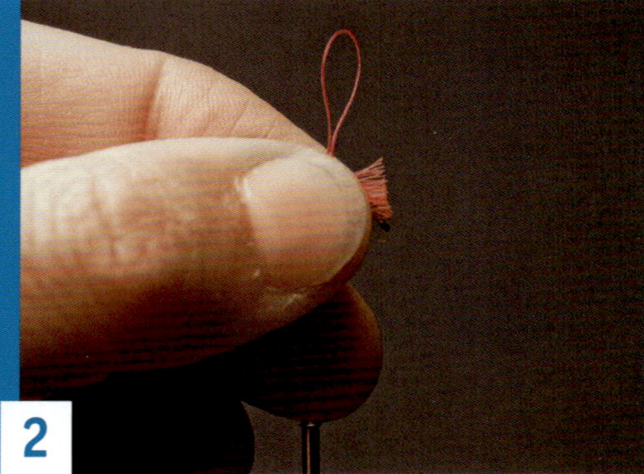
2

So wirkt die Zugkraft des Fadens senkrecht von oben auf das Material, das nicht zur Seite abkippen kann, da es von den seitlich platzierten Fingerkuppen gehalten wird. Auf der Abbildung ist die Schlaufe zur Verdeutlichung übertrieben groß. Bei einem realen Bindevorgang ragt sie kaum zwischen den Fingern hervor. 3 bis 4 Schlaufen führen zu einem exakten Sitz des Materials auf dem Hakenschenkel.

ÜBUNGSTIPP: Üben Sie diesen Griff mit einem Stück Wollgarn, das Sie von oben auf dem Hakenschenkel befestigen. Sie sehen dann sofort, ob es gerade oder schief sitzt. Passt es, können Sie sich an eine Fliege wagen.

Basisschritt 3: Der Abschluss der Fliege. Mit dem Endknoten wird der Faden vor dem Abschneiden gesichert. Die meisten Fliegenbinder verwenden dafür einen Knotenbinder, manche brauchen dazu nur 2 Finger. Bis man den Knoten sicher beherrscht, kann man auch eine einfachere, aber trotzdem sehr sichere Variante anwenden, den *halben Stich*. Der geht am besten mit einem kleinen Hilfsgerät, etwa der spitzen Hälfte eines Plastikkugelschreibers, dessen Spitze etwas abgesägt wurde, um das Loch ein wenig zu vergrößern. Bei manchen Bindewerkzeugen ist das untere Griffende leicht konisch geformt und im Fuß befindet sich eine kleine Aushöhlung, die über das Hakenöhr passt.

Der Faden wird zuerst über die konische Spitze geschlungen (**3**+**4**) und die Aushöhlung/Kugelschreiberspitze über das Hakenöhr gesteckt **5**. Die Schlaufe gleitet jetzt mühelos herunter hinter das Öhr und wird dort festgezogen. 3 bis 4 Wiederholungen sichern den Faden zuverlässig. Achten Sie schon beim Binden darauf, den Platz hinter dem Hakenöhr möglichst materialfrei zu halten, damit genügend Raum für mehrere halbe Stiche oder einen Abschlussknoten bleibt. Der *halbe Stich* ist auch gut geeignet, um Zwischenschritte zu sichern und zu verhindern, dass sich die halb fertige Fliege wieder auflöst.

ÜBUNGSTIPP: Trainieren Sie den halben Stich einige Male an einer größeren Übungsfliege und mit einer größeren Kugelschreiberspitze (siehe Bilder).

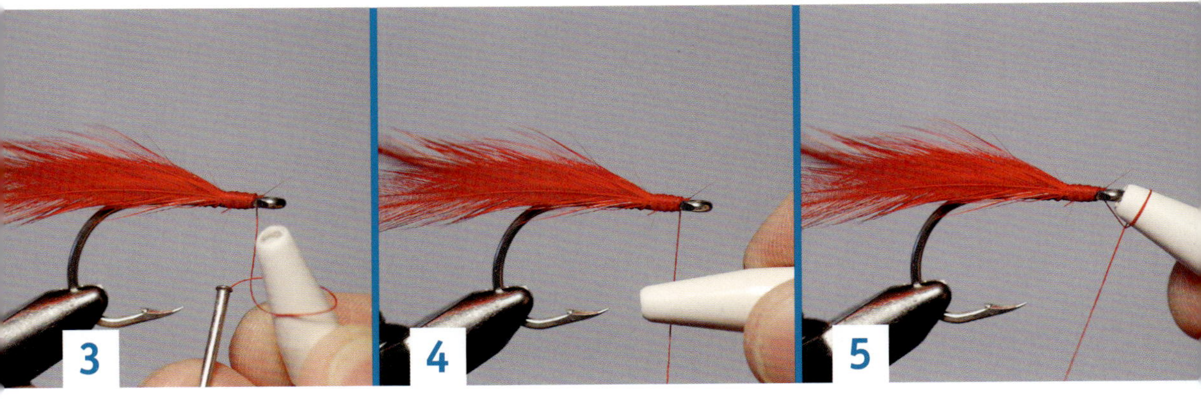

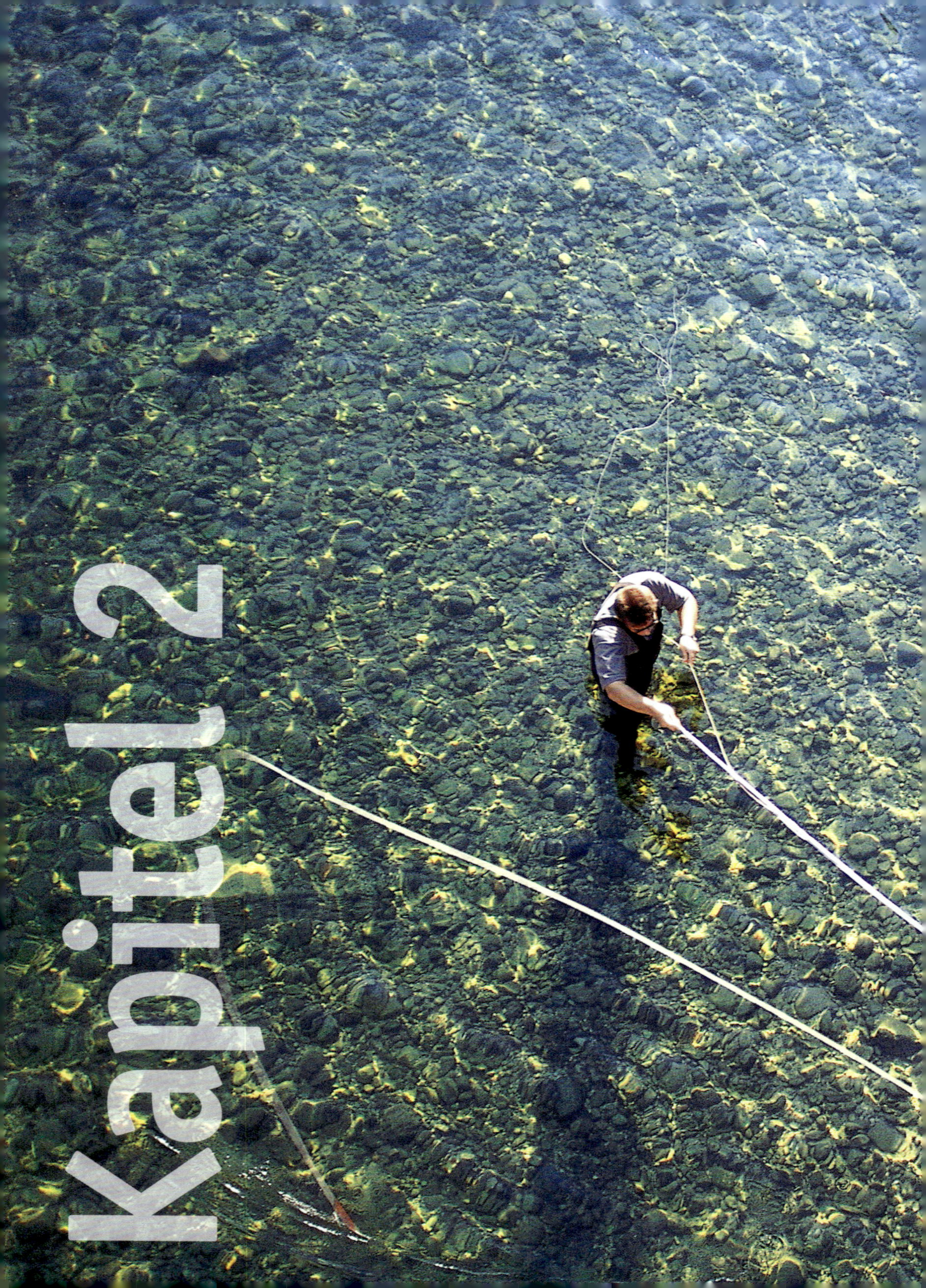

Kapitel 2

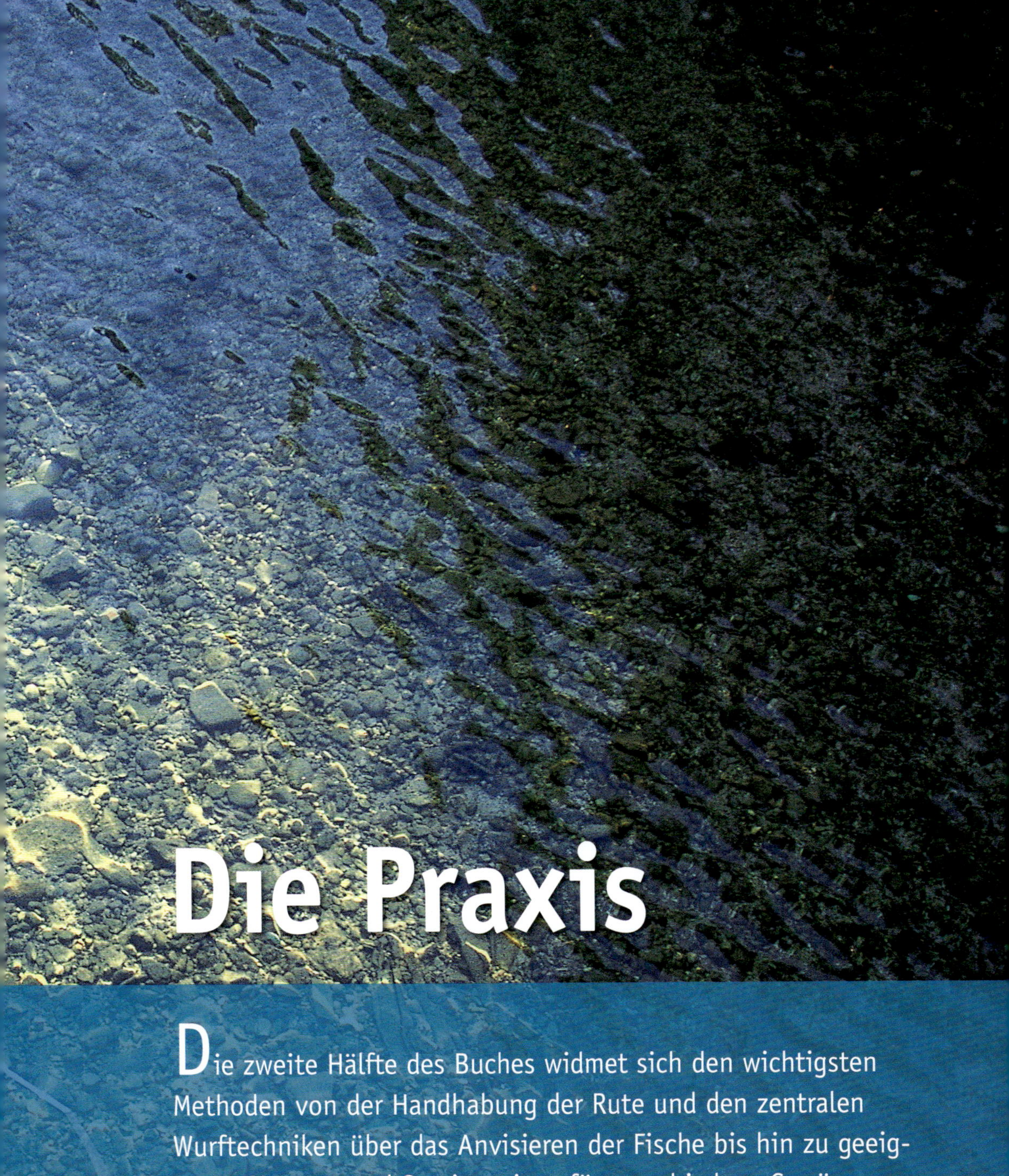

Die Praxis

Die zweite Hälfte des Buches widmet sich den wichtigsten Methoden von der Handhabung der Rute und den zentralen Wurftechniken über das Anvisieren der Fische bis hin zu geeigneten Mustern und Servierweisen für verschiedene Gewässer, Jahres- und Tageszeiten. Auch wie Sie Fische haken, drillen und adäquat abhaken, finden Sie in diesem Abschnitt.

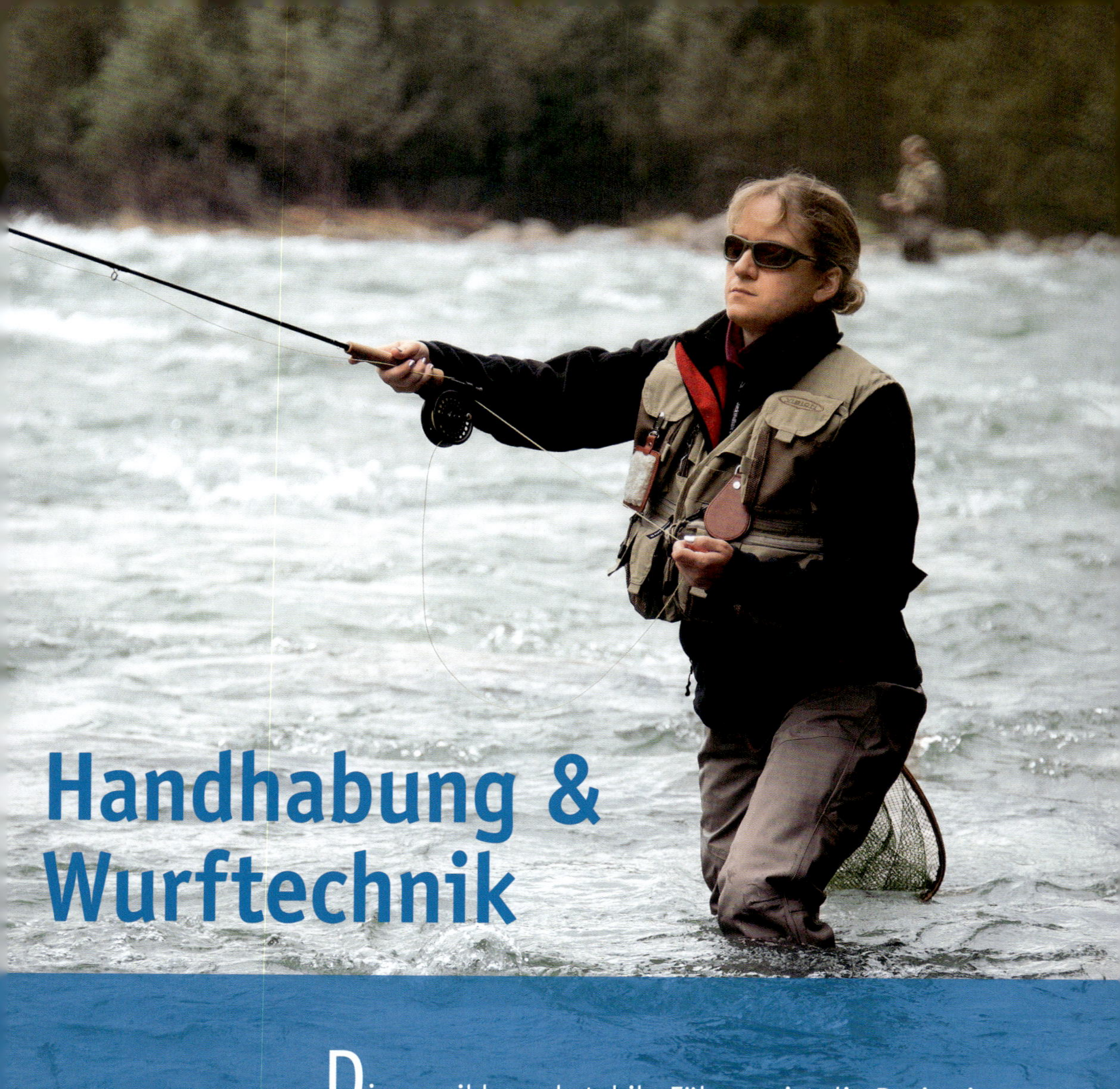

Handhabung & Wurftechnik

Die sensible und stabile Führung ist die Basis eines gelungenen Services und eines erfolgreichen Drills. Da wird schon die Handhaltung zum Politikum. Wann welche am besten passt und was eine gute Wurftechnik ausmacht, finden Sie in diesem Kapitel. Außerdem erfahren Sie, wie Sie optimal beschleunigen und bremsen, wie die wichtigsten Spezialwürfe funktionieren und wie Sie das Muster möglichst lebensecht servieren.

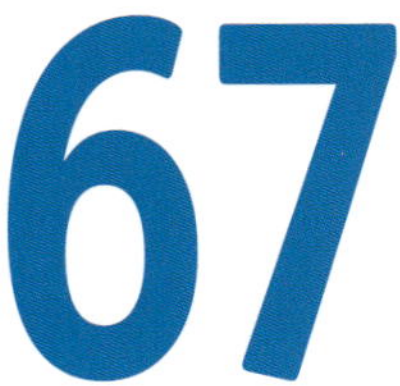

Die Rute richtig halten – Daumen oder Zeigefinger?

Die Diskussion, wie man eine Fliegenrute richtig in die Hand nimmt, gleicht einem Glaubenskrieg. Es handelt sich allerdings nicht um eine Glaubensfrage, denn beide Varianten haben Vor- und Nachteile, die man kennen sollte, um die Rute immer gut im Griff zu haben.

Die Lösung: Es gibt nicht die eine Wahrheit

Die richtige Handhaltung hängt ab von der Form des Rutengriffes, und, wo der Griff beide Haltungen zulässt, von der Rutenklasse.

Daumengriff: Die Verfechter (vor allem USA) argumentieren mit dem Daumen als kräftigstem Finger. Auch beim leichten bis sehr leichten Fliegenfischen liegt der Daumen oben. Die für die USA gefertigten Fliegenruten, egal welcher Schnurklasse, besitzen sehr oft *Full-* oder *Half-Wells-Griffe*. Sie erweitern sich trompetenförmig nach vorne (*Half Wells*) oder zusätzlich auch nach hinten *(Full Wells)*. Der Daumen liegt bequem in einer nach oben weisenden Rundung. Der Zeigefinger fühlt sich in diesem Bett allerdings nicht wohl. Grundsätzlich ist der starke Daumen bei höheren Schnurklassen durchaus sinnvoll. Da er nicht so fein einsetzbar ist wie der Zeigefingergriff, sollte man aber bei leichteren Schnurklassen auf diesen wechseln. Leichte Ruten mit *Full- oder Half-Wells-Griff* lassen sich mit wenigen einfachen Handgriffen bequem für den Zeigefinger umbauen (→ Nr. 2).

Zeigefingergriff: Die europäische Schule differenziert. Leichte Ruten bis Schnurklasse 5, vielleicht auch 6, werden in der Regel mit dem Zeigefingergriff geführt und besitzen deshalb meist einen nach vorne verjüngten *zigarrenförmigen Korkgriff*. Er hat folgende Vorteile:

1. Bei der Präsentation deuten eine entspannte Hand und der Zeigefinger auf den Fisch, das Ziel ist genau im Visier des »verlängerten Arms«. Mit dem Daumen fühlt sich das eher unnatürlich an.
2. Die Führung einer leichten Rute und Schnur ist geschmeidiger. Die Rute empfindet man als natürliche, flexible Verlängerung des Zeigefingers. Diese mentale Verbindung dürfte über den Daumen nicht so leicht gelingen.
3. Das Handgelenk neigt im Augenblick des Rückschwungstopps weniger zum Abknicken nach hinten (→ Nr. 71).

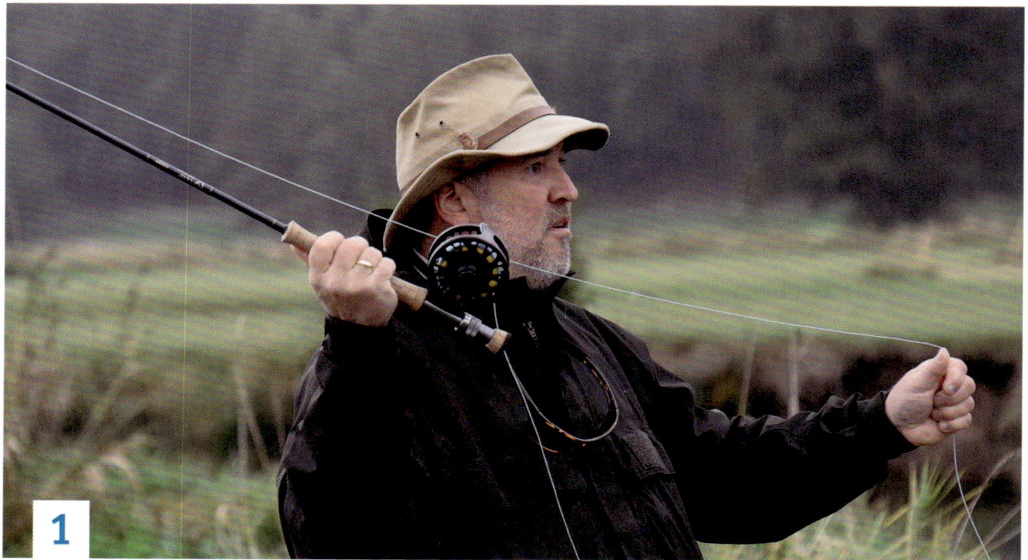

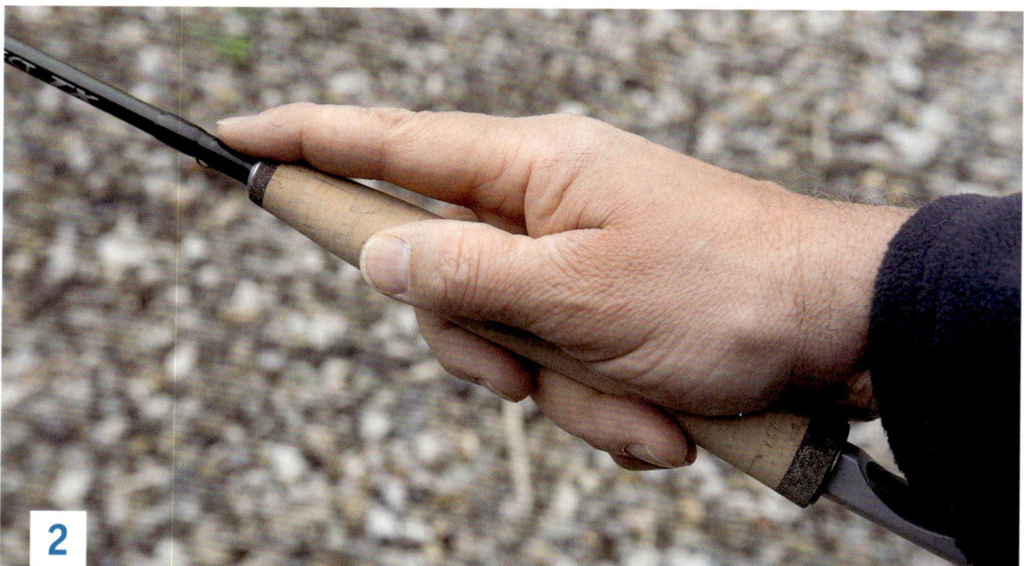

1 *Spätestens bei Ruten ab Schnurklasse 6 oder 7 führt der kräftige Daumen.*

2 *Der Zeigefingergriff ist für leichte Ruten bis Schnurklasse 5 gut geeignet.*

68 Die optimale Verbindung mit der Rute

So mancher Fliegenfischer weiß zu Anfang nicht genau, welchen Finger er auf den Rutengriff legen soll. Und dann kann es sein, dass ihm weder Daumen- noch Zeigefingergriff das gewünschte »innige« Gefühl der Verbundenheit mit der Rute vermitteln.

Die Lösung: Der Gary-Borger-Griff

Vielleicht trägt dieser Griff zur persönlich richtigen Entscheidungsfindung bei. Der Fliegenfischer, Autor und Wurflehrer *Gary Borger* ist zwar US-Amerikaner, hat aber trotzdem schon früh die Vorzüge des *Zeigefingergriffs* erkannt (→ Nr. 67). Er propagiert in seinem Buch *Presentation* sogar eine Variante, bei der der Handballen weiter nach unten über den Korkgriff hinaus in Richtung des Rutenfußes rutscht und damit fast über der Rolle liegt. Auf diese Weise werden nach seiner Ansicht feine, aber lästige Vibrationen hinter der Hand minimiert, die durch das Gegengewicht der Fliegenrolle verursacht werden und umso spürbarer auftreten, je weiter sich die Hand von der Rolle entfernt.

Wer das ausprobiert, kann durchaus zur gleichen Meinung kommen. Mir geht es jedenfalls so. Leichte Fliegenruten führe ich inzwischen in dieser Weise. Die Handhabung empfinde ich als intensiver und gefühlvoller, die Hand fühlt sich ein bisschen an wie »festgeschweißt«. Ideal für leichte Ruten bis Schnurklasse 4 oder 5. Besonders geeignet ist dafür ein *Up-Locking-Rollenhalter* (→ Nr. 1), der die Rolle näher am Korkgriff positioniert.

Übrigens: Für den sogenannten *italienischen Wurfstil* nach *Robert Pragliola*, der eine besonders schnelle und zielgenaue Schnurführung unter schwierigen Verhältnissen erlaubt, rutscht interessanterweise ebenfalls der Handballen über die Rolle, aber statt des Zeigefingers liegt dabei der Daumen oben. Es führen eben viele Wege nach Rom …

Möglicherweise will man den Korkgriff zur Rolle hin auch noch etwas herunterschleifen, damit der Handballen bequem anliegt (→ Nr. 2).

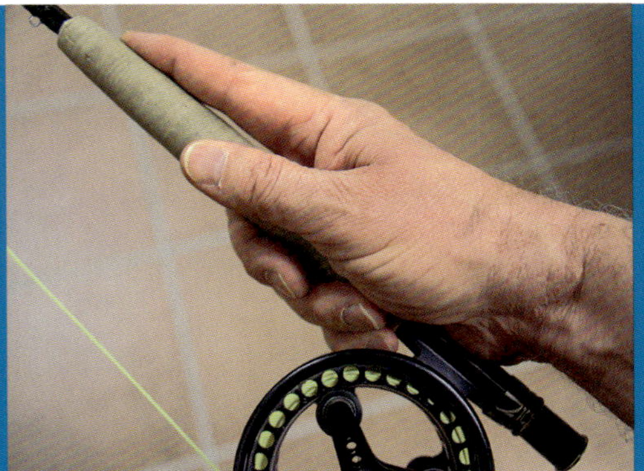

Beim Gary-Borger-Griff liegt prinzipiell auch der Zeigefinger oben, aber der Handballen befindet sich weiter hinten als beim »einfachen« Zeigefingergriff.

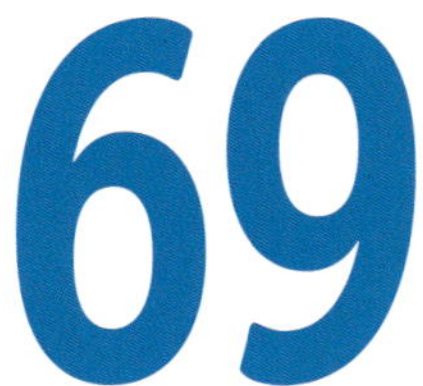

Die optimale Fliegenpräsentation

Hat man einen aktiven Fisch entdeckt, kommt es eigentlich darauf an, ihm die Fliege rasch und unauffällig zu servieren. Manche Fliegenfischer beginnen aber, die Schnur genussvoll mit nicht enden wollenden Leerwürfen in der Luft hin und her zu schwingen.

Die Lösung: Kurz und knackig ohne Leerwürfe

Viele Leerwürfe sind bei der Präsentation der Fliege kontraproduktiv. Die Leinenlänge würde oft schon lange ausreichen, um die Fliege vor dem Fisch abzulegen. Und selbst der »geduldigste« Fisch wird bald flüchten, wenn die noch so unauffällig gefärbte Fliegenschnur (→ Nr. 20) hektisch über seinem Kopf durch die Luft flitzt. Im Englischen spricht man bei solchen Leerwürfen von *false casting* also *falschem Werfen*.
3 Gründe, warum man Leerwürfe auf ein Minimum beschränken sollte, wenn man ein Fliegenmuster dem Fisch präsentieren will:

1. Der Fisch könnte unsere Arm- und Körperbewegungen bemerken sowie auch die Schnur, vor allem wenn sie bereits über seinem Kopf hin und her fliegt.
2. Leerwürfe dieser Art fördern nicht das eigene Wurfkönnen und führen zu keinem besseren Service. Eher ist das Gegenteil der Fall.
3. Leerwürfe sind nicht zuletzt verschwendete Zeit. Je weniger die Schnur in der Luft ist, desto mehr schwimmt sie im Wasser und lässt die Fliege fischen.

Ein perfekter Service kann im Extremfall sogar ohne einen einzigen Leerwurf auskommen: Abheben der Schnur mittels *C-Pickup* (→ Nr. 72) – druckvoller Rückschwung – druckvoller Vorschwung – Schießenlassen der Leine und Präsentation der Fliege.

Der Sinn von Leerwürfen: Man wendet Leerwürfe beispielsweise an, um eine nasse Fliege mit schnellen Vor- und Rückschwüngen in der Luft zu trocknen. In dem Falle also vollkommen angebracht und nützlich. Nur sollten diese Leerwürfe dann eher nicht über dem Wasser erfolgen, um keine Fische zu vergrämen. Das sollte man vor allem an sensiblen Gewässerpartien mit ruhiger, glatter Wasseroberfläche und klarem Wasser beachten. Steht man gerade an oder in einem munter fließenden Abschnitt mit gebrochener, unruhiger Oberfläche und damit begrenzter Sicht des Fisches nach außen, besteht das Problem natürlich nicht.

70 Die »richtige« Reichweite der Würfe

Wenn es um das Werfen der Fliegenschur geht, gewinnt man als Anfänger schnell den Eindruck, dass man unbedingt in der Lage sein muss, möglichst weit werfen zu können. Ist man dadurch erfolgreicher und fängt mehr Fische?

Die Lösung: Die optimale Wurflänge ist relativ

Hin und wieder beobachtet man Fliegenfischer, die am Ufer angekommen offenbar ohne weitere Überlegung beginnen, ihre Leine quer über den Fluss zu werfen. Es sieht aus, als wollten sie versuchen, gleich die gesamte Fliegenschnur – immerhin 27 m – auf dem Wasser auszulegen. Das wäre mit viel Übung sogar möglich und rein »sportlich« gesehen auch sehr bemerkenswert.

Angeltechnisch ist es bei Verwendung einer Trocken- und Nassfliege beziehungsweise Nymphe eher kontraproduktiv, übermäßig weit zu werfen, denn eine kürzere Schnur lässt sich besser ablegen und auf der Wasseroberfläche steuern (menden) als eine lange (→ Nr. 82).

Etwa 90 % aller Fische werden tatsächlich in einer vom Angler aus gemessenen Entfernung zwischen 5 und 15 m gefangen. Diese Distanz kann man mit etwas Übung eigentlich recht schnell erreichen. Manchmal genügt es auch, nur das Vorfach und ein kurzes Stück der Fliegenschnur auszuspielen, um einen Fisch sozusagen direkt vor den eigenen Füßen überlisten zu können. Dafür eignen sich nicht zu harte Ruten in der Aktion *mittelschnell* besonders gut (→ Nr. 1). Trotzdem sollte man das Üben von Weitwürfen nicht gänzlich vernachlässigen. Der Hauptgrund: Wer auch weit werfen kann, der tut sich mit kürzeren Schnurlängen umso leichter. Grundsätzlich sollte man die richtigen Techniken üben, um die oben genannten Durchschnittsdistanzen souverän bedienen zu können (→ Nr. 69). Und ja, in manchen Situationen ist es auch notwendig, weiter zu werfen. Wobei ich die 20-Meter-Marke für einen Durchschnittswerfer schon als sehr respektabel ansehe.

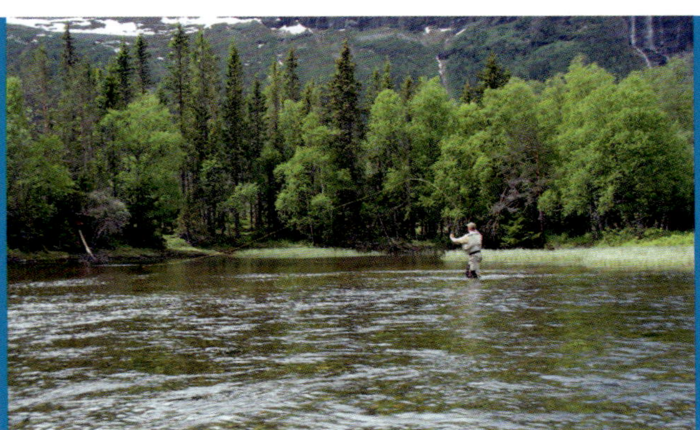

An großen Gewässern werden Weitwürfe mitunter belohnt. Aber hier waren es auch nicht viel mehr als 20 m.

71 Der richtige Rückschwung

Der Rückschwung der Fliegenschnur ist essenziell für das Gelingen des Vorschwungs. Viele Einsteiger haben aber ein Problem mit der sauberen Ausführung eines gestreckten, hoch in der Luft liegenden Rückschwungs. Es ist auch eine mentale Angelegenheit.

Die Lösung: Exakter Stopp

Der Rückschwung läuft wie der Vorschwung mit einer auf der gesamten Schwungstrecke gleichmäßigen Beschleunigung ab. Er endet mit einem *exakten Stopp* (→ Nr. 76), wenn sich die Rutenhand auf Kopfhöhe des Werfers oder ein wenig dahinter befindet. Dabei sollte die Rute etwa bei 1:00 bis 1:30 der *Fliegenfischeruhr* (→ Nr. 73) stehen bleiben. Somit zeigt sie nur leicht schräg nach hinten, aber vor allem nach oben. Dazu darf beim Stopp das Handgelenk nicht nach hinten abknicken. Viele Werfer haben damit Probleme – der *Zeigefingergriff* (→ Nr. 67 + 68) hilft, kann es aber nicht unbedingt verhindern – und die Rutenspitze wandert weiter Richtung 3:00. Die nach hinten fliegende Schnur bewegt sich Richtung Boden. Der kommende Vorschwung kann nicht mehr gelingen. Um zu üben, gibt es 2 empfehlenswerte Hilfestellungen:

Mechanisch: Man windet ein Klettband um den Rutenfuß hinter der Rolle und den Unterarm hinter dem Handgelenk. Damit wird das Abknicken des Handgelenks erschwert. Üben Sie derart »geschient«, bis Sie das richtige Gefühl verinnerlicht haben.

Mental: Ich stelle mir vor, ich stehe mit dem Rücken einige Meter vor einer Garage und muss die Fliegenschnur *auf dem Dach* ablegen. Wenn es mir gelingt, diese Situation zu visualisieren, werde ich beim Rückschwung ganz automatisch bei etwa 1:00 stoppen und nicht erst bei 3:00. Da würde ich nämlich die Schnur direkt gegen das Garagentor donnern. Dieser Tipp stammt aus dem Buch *Fliegenfischen für Anfänger* von *Hans Steinfort*. Im Jahr 1979 habe ich damit erfolgreich den Rückschwung geübt.

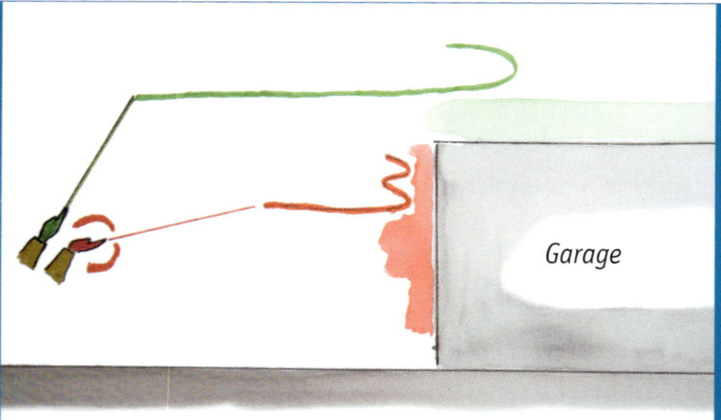

Skizzenhafte Darstellung des Garagenprinzips. Das Problem ist vor allem das abknickende Handgelenk.

72 Die Schnur elegant abheben

Zur Vorbereitung eines neuen Wurfs ziehen wir normalerweise die Schnur durch Anheben der Rute in gerader Linie aus dem Wasser. Bei ruhiger Wasseroberfläche entsteht allerdings ein verräterischer Sprüheffekt auf Höhe der Schnurspitze und des Vorfachs.

Die Lösung: Der C-Pickup

In den unruhigen Gewässern etwa eines steinigen Gebirgsbaches oder einer welligen Rieselstrecke ist das Abheben der Schnur weiter kein Problem, hier ist genug optische Ablenkung vorhanden. In ruhigeren Gewässern wendet man den *C-Pickup* an, im Deutschen auch als *Spiral-* oder *Korkenzieher-Abheber* bekannt. Damit wird das Ablösen der Fliegenschnur aus dem Wasser um einiges unauffälliger für die Fische.
Übrigens: Auch wenn man im unruhigen Wasser auf den C-Pickup verzichten könnte, das Abheben der Leine erleichtert er so gut wie immer.

Schritt 1: Die Schnur mit den Fingern durch die Ringe zurückziehen und auf diese Weise gerade strecken. Denn lose Kurven lassen sich nicht zufriedenstellend abheben.

Schritt 2: Sobald auch die Schnurspitze dem Zug folgt, wird die Rutenspitze vor dem Körper auf mindestens Augenhöhe angehoben und dann mit der Spitze ein zügiger Halbkreis nach links oder rechts (oder ein C, auch spiegelverkehrt) nach unten gezogen.

Schritt 3: Durch diesen Impuls läuft eine spiralförmige Welle rasch auf die Schnurspitze zu. Der auf dem Wasser aufliegende Schnurteil wird von dieser Welle erfasst und löst sich von der Oberfläche ab.

Schritt 4: Hebt sich auch das Vorfach aus dem Wasser, geht man fließend in den *Rückschwung* (→ Nr. 71) über. Das C wird dadurch zu einer nach hinten ziehenden Spirale.

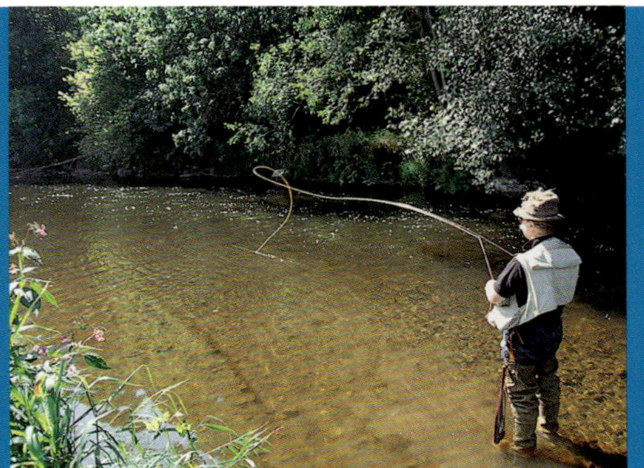

Der C-Pickup sorgt für sanftes Abheben der Schnur. Will man eine etwas längere Schnur aufnehmen, senkt man die Rutenspitze und zeichnet einen herzhaft geführten Halbkreis nach oben. Im Prinzip ist es eine ähnliche Bewegung wie beim Menden (→ Nr. 82), nur mit angeschlossenem Rückschwung.

73 Die optimale Schnurbeschleunigung

Jeder Fliegenfischer wird beim Auslegen der Fliegenschur schnell an gewisse Grenzen stoßen, sollte er alleine seiner Rutenhand die gesamte Arbeit zur Beschleunigung der Schnur zumuten. Denn Schnurbeschleunigung ist eine Frage der Technik, niemals allein der Kraft.

Die Lösung: Die Zugunterstützung

Zu viel Kraft kann zu unkontrolliertem Verhalten der Leine führen. Die Zugunterstützung mit der Schnurhand im Moment der höchsten Rutenbeschleunigung ist eine der wichtigsten Techniken auf dem Weg zu einem guten Wurfstil. Wenn im Nahbereich in der Regel ein *einfacher Zug*, entweder beim Vor- oder beim Rückschwung, ausreicht, ist für das Erreichen größerer Distanzen der *Doppelzug* notwendig.

Grundsätzlicher Ablauf: Was passiert beim Ziehen mit der Hand? Durch das kurze, schnelle Ziehen an der Schnur wird nicht die Schnur selbst beschleunigt, sondern nur die Rutenspitze stärker gebeugt, sie lädt sich also zusätzlich zur ohnehin schon vorhandenen Vorspannung auf. Beim Stopp und Wiedergeradestellen der Rute überträgt sich diese Aufladung als zusätzliche kinetische Energie auf die Schnur, wodurch sich die Geschwindigkeit der durch die Luft fliegenden Leine erhöht. Meine Ansicht: Erst wer in der Lage ist, die Zugunterstützung als Einfach- und Doppelzug richtig einzusetzen, wird so richtig Spaß am Fliegenfischen haben. Denn erst jetzt wird er die Leistungsreserven seines eigentlich recht filigranen Rütchens wirklich kennenlernen und die Leine richtig *schießen lassen*.

Die Zugunterstützung kann nicht auf wenigen Seiten abgehandelt werden und wird meiner Meinung nach am besten »in Bewegung« gelernt. Im Internet gibt es genügend Filme und Videos zum Thema. Ob die Materie dadurch klarer wird, muss jeder selbst beurteilen. Mein Rat: Suchen Sie sich einen guten Wurflehrer. Er wird Ihnen innerhalb weniger Stunden alle Raffinessen einer sauberen Zugunterstützung beibringen.

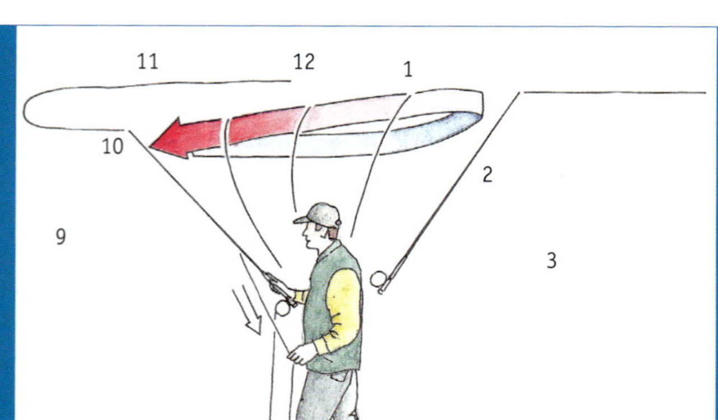

Die Fliegenfischeruhr: Vorschwung mit Zugunterstützung von 12:00 bis zum Stopp bei 10:00 (roter Bereich).

74 Die Rollenbremse richtig nutzen

Eigentlich reicht eine Rolle mit Klicksystem aus (→ Nr. 3), denn Bremsen ist hauptsächlich »Handarbeit«. Dennoch verfügen viele Rollen über eine verstellbare Schleifbremse, etwa ein Scheibenbremssystem. Was ist die richtige Einstellung? Und wozu dient sie?

Die Lösung: Sensible Einstellung

Beim Fliegenfischen kommen oft sehr feine Vorfächer zum Einsatz, und deswegen ist die Regelung der Bremskraft bei Rollen mit verstellbaren Schleifbremsen diffizil. Entweder ist die Einstellung zu leicht und beim raschen Schnurabzug »läuft die Spule über«, oder die Bremse ist zu fest eingestellt, und man muss bei einer schnellen Flucht um das dünne Vorfach fürchten.

Fluchtstop von Hand: Eigentlich braucht man eine Bremse hauptsächlich für den ersten Fall: Denn ein flüchtender Fisch wird in der Regel gebremst, indem man den Handballen auf dem überstehenden Spulenrand der Fliegenrolle schleifen lässt. Am besten hindert man den Fisch an der Flucht, indem man ihn zur Umkehr zwingt (→ Nr. 108). Der Umgang mit der Fliegenrute ist in dieser Hinsicht eben sehr »handwerklich«.

Die richtige Einstellung der Fliegenrolle findet man ganz einfach, indem man die Schnur fest zwischen die Lippen (nicht die Zähne!) klemmt und dann versucht, mit dem Mund Schnur von der Rolle zu ziehen. Wenn das gerade noch gelingt, ohne dass die Schnur zwischen den Lippen durchrutscht, stimmt die Grundjustierung.

TIPP: Sollte man den Bremsknopf am Rollengehäuse doch einmal fester anziehen, darf man nicht vergessen, die Bremse nach Abschluss des Angelausflugs wieder zu lockern, um die Bremsscheiben zu schonen. Durch den ständigen Druck würden sie dauerhaft gequetscht und damit hart und entsprechend wirkungslos. Das ist vor allem bei Bremssystemen mit Korkscheiben der Fall.

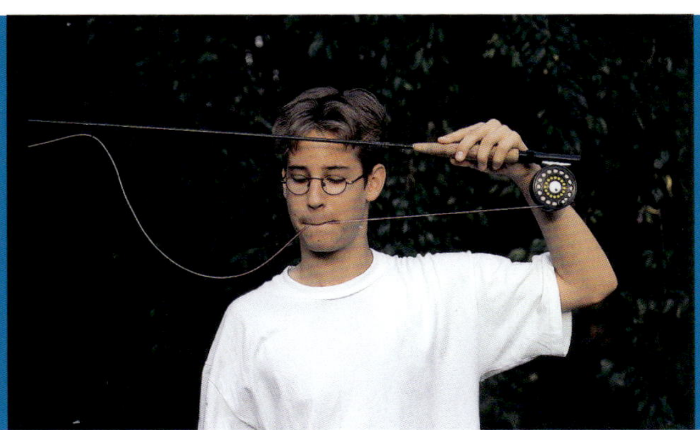

Eine etwas ungewöhnliche, aber sehr sensible Methode zum Regulieren der Rollenbremse.

Die Leine stoppt sich selbst

Es passiert immer dann, wenn man weit werfen möchte, und, möglicherweise mit *Doppelzug,* noch ein extra Quentchen an Druck in einen Wurf legt. Beim finalen Vorschwung lässt man die Leine plötzlich los und besonders beherzt schießen, und sie bleibt hängen.

Die Lösung: Der O-Ring

Und schon schlägt sie unkontrolliert vor dem Leitring gegen die Rute, wickelt sich dabei schlagartig um den Blank und bremst oder stoppt sich somit selbst.

Es gibt einen kleinen Trick, um diesen »Übermut« der Leine zu bändigen. Statt beim Vorschwung die mit der freien Hand festgehaltene Leine völlig freizugeben, verändert man nur die Fingerhaltung und formt mit Daumen und Zeigefinger einen Kreis beziehungsweise den Buchstaben *O,* in dem die hindurchlaufende Leine eingeschlossen wird. Die beiden Finger bilden sozusagen einen weiteren »großen Leitring«, der die Schnur dem ersten Führungsring der Rute zuführt, aber ein Herumschlagen um den Blank nicht zulässt. Nun wird die Leine um einiges müheloser durch die Ringe schießen und sich die Wurfdistanz ganz erheblich verlängern.

TIPP: Vergessen Sie aber nicht begleitende Maßnahmen, wie die Pflege des Rutenblanks (→ Nr. 5), der Schnur (→ Nr. 10, 11, 12, 21) und die Verwendung eines Schnurkorbs (→ Nr. 22), der auch hier in der Abbildung in Form des genialen *Flexi-Strippers* zu sehen ist. Neben den wichtigen Schritten der Schnurbeherrschung und dem Wurfgeschick sind eben auch gerätetechnische Dinge zu beachten.

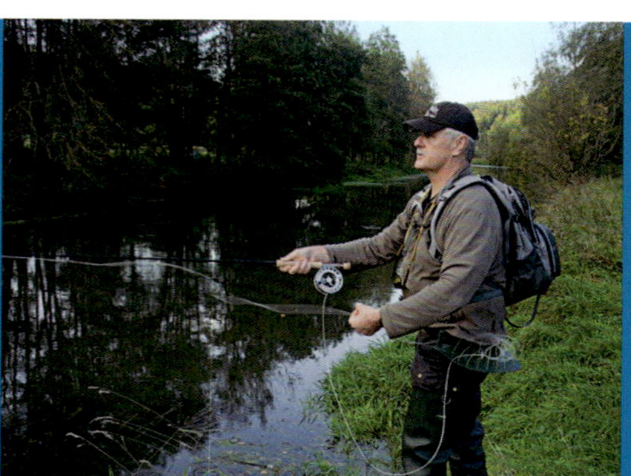

Der geschlossene Fingerkreis bändigt die hinausschießende Leine und steuert sie zum ersten Führungsring.

76 Der optimale Vorschwung

Die Fliegenschnur soll sich beim Vorschwung in einer engen, aber offenen Schlaufe bewegen. Jeder Fliegenfischer kennt aber das Phänomen der sich beim Vorschwung überschlagenden Schnur, gemeinhin als Tailing Loop bezeichnet.

Die Lösung: Tailing Loop vermeiden

Das ist einer der häufigsten und beständigsten Wurffehler. Dabei bildet sich in der oberen Schnur eine nach unten gerichtete Welle, welche sich mit der unteren Schnur schneidet. Es kommt zu einem unsauberen Service. Nicht selten verheddern sich auch die Schnurteile miteinander. Einsteiger können sich in der Regel nicht erklären, wodurch *Tailing Loops* zustande kommen. Auslöser dieser störenden Welle ist in den meisten Fällen, dass die Rutenspitze 1 während einer ungleichmäßigen Beschleunigungsphase beim Vorschwung keinen eigentlich erwünschten geraden beziehungsweise leicht konvexen, sondern einen konkaven Weg beschreibt. Dies kann wiederum verschiedene und häufig miteinander kombinierte Gründe haben, die sich hier in aller Kürze nicht erschöpfend darstellen lassen. Lösen lässt sich das Problem am besten unter Anleitung eines erfahrenen Wurflehrers. Hier nur die häufigsten Fehler:

Die Hauptursachen: Grundsätzlich kann man sagen, dass einer der Hauptauslöser in einem zu kurzen Beschleunigungsweg der Rute liegt. Dieser ist vorprogrammiert, wenn man versucht, lose Schnur auf dem Wasser abzuheben, ohne sie vorher gerade zu strecken. So geht viel kinetische Energie für den Rückschwung verloren.
Zu einer weiteren Einschränkung kommt es, wenn der Werfer nun den Rückschwung zwar zwischen 1:00 und 2:00 (→ Nr. 71) stoppt, aber mit der Rutenspitze sofort zurück Richtung 1:00 oder sogar 12:00 wandert, während sich die Schnur noch nach hinten entfaltet. Dieses weit verbreitete Phänomen, im Englischen *creep* genannt, wird und vom Werfer selbst fast nie erkannt.

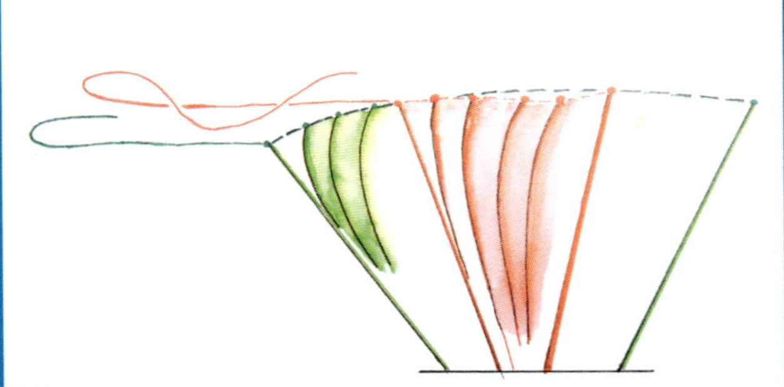

1

Hauptursache für ein Tailing Loop: ein zu kurzer Arbeitswinkel, falsche Beschleunigung und in der Folge ein konkaver Weg der Rutenspitze (rot). Grün wäre richtig.

In jedem Fall fehlt in der Folge etwas Beschleunigungsweg für den Vorschwung. Unwillkürlich spürt das der Werfer aber und versucht häufig, dies durch eine schnelle, etwas hektische, aus dem Ellbogengelenk heraus kommende Anfangsbeschleunigung auszugleichen, die aber oft genug schon wieder bei etwa 11:00 stoppt. Da sich die Rutenspitze durch die anfängliche stärkere Beschleunigung intensiver durchbiegt, aber sehr früh bei 11:00 wieder zurückstellt, beschreibt sie die erwähnte konkave Delle, die das *Tailing Loop* verursacht.

Die richtige Vorbereitung: Achten Sie beim Werfen grundsätzlich auf einen ausreichend großen Arbeitswinkel zwischen 10:00 und 2:00. Wenn die Schnur zu Beginn auf dem Wasser liegt, halten Sie die Rutenspitze auf 8:00 bis 9:00, strecken zuerst die Leine durch Einziehen mit der Hand und Anheben der Rutenspitze bis 10:00 und heben Sie dann ab. Auch ein *C-Pickup* (→ Nr. 72) eignet sich dazu.

Nach einer sauberen Ausführung des *Rückschwungs* (→ Nr. 71) bis 2:00 sollte sich die Schnur in der Luft gerade nach hinten gestreckt haben. Achten Sie auf den *creep* und vermeiden Sie ihn. Das erfordert einiges an Konzentration.

Die korrekte Ausführung: Nun beschleunigen Sie die Rutenhand gleichmäßig nach vorne, die höchste Beschleunigung liegt im letzten Drittel des Weges, möglichst mit richtig eingesetzter *Zugunterstützung* (→ Nr. 73). Stoppen Sie im Moment der Maximalbeschleunigung bei etwa 10:00 und senken Sie anschließend die Rutenspitze nicht weiter als bis 9:00 ab.

TIPP: Es erleichtert das kontrollierte Absenken der Rutenspitze enorm, wenn man den Ellbogen des Rutenarms direkt nach dem Stopp etwas in die Höhe zieht.

Wenn alles gelingt und sich keine anderen Wurffehler im Ablauf verstecken, beispielsweise ein Abknicken des Handgelenks nach hinten (→ Nr. 71), wird die Schnurschlaufe ziemlich perfekt und ohne störende Welle über die Rutenspitze abrollen.

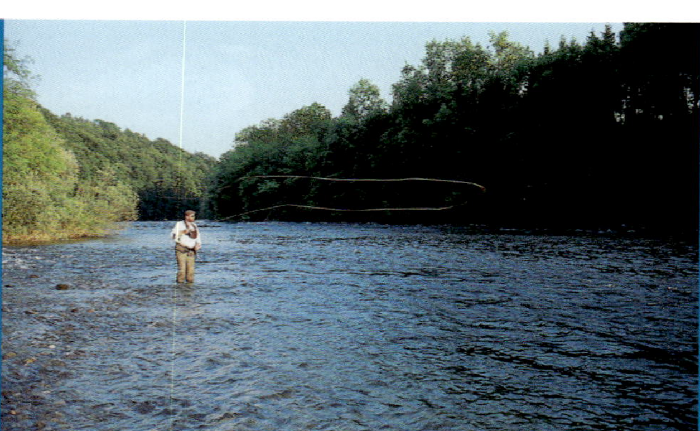

Perfekte Wurfschlaufe ohne jegliche Wellenbildung.

77 Mückenpuppen perfekt präsentieren

Fische in Seen lieben Mücken, vor allem ihre Larven und Puppen. Die entsprechenden Imitationen muss man sehr verhalten bewegen, um ihnen – inmitten der zahlreichen Konkurrenz – etwas echt wirkendes Leben einzuhauchen und einen Fisch zum Anbiss zu verlocken.

Die Lösung: Langsame Achterschlaufen

Es ist nicht ganz einfach, die Präsentation wirklich so langsam durchzuführen, dass die natürliche Grazie einer Mückenlarve oder -puppe erreicht wird. Möglicherweise waren es britische Stillwasserangler, die eine Methode entwickelt haben, mit der sie die Schnur entsprechend langsam einholen können. Eine Technik, die man etwas üben muss, die aber sehr hilfreich ist, wenn man es einmal kann. Sie fangen dabei die Schnur nach und nach mit rollenden Bewegungen der Finger einer Hand ein und speichern sie in der Handfläche in kleinen Achterschlaufen. Dieser Bewegungsablauf lässt sich sehr schwer beschreiben, aber interessanterweise relativ einfach ausführen. In der Regel macht man es intuitiv richtig. Also einfach ausprobieren! Die 5 Finger einer Menschenhand werden nicht umsonst als motorisches Wunderwerk der Natur bezeichnet. Jedenfalls ist die *Figure-of-eight-Methode* eine sehr effektive Vorgehensweise, um aufsteigende Mückenpuppenmuster extrem langsam unter der Wasseroberfläche eines Sees entlangzuführen. In kühlen Seen nördlicher Breite verführt man auf diese Weise Forellen, in wärmeren Gegenden sind es Weißfische oder sogar Karpfen. Versuchen Sie es nicht nur mit Mückenlarven und -puppen, sondern auch mit anderen Nymphentypen.

Am besten mit Schnurkorb: Man kann nur rund 1,5 bis 2 m Schnur in der Hand unterbringen, dann muss man diese Schnurlänge fallen lassen, wenn man weitere Strecke machen will. Also darauf achten, dass der Boden sauber ist und kein »Verhängerisiko« besteht. Besser wäre es, die eingesammelten Längen immer wieder im *Schnurkorb* (→ Nr. 22) zu deponieren.

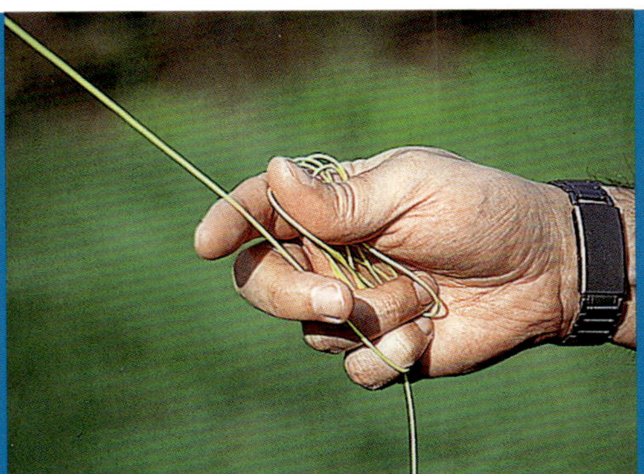

Das Einholen mittels Achterschlaufen sorgt für eine superlangsame Führung der Fliegenmuster.

78 Trockenfliege stromabwärts servieren

In den meisten Fällen wird man eine Trockenfliege gegen die Strömung anbieten. Manchmal geht es aber nur mit der Fließrichtung. Wird die Leine normal gestreckt ausgelegt, spannt sie sich nach dem Ablegen und die Fliege hängt in der Strömung.

Die Lösung: Mit lockerer Leine auslegen

Mehrere Trickwürfe sind möglich:

S-Cast: Die Rutenspitze wird während des Auslaufens der Fliegenschnur seitlich hin und her bewegt. Die Leine fällt in mehr oder weniger ausgeprägten Kurven aufs Wasser und kann einige Meter abdriften, bevor sie sich streckt.

Zurückgestoppter Wurf (Einfacher Fallschirmwurf): Sobald sich die Schnur über dem Wasser in der Luft gestreckt hat, lässt man sie nicht auf die Oberfläche fallen, sondern zieht sie zügig, aber nicht ruckartig mit der Rute zu sich heran beziehungsweise seitlich an sich vorbei (→ 79). Die Fliege fällt weiter stromaufwärts aufs Wasser und hat Platz zum Abtreiben.

Puddle Cast: Bei diesem auch als Österreichischer Fallschirmwurf bekannten Trickwurf wird nach einem hohen Stopp der Rute beim Vorschwung die Spitze zügig bis zur Wasseroberfläche abgesenkt, noch *während* die Schnur nach vorne ausrollt. Die Schnur, die sich direkt vor der Rutenspitze befindet, wird dann als Erstes auf der Wasseroberfläche auftreffen und den Schwung aus dem Rest der abrollenden Leine nehmen. Sie kommt nicht dazu, sich in der Luft zu strecken, sondern sinkt, kleine S-Kurven bildend, kraftlos auf die Wasseroberfläche. Je steiler die Schnur nach oben steigt, desto mehr *Puddle* (dt. Pfütze, weil es ein wenig schlampig aussieht) wird man auf ganzer Länge der Schnur erreichen. Bei einem mehr horizontalen Wurf hingegen legen sich nur die Schnurspitze und das Vorfach in Schlingen ab.

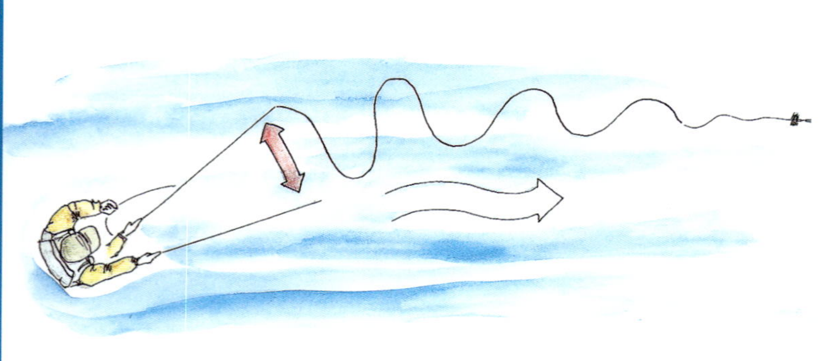

Der S-Cast ist einer jener Spezialwürfe, die ein frischgebackener Fliegenfischer als erstes einüben sollte.

79 Die Funktion des Reach Cast

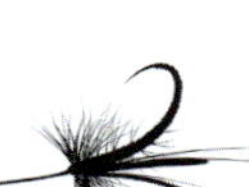

Jeder Fliegenfischer sollte in der Lage sein, Rute und Schnur unabhängig voneinander zu bewegen. Das muss nicht erst in einer typischen Trickwurfsituation sein. Das kann schon bei einer halbwegs gewöhnlichen Schnurablage vorkommen.

Die Lösung: Die Basis für Trickwürfe »legen«

Der *Reach Cast* ist ein Basiswurf für andere Spezialwürfe, etwa den *Bogenwurf* (→ Nr. 81). Er wird beispielsweise angewendet, wenn man vom Ufer aus mit der vom Wasser abgewandten Rutenhand schräg stromauf wirft. Beim normalen Wurf würde die Schnur teilweise auf festen Boden fallen. Soll sie auf ganzer Wurflänge auf dem Wasser abgelegt werden, braucht man den *Reach Cast*. Auch für eine lange Abdrift ohne Furchen der Fliege wird er eingesetzt.

Diese Wurftechnik ist eigentlich nichts anderes als ein mehr oder weniger ausgeprägtes Zurseitelegen von Rute und Schnur *während* des Vorschwungs. In unserem Fall führen wir, *während* die Schnur nach einem normalen, auf das Ziel gerichteten Service durch die Ringe gleitet, die Rute zügig nach links bis über das Wasser und legen dort die gestreckte Leine ab. Wir »reichen« (engl.: *to reach*) die Leine zur Seite. Beim *Reach Cast* ist es ganz wichtig, immer etwa 2 m mehr von der Rolle abgezogene Leine als Reserve zur Verfügung zu haben, als man benötigen würde, um das Ziel zu erreichen. Ansonsten würde die Rute beim seitlichen Umlegen die sich streckende Schnur und damit die Fliege aus dem Zielgebiet reißen. Die Schnurreserve wird *während* des Wurfes freigegeben, damit sie *während* des Umlegens der Rute durch die Ringe gleiten kann. Nach Abschluss des Wurfes, wenn die Fliege schon auf das Wasser sinkt, wäre es zu spät. Das hört sich einfach an, erfordert aber einige Übung.

Diese Technik wenden »altgediente« Fliegenfischer in vielen Situationen zumindest in Ansätzen ganz unwillkürlich an. Die bewusste Ausführung lässt sich schnell lernen und optimieren.

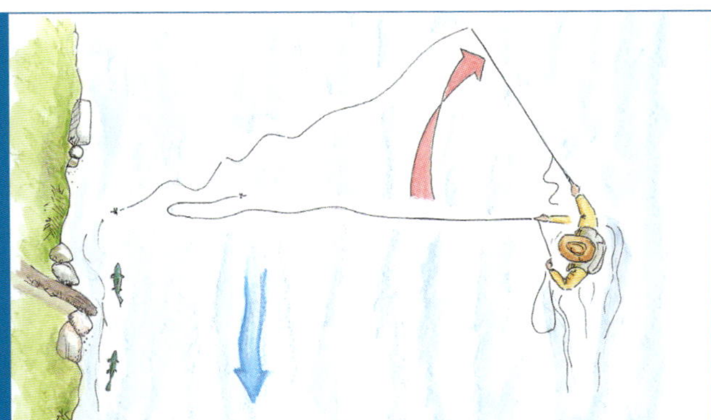

Den Reach Cast sollte jeder Fliegenfischer sicher beherrschen.

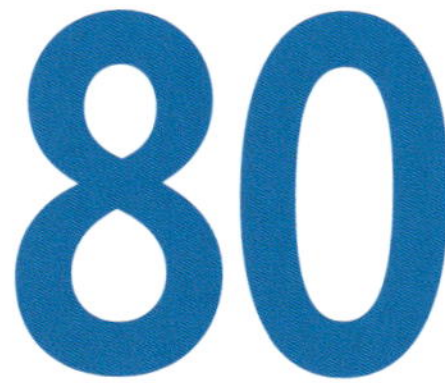

Beschwerte Nymphe in Grundnähe anbieten

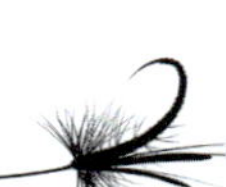

Dazu wird das Muster stromauf angeboten, damit es mit zurücktreibender Schnur absinken kann. Aber der übliche Service mit einem gestreckten Wurf gegen die Strömung reicht bei tieferem Wasser selbst mit einem entsprechend langen Vorfach nicht aus.

Die Lösung: Der Tuck Cast

Eine Nymphe in Grundnähe (→ Nr. 93) fängt Fische, die man mit einer Trocken- oder Nassfliege in den oberen Wasserschichten nicht erreicht. Bei tieferem Wasser benötigt man einen Spezialwurf, denn eine gerade ausgelegte Leine driftet als Einheit mit der Strömung. Das Vorfach wird ebenfalls gestreckt mitgezogen und selbst eine Nymphe mit Tungstenperle bleibt in den oberen Wasserschichten.

Damit das Muster absinken kann, muss das Vorfach entspannt auf das Wasser fallen. Erreicht wird das mit dem *Tuck Cast*. Dabei handelt es sich um einen scharf und hoch ausgeführten Vorschwung, den man im Gegensatz zu einem gewöhnlichen Service härter und abrupt abstoppt und idealerweise in einer scharfen, nach oben gerichteten Handbewegung abschließt. Durch den scharfen Stopp wird ein Impuls über die Leine geführt, der das Vorfach schlagartig im rechten Winkel nach unten einklappen lässt. Damit hierfür genügend Platz vorhanden ist, muss der Vorschwung unbedingt mit etwas nach oben gestrecktem Arm durchgeführt werden. Sonst trifft die Nymphe zu früh auf die Wasseroberfläche.

Haben wir alles richtig gemacht, fällt das Vorfach in losen Kringeln über dem Eintauchpunkt der Nymphe in sich zusammen und die Spitze der Fliegenschnur folgt an der gleichen Stelle. Jetzt kann die Nymphe ungehindert abtauchen und nah am Grund entlang trudeln.

TIPP: Jedes Interesse eines Fisches zeigt sich am *Bissanzeiger* (→ Nr. 102). Das ist aber auch bei Grundberührung so. Man sollte bei jeder ungewöhnlichen Bewegung den Haken setzen, sonst versäumt man die echten Attacken auf die Nymphe.

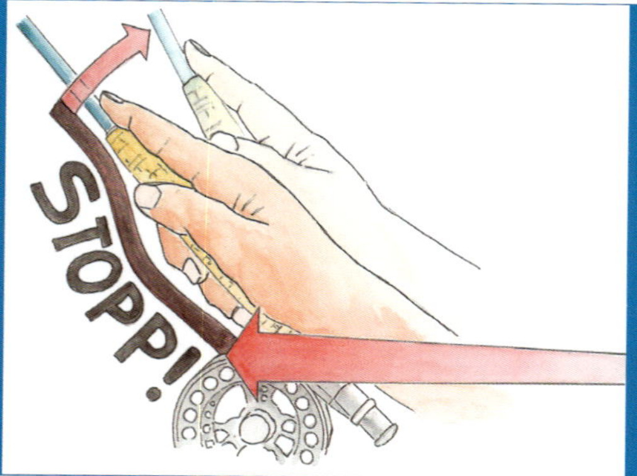

Kennzeichen eines Tuck Cast sind ein deutlicher, abrupter Stopp mit anschließendem »Aufwärtskick«.

81 Service über eine schnelle Strömung

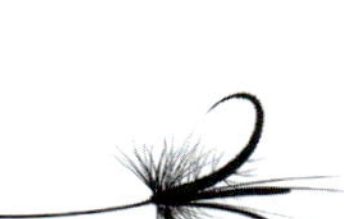

In einem kleinen Fluss entdecken wir eine Forelle in der moderaten Randströmung unter dem gegenüberliegenden Ufer. Wir wollen ihr über die schnellere Strömung in der Flussmitte hinweg eine Trockenfliege präsentieren. Mit einem geraden Service unmöglich.

Die Lösung: Der Bogenwurf

Ein gerader gestreckter Service ist ungeeignet. Die scharfe Mittelströmung würde die Leine sofort nach dem Aufwassern stromabwärts ausbeulen und dabei Vorfach und Fliege mit sich reißen. Eine gute Möglichkeit zur »Überbrückung« ist ein *Bogenwurf* (engl. *Curve Cast* oder *Airmend*), der die Schnur in einer gegen die Strömung gerichteten Kurve auf der Wasseroberfläche ablegt. Dieser Wurf ist prinzipiell eine Erweiterung des *Reach Castes* (→ Nr. 79). Der Viertelkreis für das Zur-Seite-Legen der Schnur wird nun zu einem Halbkreis erweitert. Wie beim Reach Cast brauchen wir etwas zusätzliche Schnurreserve in der Hand, denn sie wird für die Bogenausformung gebraucht.

Die Rute stoppt nach einem normalen Vorschwung quer über den Fluss, die Leine fliegt über die Rutenspitze hinweg nach vorne. *Während* sich die Schnur nach vorne streckt und *während* sie durch die Ringe gleitet, führt man die schräg nach oben zeigende Rutenspitze am langen Arm in einem deutlich ausgeprägten, nach unten führenden Halbkreis gegen die Strömungsrichtung. *Zeitgleich,* also solange die Leine nach vorne durch die Ringe zieht, gibt man auch die Schnurreserve für den Bogen frei.

Am Ende zeigt die Rute wieder nach vorne zum Fisch, allerdings nun schräg nach unten. Die Fliege liegt im Zielbereich, aber die Schnur wurde in einem Bogen stromauf auf die Wasseroberfläche abgelegt. Dieser Bogen sorgt für reichlich lockere Leine. Damit muss sich die Strömung erst einmal beschäftigen, bevor sie am Vorfach zerren kann.

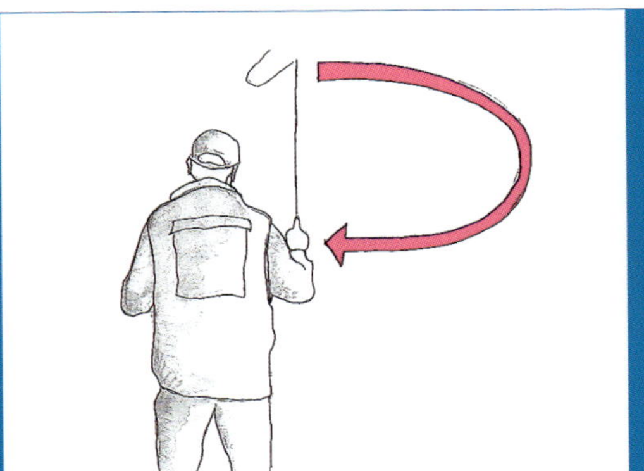

Bogen stromaufwärts. Der seitwärts geführte Vorschwung beginnt mit erhobener und endet mit gesenkter Rutenspitze.

82 Die Schnur richtig kontrollieren

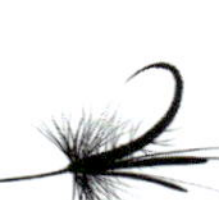

Unterhält man sich mit anderen Fliegenfischern über Techniken und Taktiken, dauert es meist nicht sehr lange und es fällt der Begriff menden. Oft sehr ausführlich. Wie funktioniert diese zentrale Technik und wozu genau dient sie?

Die Lösung: Das Menden der Schnur

Englisch *to mend* bedeutet *verbessern*. Es handelt sich dabei um das Umlegen der auf dem Wasser liegenden Schnur. Es gibt verschiedene Gründe für das Menden. Stromauf oder stromab durchgeführt, erzielt man unterschiedliche Effekte. Aber es geht immer darum, das Driftverhalten einer Fliege günstig zu beeinflussen. Meistens steht die Absicht dahinter, der von der Strömung verursachten lästigen Schnurspannung entgegenzuwirken, die unsere Fliege über die Wasseroberfläche furchen beziehungsweise dreggen lässt.

Die häufigsten Fehler: Viele Fliegenfischer machen beim Menden einen grundsätzlichen Fehler. Sie warten zu lange, bis sie die ausbauchende Schnur korrigieren. Sie versuchen erst dann, die Schnur mit kräftigem Schwung umzulegen, wenn sich bereits ein deutlicher Bogen stromabwärts gebildet hat 1. Dann werden aber auch Fliege und Vorfach mitgerissen.

Für eine gute Mendetechnik sind grundsätzlich 3 wichtige Regeln zu beherzigen:

1. Die Rute nicht zu weit absenken. Je weniger Leine auf der Wasseroberfläche liegt, desto weniger muss man davon lösen.
2. Mit der Rutenspitze der abtreibenden Schnur folgen, um eine möglichst gerade Linie zur Fliege zu halten.
3. Frühzeitig beginnen zu menden, um das Ausformen eines größeren Bauchs zu verhindern.

Der letzte Punkt ist der wichtigste: Bei einem zu großen Bauch gelingt der *Mend* nur auf den ersten Metern vor der Rutenspitze. Es entsteht

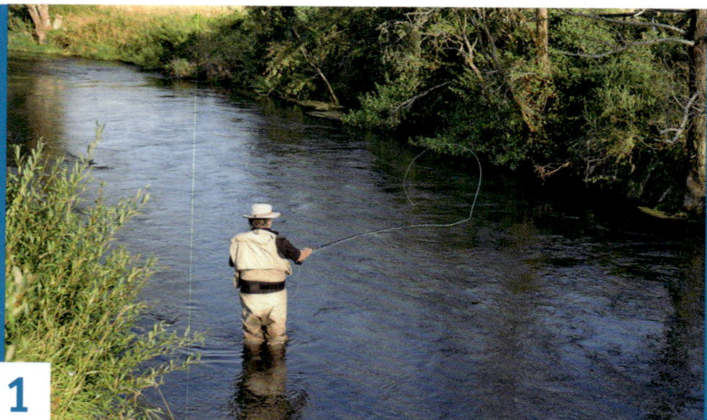

1

Hier wird die Schnur stromaufwärts gemendet, um die Drift der Fliege zu verlangsamen.

bestenfalls eine unbrauchbare S-Kurve, die meist den Zug auf die gesamte Leinenlänge noch verstärkt. Dieser setzt sich bis zum Vorfach und der Fliege fort und reißt sie aus Bahn und Position.

Der Korridor als Grundlage: Eine gut nachvollziehbare Beschreibung, wie man es richtig macht, liefert der US-amerikanische *Flyfishing-Guide Eric Stroup* in seinem Buch *Common Sense Fly Fishing*. Er definiert einen rund 1,5 bis 2 m breiten Bereich, den sogenannten *Korridor*, der sich an der Leine entlang von der Rutenspitze bis zur Fliege erstreckt **2**.
Dieser Korridor ergibt sich aus 2 wichtigen Maximen:

1. Er definiert einen möglichst geradlinigen, nicht zu breiten Bereich, in dem wir die locker, aber trotzdem relativ gestreckt auf dem Wasser treibende Leine halten wollen, um bei dem Anbiss eines Fisches schnell reagieren zu können.
2. Nur innerhalb dieses relativ beschränkten Raums kann die entsprechend nur schwach ausgebauchte Schnur effektiv umgelegt, also gemendet werden, weil beim Anheben der Rute *sofort positiver Druck* auf die Leine ausgeübt wird. Bei einem den Korridor überschreitenden, großen »Schnurbauch« wäre dies nicht mehr möglich.

Richtig menden: Damit die Schnur innerhalb des Korridors bleibt, müssen während der Abdrift laufend mit der Rutenspitze kleine, der Strömungsgeschwindigkeit angepasste »Mendeschwipps« ausgeführt werden. Somit wird die Schnurposition vor der Rute ständig korrigiert, und ein größerer Schnurbauch kann gar nicht erst entstehen. Die Leine bleibt innerhalb des Korridors in kleineren Kurven locker auf dem Wasser liegen und die Fliege kann weiter natürlich abdriften.

Besser nicht: An falscher Stelle ausgeführt kann das Menden ein erheblicher Störfaktor sein. In ruhigen, langsam strömenden Zügen sollte man es wegen der nicht zu vermeidenden Beunruhigung der glatten Wasseroberfläche eher unterlassen. In diesem Fall wird es eher die Fische vertreiben, als dass es hilft, einen zu überlisten. Hier ist es besser, die Schnur gegebenenfalls gleich unter Verwendung eines zur Situation passenden Spezial- oder Trickwurfes (→ z. B. Nr. 79+81) entsprechend abzulegen.

Hinweis: Eine WF-Leine lässt sich nur im Bereich der Keule menden, eine durchgehend gleichmäßig dicke DT-Leine dagegen auch weiter hinten (→ Nr. 15).

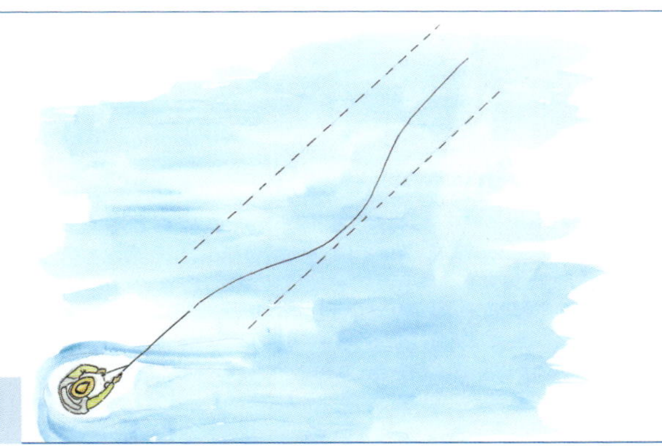

2 *Moderater Schnurbauch innerhalb des »Korridors«. Während des Abdriftens der Schnur diese öfters menden, um im Korridor zu bleiben.*

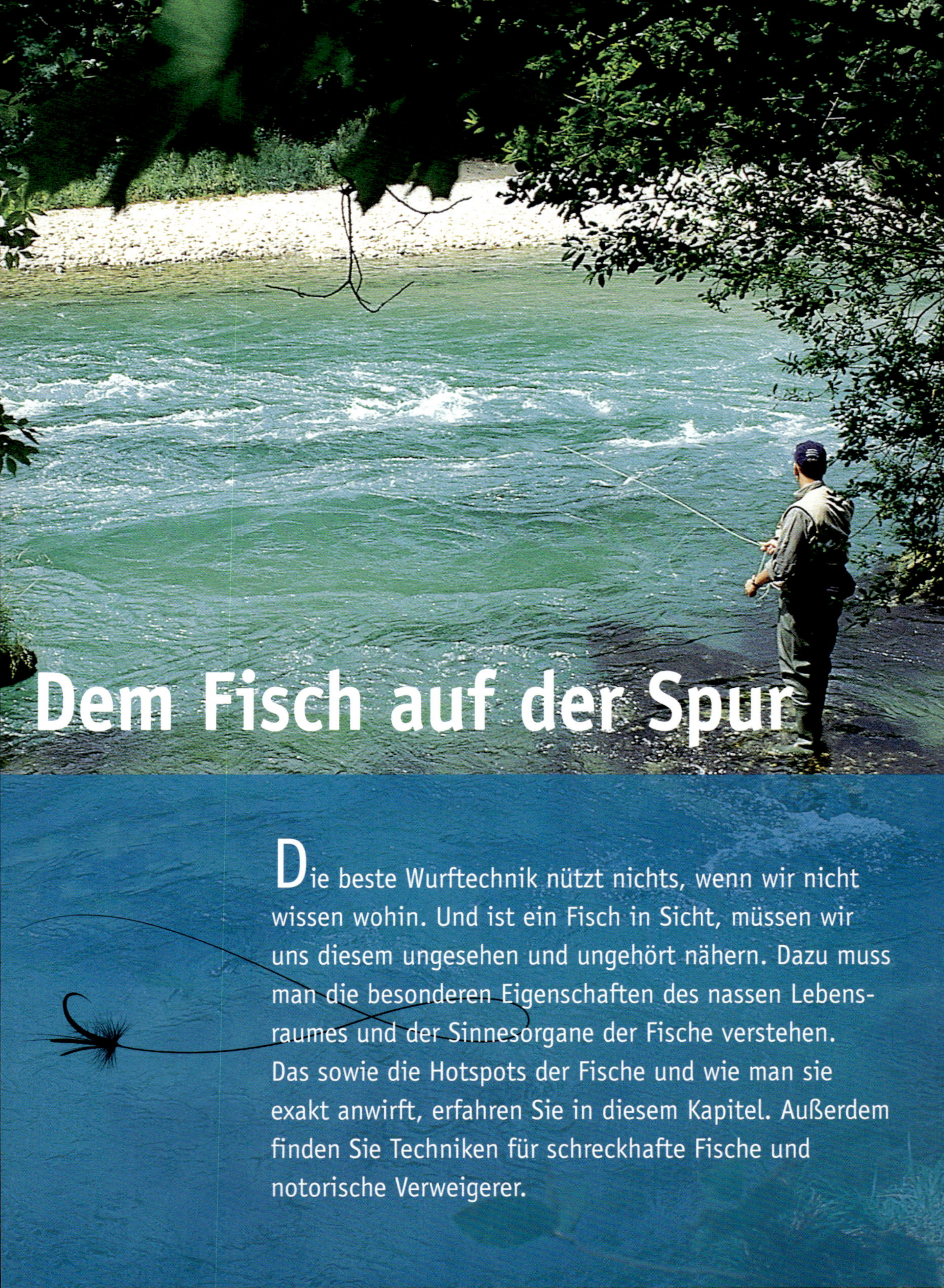

Dem Fisch auf der Spur

Die beste Wurftechnik nützt nichts, wenn wir nicht wissen wohin. Und ist ein Fisch in Sicht, müssen wir uns diesem ungesehen und ungehört nähern. Dazu muss man die besonderen Eigenschaften des nassen Lebensraumes und der Sinnesorgane der Fische verstehen. Das sowie die Hotspots der Fische und wie man sie exakt anwirft, erfahren Sie in diesem Kapitel. Außerdem finden Sie Techniken für schreckhafte Fische und notorische Verweigerer.

83 Sitzen beim Fliegenfischen

Als Fliegenfischer entwickeln wir oft die Unruhe eines flott dahinstrebenden Wandervogels. Wartet nicht hinter der nächsten Flusskurve eine noch bessere Chance? Sitzen ist beim Fliegenfischen eher unüblich, aber keineswegs per se falsch.

Die Lösung: Unauffällig bleiben

Viele haben das Fliegenfischen begonnen, weil sie eben nicht mehr nur auf einem Stühlchen reglos wartend den Biss eines Fisches abwarten wollen. Vielleicht ist das aber gar nicht so schlecht... Wer schon nach dem dritten fruchtlosen Wurf weiterhetzt, wird wohl keinen besseren Platz finden. Wenn man dann noch bei jedem Wurfstopp hoch aufgerichtet unmittelbar am Ufer die Rute schwingt, wird sich das auch bei den Fischen herumsprechen. Das Problem liegt also nicht am Standort, sondern an der mangelhaften Geduld oder sagen wir »Standfestigkeit« des Fischers. Und da kann ein Hocker gute Dienste leisten.

Zu viel Bewegung verscheucht die Fische: Ein entspannter Fliegenfischer nimmt sich Zeit für längere Beobachtung und geht am Ufer auch in die Knie oder in die Hocke, damit sich seine Silhouette nicht gegen den Himmel abhebt. Nicht von ungefähr heißt es, dass 10% aller Fischer 90% aller Fische fangen. Vermutlich legen die erfolgreichen 10% auch nur rund 10% der Laufstrecke eines Durchschnittsfischers zurück. Ich denke da an eine Reise nach Mittelnorwegen an den Hemsila-Fluss, bekannt für seine großen Bachforellen. Die Fliegenfischer dort saßen sogar in Gruppen auf Holzbänkchen und beobachteten das Wasser mit stoischer Geduld, statt die Fische durch Werfen oder Waten zu beunruhigen. Sie wussten, diese würden hier irgendwann zu steigen beginnen.

Die Beobachtungsfähigkeit wieder trainieren: Seither ist ein leichter, einfacher Klapp-Campinghocker oft auch mein treuer Begleiter, denn länger mehr oder weniger bewegungslos am Boden zu kauern kann schnell unbequem werden. Auf dem Hocker sitzt es sich recht kommod, und der entspannte Blick nimmt viel mehr wahr. Eine plötzliche leichte Welle unter einem Busch, eine Eintagsfliege, die in einem fast nicht wahrnehmbaren Ring verschwindet... Fische, die ich sonst übersehen hätte, gezielt anzuwerfen, gelingt aus dem Sitzen heraus auch oft sehr unauffällig.

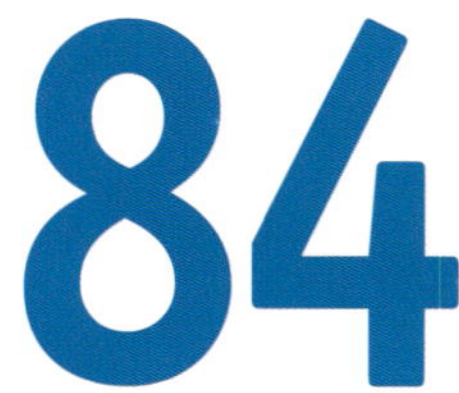

Unkomplizierter Standortwechsel

Beim »Pirschgang« am Wasser will man Schnur, Vorfach und Fliege aufgeräumt haben und nicht ständig in den Zweigen hängen bleiben. Bei komplett aufgerollter Schnur ist es umständlich und für den Fisch auffällig, wieder in Einsatzbereitschaft zu kommen.

Die Lösung: Der schnelle Einsatz

Normalerweise steckt für einen Ortswechsel die Fliege in der Fliegenöse über dem Griff und die Schnur ist straff aufgerollt und an die Rute gelegt. Der Übergang von Fliegenschnur zu Vorfach ist zwischen die Ringe gerutscht, vermutlich bekommt der steife Vorfachbutt nun auch noch einen Knick. Entdeckt man einen Fisch, sind zahlreiche Schritte notwendig und das Risiko, dass der Fisch flüchtet, ist hoch: Man stellt die Rute auf den Boden. Die Finger einer Hand ziehen den Übergang von Vorfach zur Fliegenschnur aus dem Spitzenring. 2 Finger nehmen die Fliege aus dem Ring und halten sie erstmal fest. Die Wurfhand greift um den Rutengriff. Die Fliege wird losgelassen und die Rute geht in den Rückschwung …

Die von dem amerikanischen Berufsguide *Landon Mayer* beschriebene Methode *Schneller Einsatz* geht tatsächlich um einiges zügiger und ist weitaus effizienter.

Beim Aufräumen vor einem Standortwechsel gehen Sie folgendermaßen vor:

1. Ignorieren Sie die kleine Einhängeöse und hängen Sie die Fliege in einen weiter oben liegenden Schlangenring ein, bis die Fliegenschnur-Vorfachverbindung noch mindestens 50 cm aus dem Spitzenring ragt.
2. Dann legen Sie das Vorfach in einer Schlinge auf der Rückseite des Rollengehäuses herum **1**. Machen Sie das bitte nicht auf der Vorderseite, wo das Monofil zwischen Spulen- und Gehäuserand durchrutschen könnte.
3. Leine und Vorfach nun mit ein paar Kurbelumdrehungen vorsichtig straffen.

Nach dem Entdecken eines Fisches halten Sie die Rute in Wurfrichtung schräg nach oben. Jetzt sind nur folgende Schritte nötig:

1. Greifen Sie das um die Rolle gelegte Vorfach mit 2 Fingern, nehmen es ab und lassen es von der Rutenspitze bis zu der im Ring steckenden Fliege bauchartig durchhängen **2**.
2. Klopfen Sie mit 2 gestreckten Fingern von oben zweimal herzhaft auf den Rutenblank **3**. Wie von Zauberhand springt die Fliege aus dem Ring **4**.

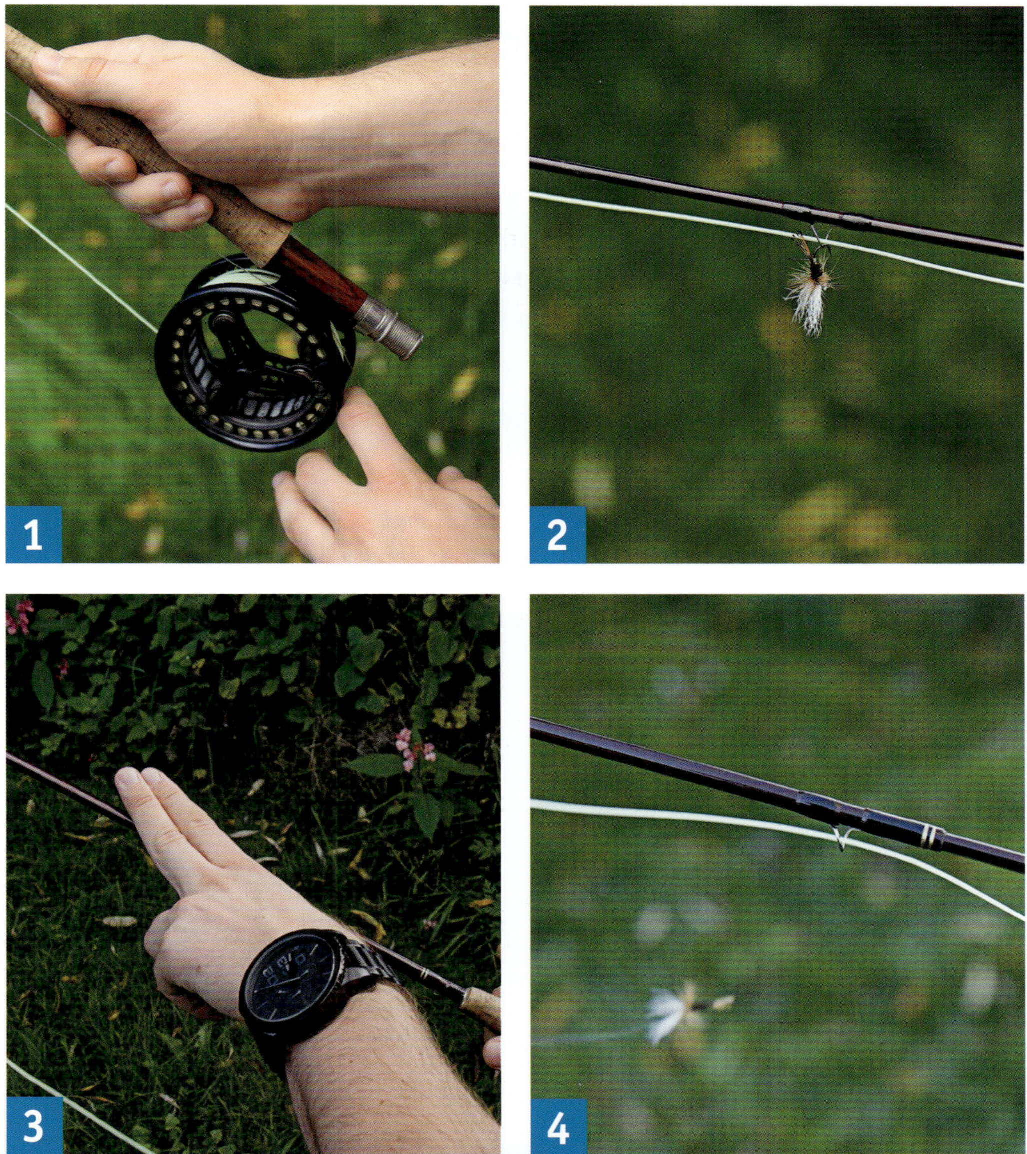

Mit dem schnellen Einsatz ist die Fliege innerhalb von Sekunden einsatzbereit. Heben Sie die Rute sofort fließend in den Rückschwung, dabei ziehen Sie mehr Leine aus der Rolle und lassen sie aus den Ringen gleiten. Mit wenigen kurzen, schnellen Leerwürfen (→ Nr. 88) verlängern Sie dann die Leine und servieren dem Fisch Ihre Fliege.

85 Geräuscharm im Wasser bewegen

Hüfthohe Gummistiefel und ganz besonders eine richtige Wathose erlauben uns, teilweise weit in das Reich der Fische vorzudringen. Manchmal hat man den Eindruck, es wird auch übertrieben. Und in bestimmten Situationen kann man nicht vorsichtig genug vorgehen.

Lösung: Waten wie ein Graureiher

Zum Gehörsinn der Fische: Ein Fisch hat keine Ohren, wie wir sie kennen, weil er sich bereits in einem Medium befindet, das den Ton in besonders intensiver Weise trägt. Fischohren sieht man zwar nicht von außen, sie sind aber »überall«, denn ein Fisch nimmt die Schallwellen über die Seitenlinien und über innenliegende flüssigkeitsgefüllte Röhrchen wahr. Alle »Töne«, die ihn in seiner Unterwasserwelt erreichen, kann er damit viel genauer orten, als es Landlebewesen jemals möglich wäre.

Es ist wirklich eine Herausforderung, sich an Fische heranzuschleichen, sobald man ihre Welt betritt. Töne oberhalb der Wasserfläche finden dagegen keine Übertragung ins Wasser. Sprechen birgt also, anders als viele behaupten, keine Gefahr. Schlecht sind alle Geräusche, die direkt im oder in Verbindung mit dem Wasser entstehen.

Leise Waten: In der schnellen, unruhigen Strömung eines Gebirgsbaches übertönen die natürlichen Nebengeräusche und Vibrationen unser unvorsichtiges Watverhalten. Aber in ruhigen, langsam strömenden Bereichen ist das Knirschen der Watschuhe auf Kies oder das Schlagen der Metallspitze eines Watstockes gegen Steine äußerst kontraproduktiv. Auch wenn uns der Fisch vielleicht nicht sehen kann, er wird uns bei ruhigen Wasserbedingungen sicher »hören« und fühlen, falls wir uns nicht entsprechend vorsichtig verhalten. Das sollten wir beim Waten immer bedenken.

Das Bild zeigt einen sehr sensiblen Bereich: flaches, träge strömendes Wasser. Der dem Angler nachfolgende Guide hebt die Füße wie ein Fischreiher und taucht sie steil von oben wieder ein, um jede auffällige Wellenbildung zu vermeiden.

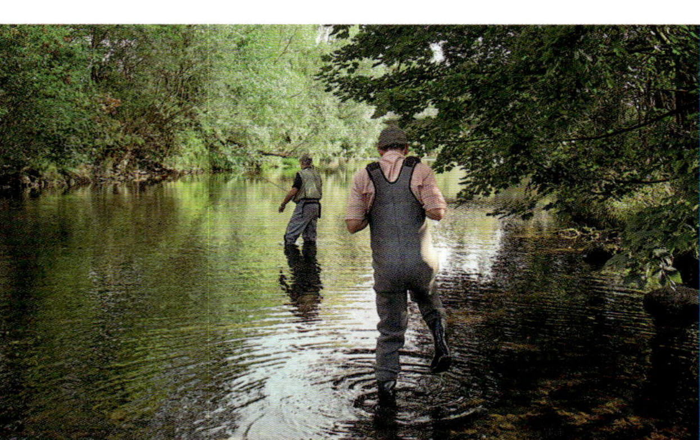

Sprechen dürfen die beiden ganz normal miteinander.

86 Das Sichtfeld des Fisches

Im klaren Wasser erspäht man einen Fisch in der Tiefe. Beim Nähertreten verschwindet er. Ein anderer schwebt knapp unter der Oberfläche und sammelt ungerührt antreibende Insekten ab, obwohl wir ihn schon fast mit der Rutenspitze anstupsen könnten. Wie gibt es das?

Die Lösung: Je tiefer, desto besser

Sobald ein Lichtstrahl schräg auf das Wasser trifft, verändert sich seine Richtung. Die Stärke der Brechung hängt vom Einfallwinkel ab. Der geringste Winkel, mit dem Licht noch in das Wasser eindringen kann, liegt bei 10°. Noch flacher einfallendes Licht wird bis auf wenige Reste im gleichen Winkel wegreflektiert.

Fischperspektive: Der Fisch nimmt nach oben blickend an der Wasseroberfläche, vorausgesetzt sie ist ohne Wellen, einen kreisrunden Ausschnitt der »Überwasserwelt« wahr. Das ist sein »Fenster«, das sich für ihn von seinen Augen ausgehend in einem Winkel von knapp unter 100° öffnet und über dem Wasserspiegel einen etwas komprimierten und leicht verzerrten Ausschnitt von immerhin 160° erfasst. An der Oberfläche hat der Fisch nur ein sehr kleines Fenster zur Verfügung, das sich aber vergrößert, je tiefer er sich in der Wassersäule befindet. Zwar nimmt die Deutlichkeit der Abbildung dann ab, und wenn wir uns vorsichtig genug verhalten, wird uns der Fisch in diesem Fenster nicht als Störung empfinden. Geben wir uns allerdings mit entsprechend aktiver Bewegung von Rute und Armen deutlich als Fliegenfischer zu erkennen, wird er dies als Gefahr einordnen. Es könnte sich ja auch um den Flügelschlag eines Fischadlers oder Kormorans handeln. Deswegen sollten wir öfters an einen Seitenwurf mit abgesenkter Rute denken und unsere Körpergröße verkleinern (→ Nr. 83). Das alles gilt vor allem für eine spiegelglatte Wasseroberfläche. Je unruhiger und turbulenter sie ist, desto mehr ist dem Fisch der Blick in unsere Welt verstellt. Wir können dann allerdings auch nicht in die seine hineinsehen.

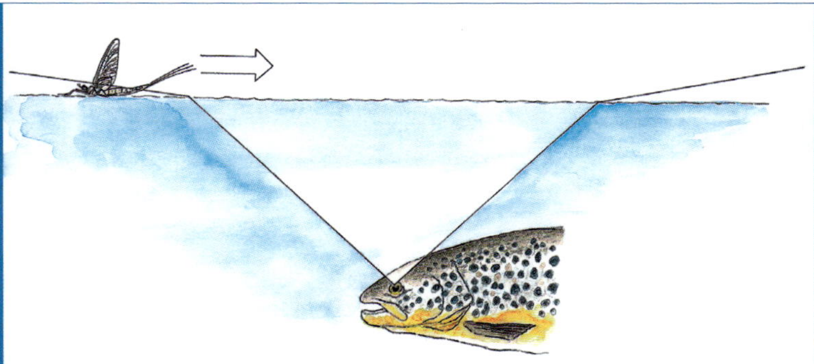

Das Fenster des Fisches: Je tiefer der Fisch steht, desto größer sein »Ausblick«. Vorausgesetzt, das Wasser ist klar und die Oberfläche ruhig.

87 Wo findet man die Fische?

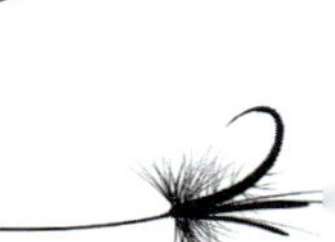

Vor dem erfolgreichen Fang ist eines noch unverzichtbar: Man muss die Natur des Fisches verstehen, um herauszufinden, wo ihre Lieblingsstandorte, sogenannte Hot Spots an Bach und Fluss, liegen, und wissen, wie man sie am besten befischt.

Die Lösung: Hot Spots erkennen und befischen

Gumpen und Kolke sind die verheißungsvoll schimmernden, von einer unermüdlichen Strömung ausgeschürften tiefen Löcher im Flussbett, wo selbst bei klarem Wasser kein Grund mehr zu erkennen ist. Im eleganten Fliegenfischerenglisch werden sie auch *Pool* genannt. Vor allem tagsüber bei hellem Licht ziehen sich größere Fische schutzsuchend in die Tiefe zurück.

Hier kann man es immer mit einer beschwerten Nymphe (→ Nr. 93) versuchen und dann hin und wieder sogar bei senkrecht stehender Mittagssonne erfolgreich sein. Besonders interessant ist vor allem der Bereich oberhalb des Pools, wo das schnelle Wasser hineinströmt. Die besondere Strömungsdynamik am Beginn des Kolkes hat hier eine Abbruchkante in die Tiefe geschaffen. Im tieferen und ruhigeren Wasser darunter warten die Fische, nur um sofort emporzuschießen, sobald ein attraktiver Leckerbissen über die Kante treibt. Stromab lasse ich gerne eine Nassfliege oder Nymphe über diese Linie schwingen. Fische ich gegen die Strömung, werfe ich schräg bis ins flachere Wasser oberhalb der Abbruchkante und lasse die beschwerte Nymphe möglichst ungehindert ins Tiefe absacken (→ Nr. 80). Bei dieser Methode ist ein *Bissanzeiger* (→ Nr. 102) am Vorfach hilfreich. Passiert an der Kante nichts, treibt die weiter absinkende Nymphe an mir vorbei Richtung Gumpenmitte. Am Ende der Drift streckt sich die Schnur und zieht ähnlich wie beim Nassfliegenschwung zu unserer Seite herüber. Dabei steigt die Nymphe aus der Grundnähe zur Oberfläche auf. Viele Fische können dann nicht widerstehen und greifen beherzt zu.

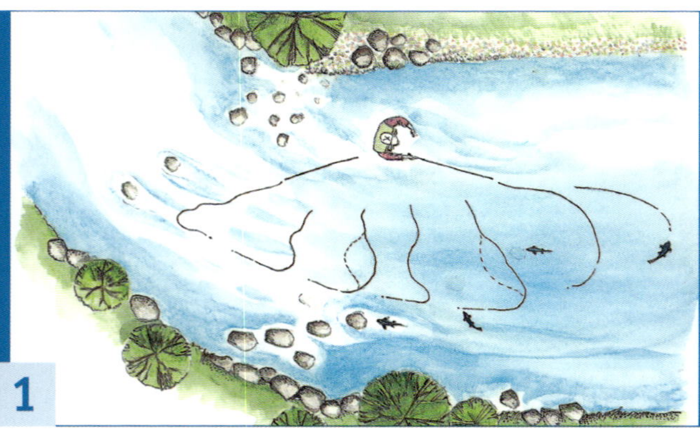

1

Mit Nymphe und Bissanzeiger stromab in einen Gumpen. Die Bisse kommen meistens beim Herumschwingen der Leine und Aufsteigen der Nymphe.

Züge, Rauschen, Rieselstrecken: Wie ist es an einer gleichmäßigen, für unser Auge eher konturlosen Fließstrecke? Wenn sich an der Oberfläche keine Fische zeigen, suche ich das Wasser systematisch mit der Nassfliege und dem klassischen Nassfliegenschwung (→ Nr. 97) ab: Ich lege die Leine schräg stromab aus und lasse sie herumschwingen. Vor jedem folgenden Wurf gehe ich einen Schritt weiter stromab. Die Fliege, zum Beispiel ein *Spider-Muster* mit nicht zu dichter Rundumbehechelung, driftet im Halbkreis über das Flussbett und gerät so in das Sichtfeld eines jeden Fisches in diesem Bereich.

Das klappt auch in flacheren Rauschen und Rieselstrecken über steinigem, verblocktem Grund. Vor allem in der heißen Jahreszeit finden Forellen in dem unruhigen, sprudelnden Wasser den notwendigen Sauerstoff. Sie drücken sich gerne in kleine Vertiefungen, oft mit kaum einer Handbreit Wasser über dem Rücken. Neben der Nassfliege, die hier wegen des unruhigen schnellen Wasser etwas deftiger ausfallen darf, führt oft eine deutlich sichtbare über und durch die Wellen tänzelnde Trockenfliege zu überraschend positiven Ergebnissen.

Hindernisse: Zusammengeschwemmtes und ineinander verkeiltes Treibholz bietet den Fischen immer Einstand und Nahrung. An dem versunkenen Holz entwickeln sich viele Insektenlarven, die Fischbrut versucht, sich dazwischen zu verstecken, und von oben fällt allerlei Kleingetier herunter. Außerdem bricht es die Strömung, das spart Energie. Hier stellt sich gerne die eine oder andere größere Forelle ein. An so einem beliebten Hot Spot kann alles gehen: trocken oder nass. Aber mein erster Tipp wäre ein kleiner Streamer, etwa der universelle *Woolly Bugger*. Knapp vor das Hindernis präsentiert und dann durch Heben der Rutenspitze rasch davon weggezogen, findet er sicher schnell einen Liebhaber.

Große Steine, vor allem wenn sie aus dem Wasser ragen, fallen sofort ins Auge. Überspülte Steine sind aber fast noch besser. Meistens konzentrieren wir uns gerne auf den Bereich unterhalb des Steines. Aber den Platz »vor« dem Stein sollten wir nicht vergessen. Hier schwebt der Fisch bequem in einem Strömungskissen und genießt beste Übersicht über die herantreibende Nahrung. Ein schwierig zu befischender Standplatz? Nicht unbedingt. Vorschläge siehe **2**.

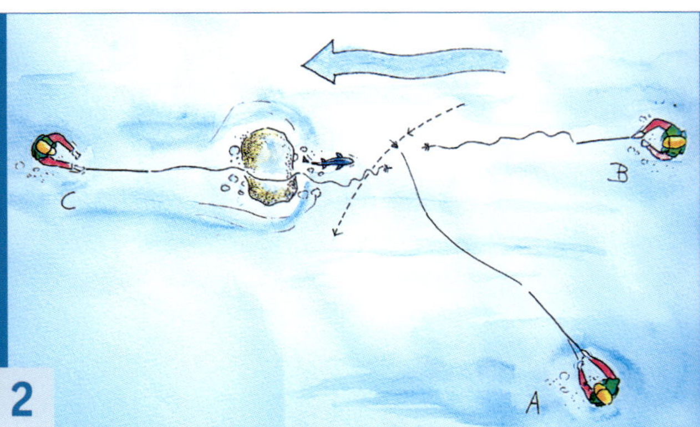

A *Nassfliege vor dem Stein.*
B *Lockere Stromab-Drift einer Trockenfliege.*
C *Service gegen die Strömung über den Stein.*

Sohlschwellen wurden in vielen schnellfließenden Gewässern zur Strömungsberuhigung eingebaut. Oberhalb befindet sich ein langsamerer Staubereich, der oft sehr gute Fische beherbergt. Auch hier nützen die Fische das Strömungskissen vor den Steinen. Gut funktionieren die Nassfliege, ein Streamer oder eine zuerst locker abtreibende und im Abschluss geschlitterte etwas größere Trockenfliege, eine *Chernobyl Art* oder ein ähnliches *Hopper-Muster*.

Der Staubereich von Sohlschwellen lässt sich eigentlich nur vernünftig in stromabwärtiger Richtung befischen, da man hier gleichmäßige Strömungsverhältnisse vorfindet. Der klassische Nassfliegenschwung (→ Nr. 97) ist ideal, um die Fliege an der Linie der Steine vorbeidriften zu lassen. Das kann man auch mit einem Streamer (→ Nr. 95+101) machen, dem man dann mit kurzem Zupfen an der Schnur noch zusätzliches Leben einhaucht.

Uferbäume: Weiden oder Erlen werden auch »Wasserhölzer« genannt, weil sie gerne unmittelbar am Ufer wachsen. Die Wurzelstöcke alter Exemplare sind oft unterspült und die vorhandenen Hohlräume werden mitunter von respektablen Bachforellen bewohnt. Auch die langen überhängenden Äste der ausladenden Kronen bieten den Fischen Schutz. Mein Tipp für diese Hot Spots: Eine leicht beschwerte Nassfliege oder einen Streamer unter die Äste driften lassen und mit der Rutenspitze zum Leben erwecken.

Kehrwasser entstehen durch Uferausbuchtungen oder am Rand eines Gumpeneinlaufs. Hier fängt sich die Strömung und beginnt zu kreisen. Kehrwasser oder Rückläufe wirken wie Sammelkörbe. Bei einem stärkeren Insektenschlupf treiben dort die Fliegen teilweise in dicken Klumpen hilflos im Kreis. Die Fische müssen sie nur von der Oberfläche absaugen.

An solchen Stellen mit einem derartigen Überangebot an Eintagsfliegen ist es manchmal besser, eine Nymphe oder Nassfliege als Kontrastangebot unter der Wasserlinie zu servieren. Aufpassen: Nicht hoch aufgerichtet ans Ufer treten, die Fische sind auf der Hut. Wer sich unvorsichtig direkt von der Seite her annähert, wird vermutlich eher leer ausgehen.

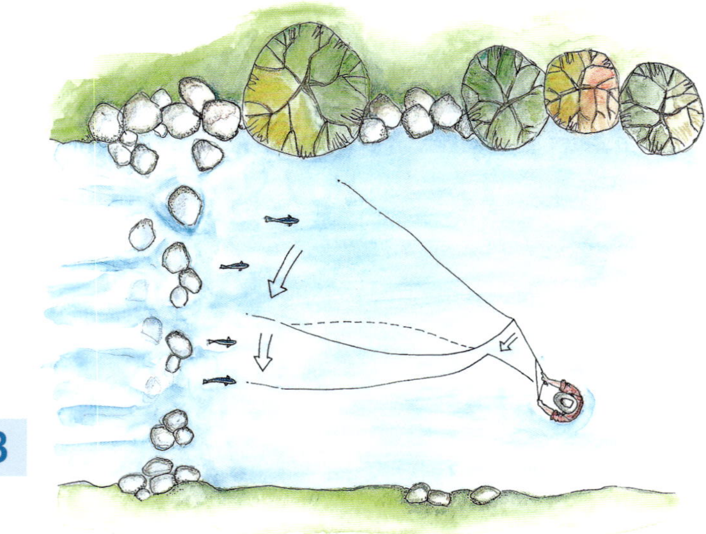
3

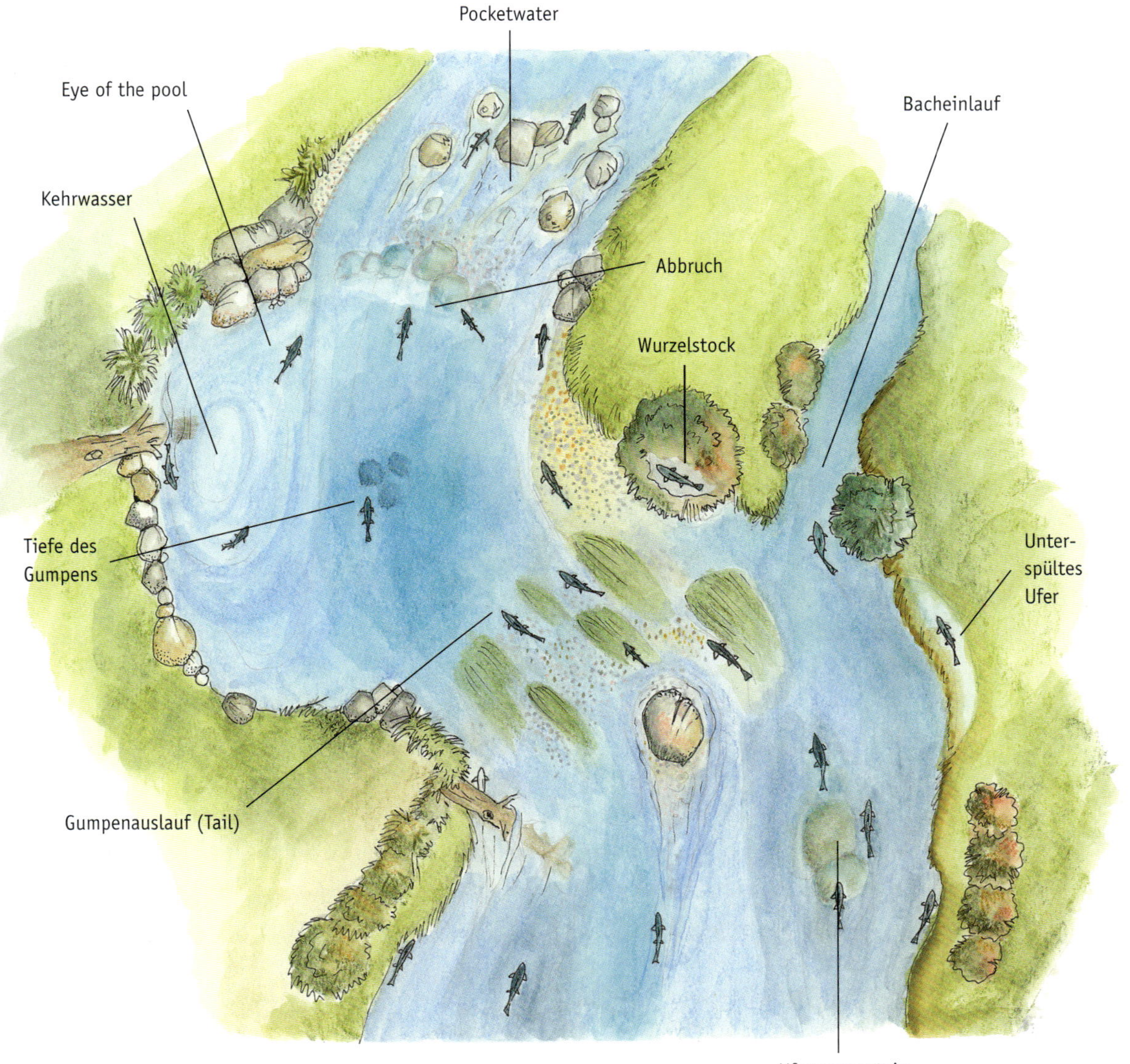

Die besten Standplätze im Überblick: Je mehr Strukturen ein Fließgewässer aufweist, desto besser. Große Steine, Krautbänke, Totholz, unterspülte Ufer oder Wurzelstöcke von Uferbäumen bieten den Fischen Schutz vor dem Kampf mit der Strömung, aber auch vor Konkurrenten oder Feinden, wie Kormoran oder Fischotter. Wenn wir wissen, wo wir die Fische suchen müssen, haben wir einen Vorteil. Dann kommt es darauf an, die Fliege auf die richtige Weise anzubieten.

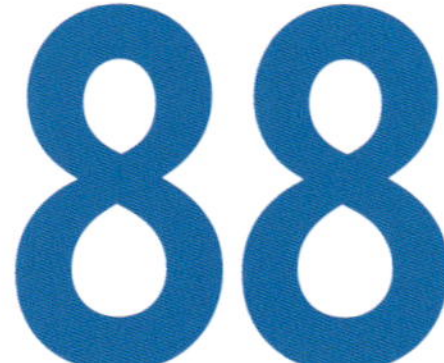

Die exakte Präsentation zum Fisch

Es passiert immer wieder. Man entdeckt einen aktiven Fisch und will ihn sofort anwerfen. »Auf gut Glück« wird Leine von der Rolle gezogen, es folgen etwas hektische Rutenbewegungen … Schließlich lässt man sie auf das Wasser fallen und stellt fest, dass sie zu kurz war.

Die Lösung: Überlegt und unauffällig

Erst nach mehreren Versuchen direkt vor und über der Nase des Fisches findet man endlich die richtige Schnurlänge. Der Fisch ist längst verschwunden. Wilde, in einem Gewässer aufgewachsene Fische sind alte Hasen, die einen unvorsichtigen Angler schnell erkennen. Will man sie überlisten, sollte die finale Präsentation der Fliege zum Fisch mit einem Wurf gelingen.

1. Die richtige Länge unbemerkt abmessen: Eine gute Position einige Meter schräg unterhalb des Fisches einnehmen und die notwendigen Testwürfe durchführen. Falls man für die zielgenaue Präsentation einer Fliege erst noch Schnur verlängern muss, ist es immer besser, die erforderlichen Leerwürfe nicht direkt in Richtung Fisch durchzuführen.

2. Fliege exakt präsentieren: Ich ziele nicht auf, sondern vor den Fisch. Steht er knapp unter der Wasseroberfläche, halte ich etwa 50 cm vor, steht er tiefer, verlängere ich um 1 bis 1,5 m. Je tiefer er steht, desto früher sieht der Fisch die Fliege herandriften (→ Nr. 86). Aber nicht übertreiben: Nur so weit vorhalten, wie es die Situation erfordert, denn je länger die Drift, desto mehr Möglichkeiten für Störungen gibt es.

3. Neue Anläufe unauffällig vorbereiten: Der Fisch hat nicht genommen. Jetzt nicht zu früh abheben und den Fisch dadurch warnen. Ich warte, bis sich die Fliege mindestens 1 m, bei ruhiger Oberfläche auch 2 m hinter seiner Schwanzflosse befindet. Dann straffe ich vorsichtig die Leine, ziehe sie auf mich zu und hebe sie dann mit einem unauffälligen *C-Pickup* (→ Nr. 72) ab.

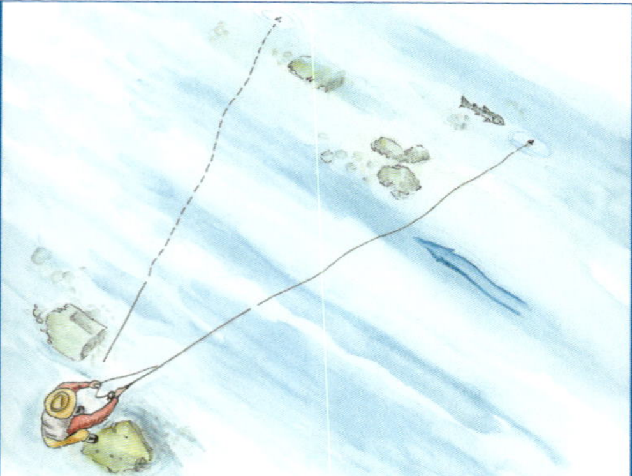

Stromab von dem Fisch kann ich die Länge mit wenigen Leerwürfen und Ablagen auf dem Wasser anpassen und ziemlich genau abschätzen. Dann ändere ich die Richtung und setze die Fliege gezielt vor den Fisch.

89 Das richtig »gestreckte« Vorfach

»Das Vorfach muss sich bei der Ablage einer Trockenfliege unbedingt strecken!« – Dieses Dogma bekommt man ziemlich oft zu hören. Gerade Anfänger verstehen das leicht falsch und glauben, das Vorfach müsste sich schnurgerade auslegen.

Die Lösung: Sauber, aber locker

Würde man es tatsächlich hinbekommen, dass sich das Vorfach maximal gestreckt ablegt, würde die Fliege umgehend von der gespannten Schnur und dem gestreckten Vorfach auf unnatürliche Weise durchs Wasser gezogen. Sie würde mit einer kleinen Welle durch den Oberflächenfilm furchen beziehungsweise »dreggen«. In den meisten Fällen werden die Fische davon abgeschreckt. Nicht zu verwechseln mit einem in bestimmten Situationen absichtlich geschlitterten Muster (→ Nr. 98).

Auch wenn wir ein neues Trockenfliegenvorfach mit der Hand vorstrecken, um die durch die Lagerung entstandenen Kringel aus dem Monofil zu entfernen (→ Nr. 24), ist es nicht das Ziel, dass es sich später beim Service der Fliege in einer absolut perfekten Geraden auslegt.

Die optimale Streckung: Bei einem normalen Geradeauswurf soll das Vorfach problemlos ausrollen, aber vor allem die Vorfachspitze sollte sich in mehr oder weniger ausgeprägten kleinen Kurven ablegen und die Fliege locker präsentieren. Vor allem ein entsprechendes, maßgeschneidertes Vorfach mit längerer Spitze macht das von selbst (→ Nr. 23). Lassen Sie sich also durch die moderaten Kurven und Kürvchen im Spitzenbereich des Vorfachs nicht täuschen. Die sind erwünscht und notwendig.

Durch zusätzliche Trickwürfe (→ Nr. 78) können diese Kurven über die ganze Länge des Vorfachs hinweg kontrolliert bis weit in die Fliegenschnur hinein erweitert werden. Sehr nützlich in bestimmten Situationen und bei schwierigen Strömungsbedingungen.

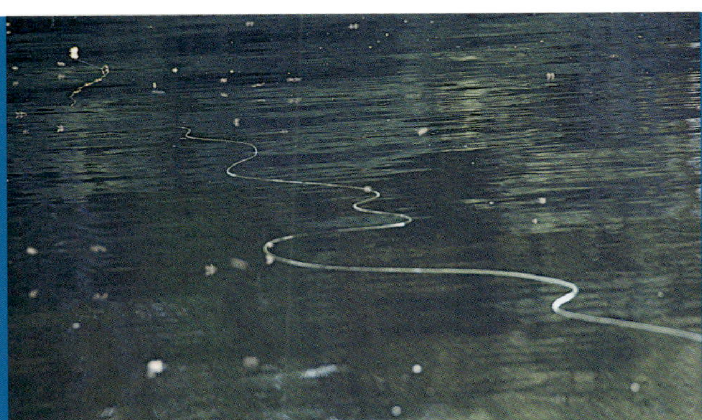

Dieses Vorfach liegt ideal auf der Wasseroberfläche. Die vielen kleinen Kurven lassen die Fliege locker abtreiben.

90 Schreckhafte Fische überlisten

An sehr klaren Gewässern verhalten sich wilde Fische überaus scheu. Man kann noch so vorsichtig sein, sobald das Vorfach auf das Wasser fällt, ist der Fisch blitzartig verschwunden. Was könnte die Ursachen sein? Und wie gelingt trotzdem ein Fang?

Die Lösung: Das Vorfach verlängern

Nehmen wir folgende Situation an: Der Fliegenfischer steht auf einige Distanz, gedeckt und in möglichst niedriger Position stromab von einem Fisch, der gerade dabei ist, im glasklaren, träge fließenden Wasser munter Fliegen von der Oberfläche abzusammeln. Der Fisch nimmt den Angler und die Bewegungen der Rute während des Wurfvorgangs nicht wahr. Aber sobald das Vorfach auf das Wasser fällt, flüchtet er blitzartig. Woran scheitert es?

Höchstwahrscheinlich bemerkt der Fisch das Einfallen des Vorfachs und der Fliegenschnurspitze. Bei einem Standardvorfach mit einer Länge von 270 cm kann unter solchen schwierigen Bedingungen der Abstand der Fliege zur Fliegenschnurspitze einfach zu kurz sein. Die Fliege soll ja noch etwas vor dem Fisch aufsetzen, damit sie auf ihn zutreiben kann. Bei einem mittellangen Standardvorfach kommt die Fliegenschnurspitze dem Fisch beim Einfallen schon ziemlich nahe, und das kann er sehen oder das Aufsetzen sogar hören oder fühlen. Hier braucht es dann ein deutlich längeres Vorfach ab 4,5 m Länge inklusive einer um die 1 m langen Vorfachspitze, die sich dann in kleinen gleichmäßigen Kurven auf die Wasseroberfläche ablegen sollte. Für die richtige Ablage muss aber auch die Monofilstärke zur Fliegengröße passen (→ Nr. 27).

Noch etwas: Auch eine ausreichend lange Vorfachspitze soll, wenn irgendwie möglich, nicht direkt von hinten über den Fisch fallen. Eine etwas schräg von der Seite präsentierte Fliege wäre ideal.

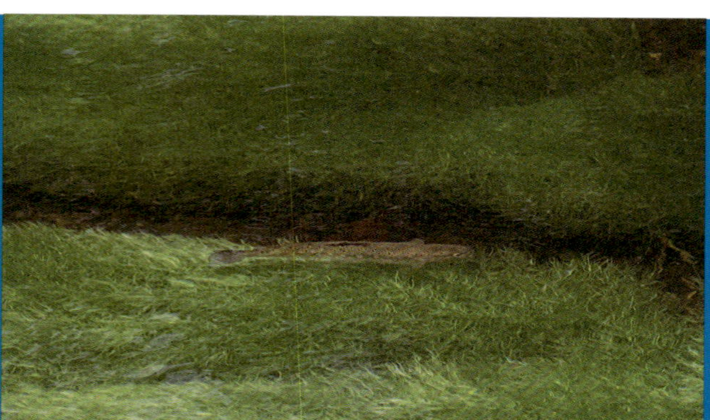

Er ist extrem auf der Hut und würde bei der geringsten Störung verschwinden. Über diesen vorsichtigen Fisch sollte jedenfalls kein Vorfachmonofil fallen.

91 Verweigerer verführen

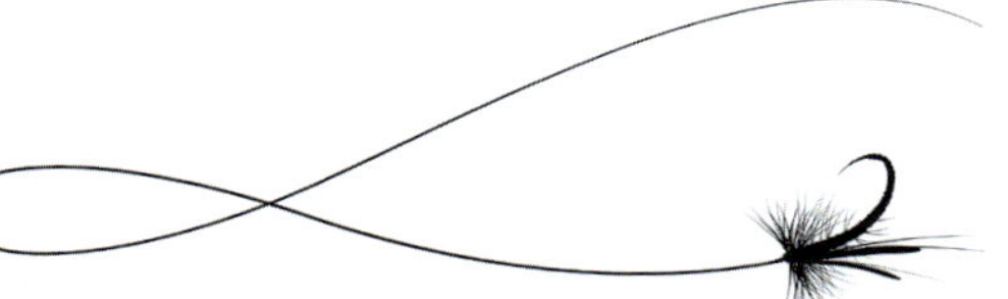

Es passiert immer wieder: Wir setzen einer strammen Forelle unsere Fliege vor, der Service stimmt, die 12er-Fliege driftet exakt durch das Sichtfeld des Fisches. Er steigt bis kurz unter die Fliege – und dreht wieder um...

Die Lösung: Langsam herantasten

Es folgen noch einige Wiederholungen, er reagiert noch einmal, aber danach ignoriert er jede weitere Präsentation. In der Regel schiebt man die Schuld jetzt gerne auf das Vorfach, es ist vermutlich zu stark und der Fisch hat es wahrgenommen. Soll man nun die 16er-Spitze durch eine 14er in der gleichen Länge ersetzen? Oder gleich die Fliege wechseln? Vorsicht: Eine Reduzierung der Stärke auf 0,14 mm bei gleicher Fliege könnte das Vorfach schwächen, da die Hakengröße 12 und die Vorfachstärke 0,14 mm nicht mehr optimal harmonieren. Zudem würde es vermutlich nicht viel nutzen. Ein Fisch dürfte 0,14 mm starkes Monofil nicht weniger sehen als eines mit 0,16 mm. Trotzdem kann es am Vorfach liegen. In vielen Fällen ist die Vorfachspitze zu kurz und die Fliege verhält sich etwas »steif« und unnatürlich. Möglicherweise »dreggt« sie ein wenig. Auf die Entfernung unsichtbar für uns, aber nicht für den Fisch, der sich ihr bis auf wenige Zentimeter angenähert hat. In solchen Situationen geht man am besten systematisch vor:

1. Vorfachspitzenlänge überprüfen: Ist sie kürzer als 60 bis 70 cm, wird sie durch eine 100 bis 120 cm lange Spitze der gleichen Stärke ersetzt. Damit wird die Fliege um einiges lockerer serviert und in vielen Fällen führt das zum Erfolg (→ Nr. 23).

2. Ähnliche, aber kleinere Fliege: Lässt sich der Verweigerer nicht allein durch ein längeres Vorfach zum Biss verführen, kann man in einem nächsten Schritt die Fliege wechseln. Kleinere Muster sind bei unschlüssigen Fischen oft die richtige Wahl. Da der Fisch anfänglich grundsätzlich interessiert war, ist es nicht abwegig, das gleiche oder ein ähnliches Muster in einer 1, eventuell gleich 2 Größen kleineren Ausführung zu wählen. Nur eine Größenstufe wäre möglicherweise zu unauffällig.

3. Das Muster wechseln. Wenn es wieder nicht klappt, versucht man ein ganz anderes Muster oder man wechselt gleich zur Nassfliege oder einer kleinen Nymphe.

Hilft das auch nichts, lässt man den Fisch eine Weile in Ruhe und versucht es später wieder. Falls er dann noch da ist...

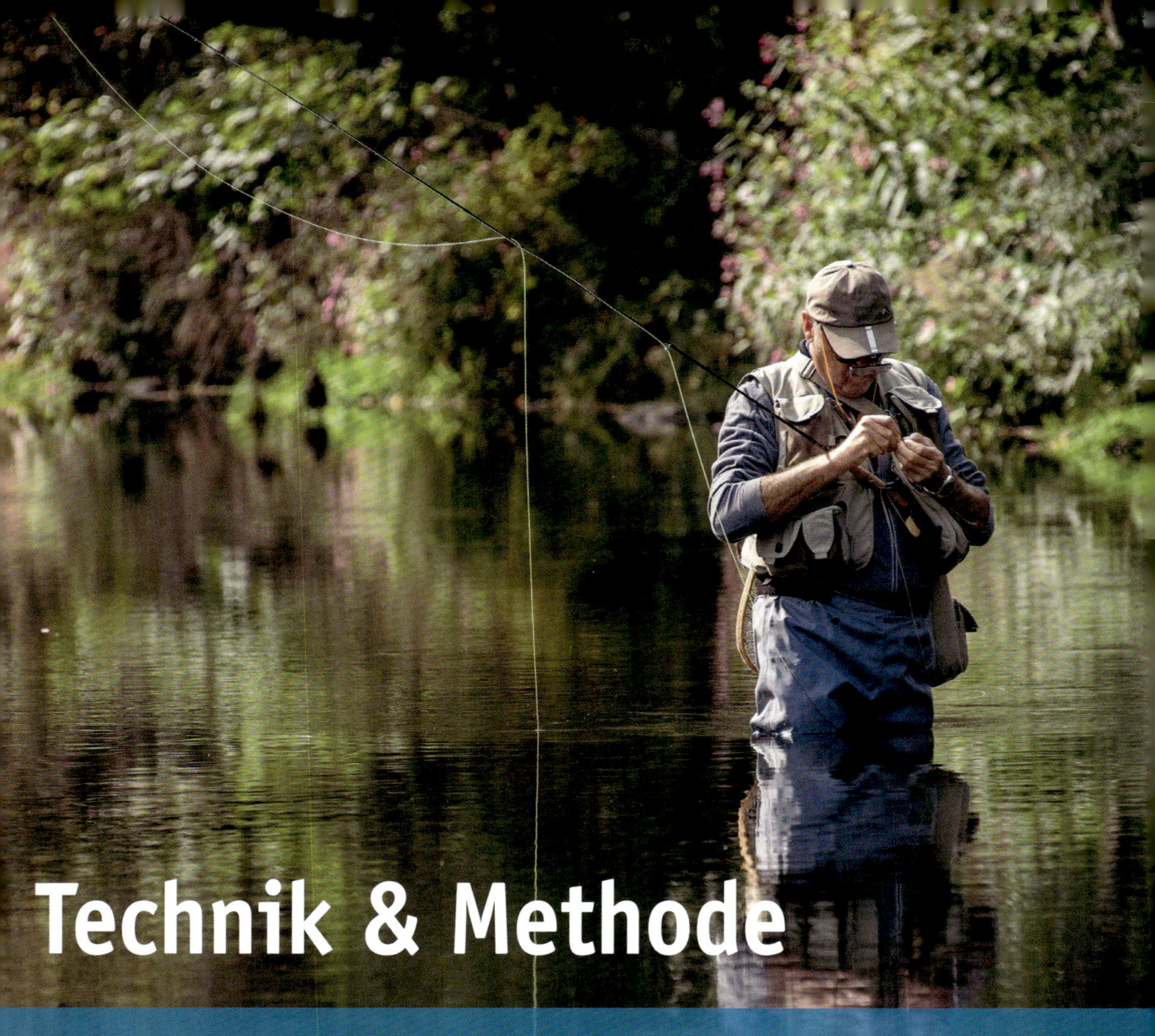

Technik & Methode

Fliegenfischen ist nicht nur eine recht sportliche, sondern auch eine maximal naturnahe, beziehungsweise saisonabhängige Angelweise. Denn Jahres- und Tageszeit bestimmen Art und Aktivität der Fische und ihrer Beute. Welche Fliegen gerade »angesagt« sind und wie man sie ideal serviert, finden Sie in diesem Kapitel ebenso wie besonders »reizvolle« Muster für besondere Situationen.

92 Reizfliegen vs. Imitation

In den Fliegenangeboten des Fachhandels findet man schöne bunte, auffällige Fliegen, Reizfliegen oder auch Attractors genannt, und eher unauffällige in natürlichen Farben. Welchen soll man den Vorzug geben?

Die Lösung: Hingucker in unruhigen Gewässern

Beide haben ihre Berechtigung in unterschiedlichen Situationen.

Imitationen bei starker Konkurrenz: Imitationen in natürlicheren Farben, also detailgetreue Nachbildungen von Insekten, kommen bei größerem Aufkommen der jeweiligen Insektenart zum Einsatz (→ Nr. 52+53). Was sich, wie eine Reizfliege, zu stark von der reichlich vorkommenden aktuellen Hauptbeute unterscheidet, wird hier die meisten Fische nicht zum Biss verlocken.

Reizfliegen bei starker Ablenkung: Die bunteren, auffälligen *Reizfliegen*, im Fliegenfischerenglisch auch *Attractors* genannt, sollen die Aufmerksamkeit eines vielleicht gerade eher inaktiven, uninteressierten Fisches auf sich ziehen. Man sucht mit ihnen Stellen ab, wo man solche Fische vermutet, beispielsweise unruhiges Wasser über Rieselstrecken oder Rauwasser mit großen Steinen. Um in diesem unruhigen Wasser bestehen zu können, brauchen Fliegen 3 wichtige Eigenschaften: Erstens eine auffallende Silhouette, die den Fisch an irgendetwas Fressbares erinnert. Sie sollten zweitens zumindest teilweise schwimmen und drittens auch für den Fischer gut sichtbar sein. Ein unauffälliges Imitat in bewegtem Wasser würde vom Fisch leicht übersehen. Gute Sichtbarkeit für den Fisch bedeutet in erster Linie eine starke, kontrastreiche Silhouette (→ *Balkeneffekt* Nr. 20). Die auffälligen Farben der Reizfliegen dienen vielmehr den Anwendern: Deutliche Farbkontraste helfen dem Fliegenfischer, die Fliege im schnellen Wasser nicht aus dem Auge zu verlieren (→ Nr. 59).

Empfehlenswerte Reizfliegen: Es gibt viele Fliegenmuster für die besonderen Ansprüche im rauen Wasser. An den Wildwassern der amerikanischen Rocky Mountains entstanden sehr schöne, fängige Muster, wie eine *Trude, Humpy* oder die Fliegen der legendären *Wulff-Serie*. Auch europäische Muster, wie etwa eine schwarzweiße *Bivisible* oder eine dichter behechelte *Red Tag,* sind ganz hervorragende Muster für schnelles, unruhiges Wasser und haben schon manchen dicken Fisch aus seinem Einstand gelockt. Ein modernes Attractor-Muster ist die *Chernobyl Ant* (→ Nr. 59+63).

93 Das richtige Gewicht beschwerter Nymphen

Beschwerte Nymphen kamen etwa Anfang der 1990er-Jahre in Mode. Anfänglich waren es Messingperlen, später kamen schwere Ausführungen aus Wolfram (Tungsten) dazu. Heute greifen die meisten gleich zu dieser superschweren Variante. Ist schwerer immer besser?

Die Lösung: Passend zum Standort wählen

Tungsten kommt vom schwedischen *Tung Sten* und bedeutet so viel wie »schwerer Stein«. Wolfram ist 1,5-mal so schwer wie Blei. Abgesehen davon, dass es teurer als Messing ist, ist es auch nicht überall optimal einzusetzen.

Schwergewichte für bewegte und tiefe Gewässer: Es lässt sich natürlich nicht exakt sagen, ab welcher Tiefe und Strömungsgeschwindigkeit Tungstenköpfchen sinnvoll werden. Aber wenn die Nymphe dicht am Grund entlang treiben soll, macht Tungsten durchaus Sinn. Man muss eben ein wenig experimentieren.

Die vielseitige »goldene Mitte«: In vielen nicht zu tiefen und nicht zu schnell fließenden Gewässerabschnitten würde ein Messingköpfchen vollkommen ausreichen. Nicht nur das, die leichtere Variante hat auch Vorteile. Weil sie nicht so rasch absinkt, verhängt sie sich weniger am Gewässerboden. Die nicht ganz so schwerfällige Nymphe mag sich dabei außerdem mobiler und lebensechter verhalten. Grundsätzlich muss man immer auf die richtige Anbieteweise, beispielsweise mit einem *Tuck Cast* (→ Nr. 80), achten, um das Muster schnell genug in die gewünschte Tiefe zu bringen.

Leichtgewichte: Für ausgesprochenes Flachwasser oder die oberen Wasserschichten wären Nymphen mit einer leichten Glasperle als Köpfchen denkbar. Sie gibt es in verschiedenen Farben. Sie sind vor allem für kleinere Muster (Gr. 14, 16) geeignet. Einfach ausprobieren!

Die Köpfchenfarbe: Perlkopfnymphen, wie man sie allgemein nennt, üben sicher durch ihren goldenen oder silbernen Glanzeffekt einen zusätzlichen Reiz auf viele Fische aus. Allerdings hat sich herausgestellt, dass an viel befischten Gewässern das Gegenteil der Fall ist. Hier fangen dann möglicherweise Nymphen mit matten, bunten oder sogar schwarzen Köpfchen recht gut.

94 Fliegen im Tandem einsetzen

Falls es die jeweiligen Gewässerregeln nicht verbieten, ist eine Fliegenkombination aus 2 Mustern manchmal grundsätzlich ganz nützlich. Wie macht man es also?

Die Lösung: Interessante Koalitionspartner

Bis weit ins 20. Jahrhundert führte man 3 oder mehr Nassfliegen an einem Vorfach. Für Trockenfliegentandems mangelte es noch am passenden Material. An den großen Seen Schottlands oder Irlands kommen noch heute bis zu 3 Fliegen in Kombination zum Einsatz. Auch für uns gibt es Situationen, wo ein Tandem interessant sein kann: Wo es die Gewässerordnung zulässt, bietet ein 2er-Tandem (3 finde ich etwas übertrieben) dem Fisch nicht nur die doppelte Auswahl, eines der Muster übernimmt oft die Aufgabe des »Helfers«. Es lassen sich dabei Trockenfliege, Nassfliege, Nymphe und sogar Streamer ganz unterschiedlich kombinieren. Grundsätzlich ist eigentlich immer wahlweise eine Seitenarm-Variante oder eine Hakenbogenvariante möglich. Die Unterschiede werden in den folgenden Fallbeispielen erklärt.

Nymphe + Nymphe, verbunden mit der *Seitenarmvariante*: Im Sommer und Herbst mögen die Fische eher kleinere Nymphen. Leider sinken diese Leichtgewichte nicht schnell genug ab. Als Alternative zu einem Spaltblei am Vorfach wird 30 bis 60 cm oberhalb der Spitze ein etwa 10 cm langer Seitenarm aus passend dünnem Vorfachmonofil mit einem *Wasserknoten* (→ Nr. 38) angebracht. An diesen kommt eine große »Beschwerungsnymphe«, an die eigentliche Vorfachspitze eine kleine »Fangnymphe«. Oder eben umgekehrt. Es besteht dann immer noch die Möglichkeit, dass der Fisch sich für den größeren Happen entscheidet.

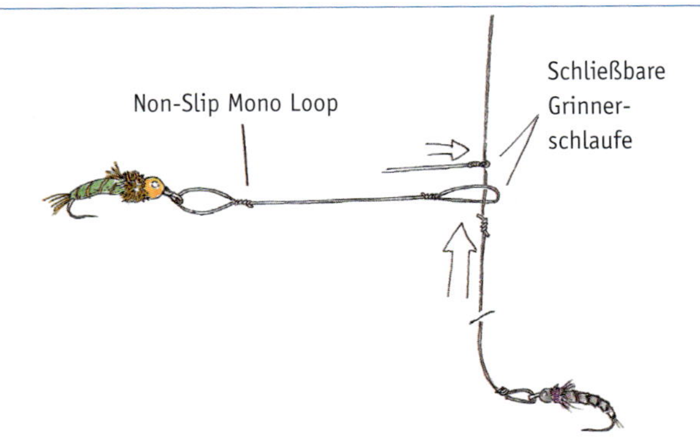

Kurzer »Wechselspringer«, über das Vorfach gefädelt und mit einer verschließbaren Grinnerschlaufe oberhalb eines Knotens oder eines Vorfachringchens arretiert.

Ist nur eine Fliege erlaubt, könnte man den Hakenbogen von der großen Nymphe abkneifen, sie dient dann ausschließlich der Beschwerung. Diese Methode mit Hilfsgewicht eignet sich auch für schneller fließende Gewässer.

Trockenfliege + Nymphe, verbunden mit der *Hakenbogenvariante:* Binden Sie eine für Sie gut sichtbare große Trockenfliege, beispielsweise einen *Grashüpfer*, an die Vorfachspitze. In den Hakenbogen dieses Musters wird ein weiteres Stück Monofil von 30 bis 60 cm Länge geknüpft (→ z. B. Nr. 37). An dieses kommt im gewünschten Abstand eine nicht zu schwere Nymphe. Sie wird durch die Trockenfliege in einer gewissen Wassertiefe gehalten. Die Trockenfliege zieht zudem als *Attractor* die Aufmerksamkeit des Fisches auf das Tandem. Wenn er näher kommt, entdeckt er die kleine, appetitliche Nymphe und entscheidet sich sehr oft für diese. Ich habe auch schon erlebt, dass zuerst die Nymphe und sofort danach die Trockenfliege genommen wurde. Der Fisch hatte dann beide Muster im Maul.

Nymphe + Streamer: Befestigt man eine kleine Nymphe 30 bis 40 cm vor dem Streamer, sieht es aus, als würde ein Kleinfisch eine Insektenlarve verfolgen. So manch ein großer Räuber verfällt da in hemmungslosen Futterneid und schnappt sich die Beute oder gleich den Verfolger.

Schnelle Wechsel: Wenn man rasch hintereinander verschiedene Paare in der Seitenarmvariante testen möchte, ohne viele Knoten zu knüpfen, sind Austauschseitenarme eine interessante Lösung: Hierzu werden diverse Partner an gut über 10 cm lange Vorfachstücke geknüpft. Das lose Ende wird mit einer *verschließbaren Grinnerschlaufe* (→ Nr. 94) versehen, sodass das Vorfachstück 10 cm lang ist. Die Schlaufe des Wechselarms wird über die Nymphe am Vorfach geschoben und 30 bis 50 cm oberhalb der Vorfachspitze und oberhalb eines Verbindungsknotens oder Vorfachringchens festgezogen. Zum Entfernen den Seitenarm knapp über der Schlaufe abknipsen.

Achtung! In pflanzen- oder hindernisreichen Gewässern sind Tandems absolut nicht empfehlenswert, weil der zweite Haken beim Drill gerne hängen bleibt. Damit wäre der Verlust des gehakten Fisches so gut wie sicher. Dieses Risiko sollte man nicht eingehen.

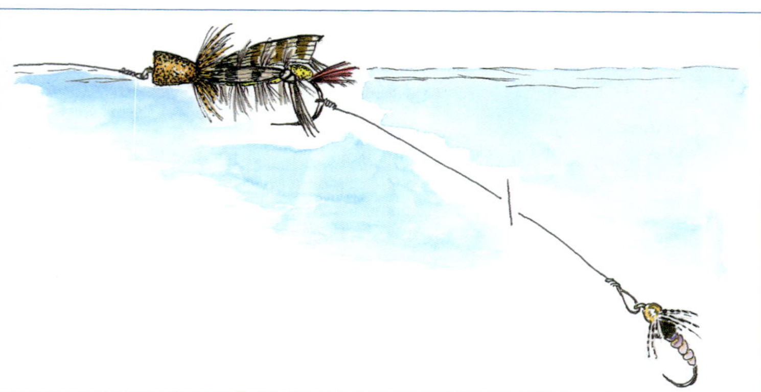

Klassische Kombi von tragfähigem Trockenmuster (Grashüpfer) und kleiner Goldkopfnymphe. Besser Messing statt Tungsten (→ Nr. 93).

95 Muster und Techniken für den Saisonbeginn

Nach Aufgang der Saison im Vorfrühling ist sichtbares Insektenleben bei den noch niedrigen Durchschnittstemperaturen gar nicht oder nur in Ansätzen vorhanden. Wie fängt man bei kühleren Temperaturen?

Die Lösung: Streamer

Die Fische haben um diese Zeit erheblichen Hunger, aber sie befinden sich noch tief am Grund, wo sie den Winter verbracht haben. Denn an der Oberfläche herrscht um diese Zeit noch akuter Fliegenmangel. Auch die Nymphen der infrage kommenden Insekten halten sich am Gewässerboden noch ziemlich versteckt. Die Fische jagen deshalb gerne die gerade verfügbaren Kleinfische. Die in vielen Forellenbächen vorkommende dickköpfige Mühlkoppe ist eine beliebte Beute und lebt jetzt besonders gefährlich. Der richtige Zeitpunkt für einen entsprechenden Streamer, beispielsweise den beliebten *Woolly Bugger*, denn jetzt ist die Chance, mit einem großen Fisch in Kontakt zu kommen, geradezu ideal. Der Woolly Bugger ist sehr vielseitig einsetzbar, einfach zu binden und deshalb auch für Bindeanfänger geeignet. Einfache schwarze und weiße Varianten reichen vollkommen (→ Nr. 63), aber eine braune Version ist ebenfalls sehr gut.

Ein ausreichend mit einer Tungstenperle oder Metallaugen beschwertes Muster lässt sich gut mit einer Fliegenrute der Klasse 6 und einer entsprechenden Schwimmschnur führen. Die Vorfachlänge beträgt je nach Wassertiefe rund 1,5 bis 2,5 m und besteht aus einfachem 0,25 mm starken Monofil, das auch einen größeren Fisch sicher und kraftvoll drillen kann.

Grundsätzlich lege ich die Fliegenschnur etwas schräg stromauf ab, dann darf sie mit der Strömung abtreiben und der beschwerte Streamer absinken. Ähnlich der *Nassfliegenmethode* (→ Nr. 97) schwingt das Muster an der sich streckenden Leine herum und steigt dann aus der Tiefe in Richtung Wasseroberfläche. Fische, die dem Streamer schon seit einiger Zeit gefolgt sind, packen just in diesem Moment besonders gerne zu.

GEHEIMTIPP: Die bereits erwähnten Streamermuster in Schwarz, Weiß oder Braun sind sozusagen ein »Must have«. Aber es spricht natürlich nichts dagegen, noch weitere Farbkombinationen mitzuführen. »Nice to have« ist gerade um diese Jahreszeit ein schwarzer *Woolly Bugger* mit einer auffälligen, knallroten oder orangefarbenen Kopfperle. Eine ideale Imitation und Darstellung eines Kleinfisches, Krebses oder eines Egels, der ein stibitztes Fischei aus einer natürlichen Laichablage mit sich herumträgt. Eine geradezu tödliche Versuchung, der viele große Forellen nicht widerstehen können.

96 Nymphen im Frühjahr optimal präsentieren

Das Fischen mit beschwerten Streamern wird auf die Dauer etwas eintönig. Wie kann man sich in der ersten Jahreshälfte langsam wieder dem etwas feineren Fliegenfischen annähern und die jetzt aktiven Insekten imitieren?

Lösung: Beschwert und tief führen

Ab etwa dem Monat April können wir auch wieder zusätzlich an Insekten als Imitation denken. Mit fortschreitendem Frühjahr und steigendem Sonnenstand bereiten sich am Gewässerboden zwischen Steinen, Algen und Moos die Larven unterschiedlicher Insekten auf den Frühjahrsschlupf vor. Freilebende Köcherfliegen, also solche ohne das typische selbst gebaute Köchergehäuse, kommen in vielen Niederungs- und Mittelgebirgsgewässern häufig vor, haben eine respektable Größe und stellen eine wertvolle Nahrung für die Fische dar. In Bergbächen und Flüssen spielen auch große Steinfliegenlarven eine wichtige Rolle. Aber immer noch heißt es: runter zum Gewässerboden! Die Nymphen müssen also beschwert werden.

Beschwerte Nymphen sollte man deswegen so steil wie möglich gegen die Strömung servieren. Dafür reicht auch wieder eine Schnurklasse 5 oder die noch leichtere 4. Mit dem *Tuck Cast* (→ Nr. 80), einem für diesen Zweck genialen Trickwurf, trifft die Nymphe am lockeren Vorfach von oben kommend senkrecht auf die Wasseroberfläche und kann schnell bis zum Grund absinken.

Der Anbiss macht sich, während die Leine auf den Werfer zurücktreibt, durch einen *Bissanzeiger* (→ Nr. 102) im oberen Bereich des Vorfachs bemerkbar. Stoppt er plötzlich in der Strömung, sollte man den Haken setzen. Entweder zappelt dann ein Fisch an der Leine oder die Nymphe hat sich am Grund eingehakt. In beiden Fällen war das Muster in der richtigen Gegend: nämlich ganz unten. Die Methode funktioniert das ganze Jahr über, ist aber im Frühjahr, zumindest gefühlt, besonders erfolgreich.

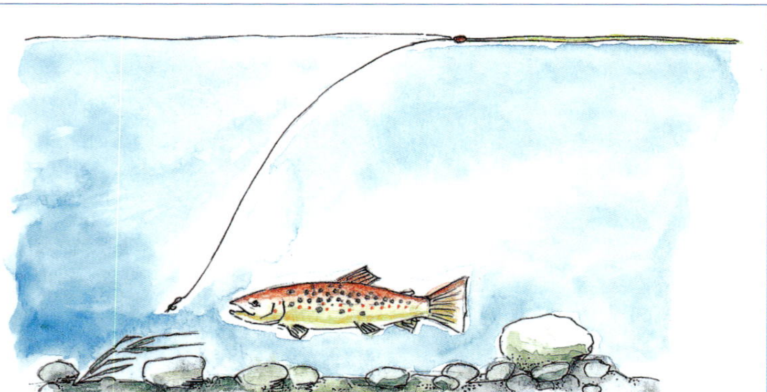

Die Länge des Vorfachs sollte auf die Wassertiefe abgestimmt sein.

97 Der Nassfliegenschwung

Im Frühjahr von April bis Mai schlüpfen an vielen Gewässern bestimmte Arten von Eintagsfliegen. Eine Trockenfliege ist allerdings selbst bei solchen Idealbedingungen nicht immer erfolgreich. Welche Möglichkeiten gibt es jetzt?

Die Lösung: Schlüpfende Eintagsfliegen imitieren

Manchmal enttäuscht eine Trockenfliege selbst bei intensivem Insektenaufkommen im Frühjahr. In solchen Fällen bleibe ich mit meinem Muster nicht an der Wasseroberfläche, sondern greife zu einer Nassfliege und gehe ein paar Zentimeter tiefer. Grundsätzlich verwende ich eine sehr allgemeine Nachahmung einer schlüpfenden Eintagsfliege. In der Regel ist es ein einfaches graues, braunes oder olivgrünes Muster in der Größe 12 bis 14, mit einem weichen Hechelkranz. Sogenannte *Soft Hackle Wet Flies* wie die *Flymph* oder die *Pertridge Orange* gehören zu den fängigsten Fliegenmustern überhaupt. Dafür eignen sich beispielsweise die Brustfedern eines Rebhuhns oder anderer Wildvögel ideal.

Das Fischen mit der Nassfliege ist die älteste Form des Fliegenfischens und grundsätzlich unkompliziert in der Ausführung. Auch Wurfanfänger haben damit keine größeren Probleme, denn die Leine wird dabei schnörkellos schräg stromab ausgelegt. Sie schwingt dann von der Strömung getrieben zum eigenen Ufer zurück, die Fliege passiert dabei die Standplätze der Fische. Am Ende des Schwungs sollte man die Leine ein paar Sekunden ruhig in der Strömung aushängen lassen. Es kann nämlich sein, dass ein Fisch der Fliege gefolgt ist und jetzt das Muster beobachtet. Strippt man dann plötzlich an der Leine, löst das beim Fisch oft den gewünschten »Zupackreflex« aus. Geschieht immer noch nichts, hebt man die Schnur aus dem Wasser (→ Nr. 72) und wirft erneut aus.

Einen Schritt flussabwärts machen und einen neuen Schwung ausfischen. Irgendwann passiert es… Dann heißt es anschlagen (→ Nr. 103).

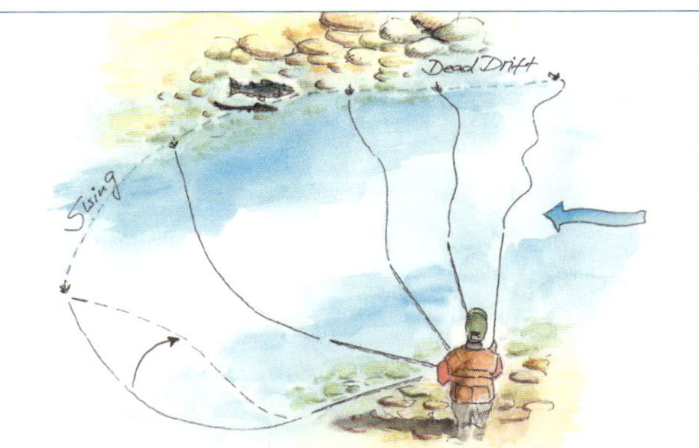

Spezielle Nassfliegentechnik: Leine quer zur Strömung auslegen und das Muster inaktiv über potentielle Standplätze treiben lassen. Falls kein Fisch beißt, holt man es im typischen Schwung zum eigenen Ufer zurück. Oft erfolgt erst dann ein Anbiss.

98 Fische bei großer Hitze motivieren

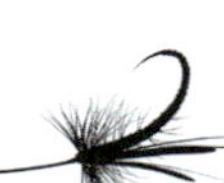

An sonnigen, warmen Sommertagen, sogenannten Hundstagen, scheint ein Gewässer oft wie ausgestorben. Die Wasseroberfläche zeigt sich absolut unbewegt, die Fische verstecken sich offenbar ganz unten am Grund.

Die Lösung: Die Schlitterfliege

Natürlich könnte man es mit einer tief geführten Nymphe oder einem kleinen Streamer versuchen. Aber es macht viel mehr Spaß, die Fische zur Wasseroberfläche zu locken. Würden wir es mit einer wie gewohnt eher passiv mit der Strömung abtreibenden Trockenfliege versuchen, könnten wir vermutlich nur den einen oder anderen Zufallserfolg verzeichnen.

Aber es gibt Hoffnung. An warmen Sommerabenden im Juli und August schlüpfen Köcherfliegen (entl. *sedges*) aus ihrer Puppenhülle. Ähnlich wie ein Flugzeug gegen den Wind starten muss, rennen sie auf der Wasseroberfläche gegen die Strömung an, um besser in die Luft abheben zu können. Dabei entstehen auf ruhiger Wasseroberfläche winzige Mikrowellen. Als Fliegenfischer können wir dieses Verhalten zum Vorbild nehmen und ein geeignetes Muster mit kurzen Zupfern zentimeterweise gegen die Strömung »schlittern«. Man verwendet diverse *Sedge-* und *Hopper-Muster*, darunter auch so skurrile Typen wie die *Chernobyl Ant* als *Attractors* (→ Nr. 92+63).

Auf diese Weise lassen sich manche Fische, auch außerhalb der Schlupfzeiten, selbst an heißen Sommernachmittagen aus ihrer Trägheit wecken. Vor allem Regenbogenforellen reagieren besonders heftig mit aggressiven Attacken mitten in der Strömung, Bachforellen sucht man eher im Randwasser und im Schatten der Uferbäume. Allerdings bleibt nicht jeder Fisch hängen. Mancher scheint nur wild und unkontrolliert nach der Fliege zu schlagen. Aber Spaß macht es trotzdem, die Fische in Aktion zu sehen.

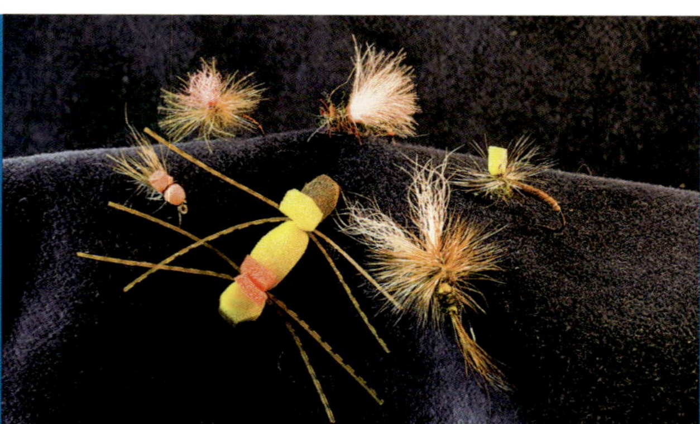

Muster zum Schlittern und Zupfen: Grellfarbene Chernobyl-Ant und Sedge-Varianten.

99 Fliegenfischen im Winter

Fliegenfischen wird schon lange nicht mehr nur in der warmen Jahreszeit ausgeübt. Äschen und Regenbogenforellen, Huchen und Hechte oder Meerforellen in der Ostsee kommen auch im Winter zur Strecke. Aber wie kommen wir selbst mit der Witterung zurecht?

Die Lösung: Der richtige Frostschutz

Richtige Minusgrade sollte es möglichst nicht haben, aber Temperaturen um den Nullpunkt gehen noch in Ordnung. Abhängig von der jeweiligen Fischart funktionieren vor allem *Streamer* (→ Nr. 95) oder auch *Nymphen* (→ Nr. 96). Daran denken, dass die Bachforelle im Winter so gut wie überall Schonzeit hat. Die hellen Stunden sind um diese Jahreszeit ohnehin sehr begrenzt. Die besten Beißzeiten liegen bei den meisten Fischarten um die Mittagszeit herum. Wer von vormittags 11 Uhr bis nachmittags um 15 Uhr unterwegs ist, hat alles richtig gemacht.

Warme Kleidung: Warm zu bleiben, ist für den Winterfliegenfischer das Wichtigste. Wer während der kalten Jahreszeit zum Watfischen möchte, sollte sich ausreichend dickes Watzeug aus mindestens 4 mm dickem Neoprenmaterial besorgen. Kombiniert mit guter Thermounterwäsche lässt es sich damit stundenlang im kalten Wasser aushalten. Fingerlose Neoprenhandschuhe helfen, die Hände einigermaßen beweglich zu halten. Wer nur am Ufer unterwegs ist, trägt an den Füßen zumindest isolierende Gummistiefel mit Schaffellsohlen oder ähnlichen wärmenden Einlagen. Im Rucksack sollte sich außerdem eine kleine Thermoskanne mit einem heißen Getränk befinden. Hin und wieder 1 oder 2 Tässchen davon helfen gegen die langsam in die Glieder kriechende Kälte.

Frostschutz für die Rute: Ärgerlich, wenn sich an den Rutenringen laufend kleine Eisknötchen bilden. Es hilft ein bisschen, wenn man die Rute vor jedem Wurf so weit wie möglich ins Wasser taucht. Dann schmilzt das Eis weg und zumindest die beiden nächsten Würfe gehen klar. Zusätzlich kann man auch ein Döschen mit Vaseline in der Jackentasche mitführen und ab und an einen Klecks davon auf den Ringen verreiben. Die fettige Substanz reduziert die Eisbildung beziehungsweise lässt das entstehende Eis nicht so leicht festfrieren.

Frostschutz für die Finger: Mit Vaseline kann man sich auch die Hände, vor allem die Finger, intensiv einfetten. Das verhindert das Eindringen von Wasser in die Haut und verbessert somit die Kälteresistenz.

100 Fischen auf misstrauische Döbel

Nicht jeder hat ein tolles Salmonidenrevier mit Forellen und Äschen vor der Haustür. Aber es gibt auch noch andere Fische. Döbel zum Beispiel kommen in vielen Gewässern vor. Allerdings sind sie um einiges misstrauischer als Forellen.

Lösung: Halbnass bis nass

Größere Döbel (→ Nr. 47) oder *Aitel*, wie man sie in Bayern nennt, sind interessante Fische für den engagierten Fliegenfischer, der sich mit besonders misstrauischen Gegenspielern messen möchte. Je größer und älter sie sind, desto mehr lassen sie sich bitten. Man könnte es auch so ausdrücken: Wenn es einem Fliegenfischer gelingt, regelmäßig Döbel ab 40 cm Länge und darüber an die Fliege zu bekommen, ist er sicher kein Anfänger mehr. Am schönsten wäre natürlich auch jetzt der Fang mit einer Trockenfliege, aber genau in dieser Hinsicht machen die »Dickköpfe« ihrem Spitznamen alle Ehre. Ein direkt an der Oberfläche angebotenes Muster wird zwar oft aus nächster Nähe genau inspiziert – man hat den Eindruck, der Fisch bräuchte nur noch sein Maul zu öffnen und die Fliege würde hineinfallen –, aber dann wendet er sich oft mit einem gelangweilten Schlag seiner großen Schwanzflosse wieder ab.

Das Spiel geht allerdings oft anders aus, wenn er die Trockenfliege zumindest »halbnass«, also leicht im Oberflächenfilm eingesunken, serviert bekommt oder es sich um eine gar nicht zu zart, sondern eher handfest gebundene Nassfliege in Größe 10 oder 12 handelt. Sehr spannend, wenn sie, im Trockenfliegenstil serviert, auf Sicht langsam unter die Wasseroberfläche sinkt und die Döbel den vermeintlichen Leckerbissen mit reichlich Selbstvertrauen einfach ins große Maul saugen.

TIPP: Fetten Sie dazu das Vorfach bis auf wenige Zentimeter vor der Fliege. So schwebt das gegebenenfalls ganz leicht beschwerte Muster eine Weile nur knapp unter der Wasseroberfläche.

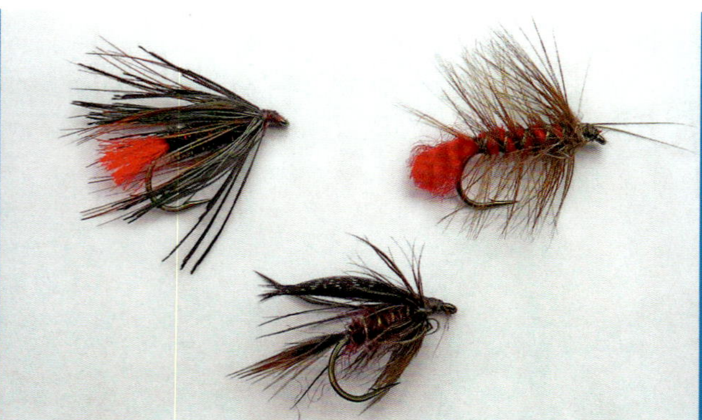

Geeignete Nassfliegen für Döbel. Sie lieben deftige, buschig gebündelte Muster, die knapp unter der Wasseroberfläche schweben.

101 Fliegenfischen bei Dunkelheit

Spätabends bei schwindendem Licht und bis in die Dunkelheit hinein verlassen große Forellen ihren Tageseinstand, um kleine Fische zu jagen. Die richtige Zeit für einen Streamer. Aber welche Farbe sehen die Fische nun am besten?

Die Lösung: Kontrastfarbe für Streamer

Vielleicht ein weißes Modell? Selbst bei schlechtem Licht leuchtet es geradezu aus unserer Fliegenbox heraus. Aber nicht aus der Fischperspektive. Weiß ist grundsätzlich eine gute Farbe für Streamer, allerdings nicht in der Dunkelheit. Die Fische sehen dann ihre potenzielle Beute gegen den helleren Himmel über ihnen. Einen guten Kontrast erzeugt jetzt ein dunkles, am besten tiefschwarzes Muster.

Tagsüber und bei klarem Wasser sollte man sich an natürlichen Farben orientieren, aber nach Regenfällen und bei trübem Wasser kann auch eine grelle Neonfarbe punkten, beispielsweise Gelb, Hellgrün oder Orange.

Das richtige Muster: Es müssen keine kompliziert gebundenen Muster sein. Ein einfacher *Marabou-Streamer* mit großer, weicher Schwinge oder ein mobiler *Woolly Bugger* (→ Nr. 63) mit beweglichem Haarschwänzchen ist schon oft einer Forelle von mehreren Kilogramm zum Verhängnis geworden.

TIPP: Wer einen eigentlich leicht gebundenen Streamer gerne an der *Schwimmschnur* (→ Nr. 17) fischt, muss ihn eventuell etwas beschweren, um ihn etwas tiefer führen zu können. Dazu eignet sich ein größeres Spaltschrotblei. Man kann es schnell anbringen und auch wieder abnehmen. Aber bitte nicht direkt auf das Vorfach klemmen, es könnte dadurch beschädigt werden. Ich schneide deswegen das überstehende Knotenende am Hakenöhr nicht zu knapp ab und drücke das Spaltblei hier an, wo es keinen Schaden anrichten kann.

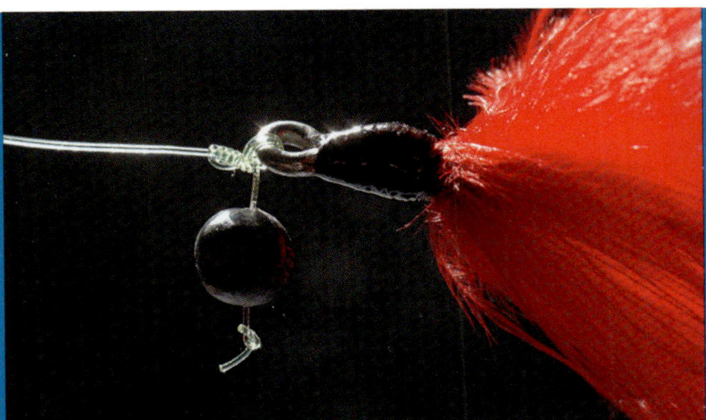

Spaltblei am Knotenende. Ein kleiner Überhandknoten verhindert das Abrutschen.

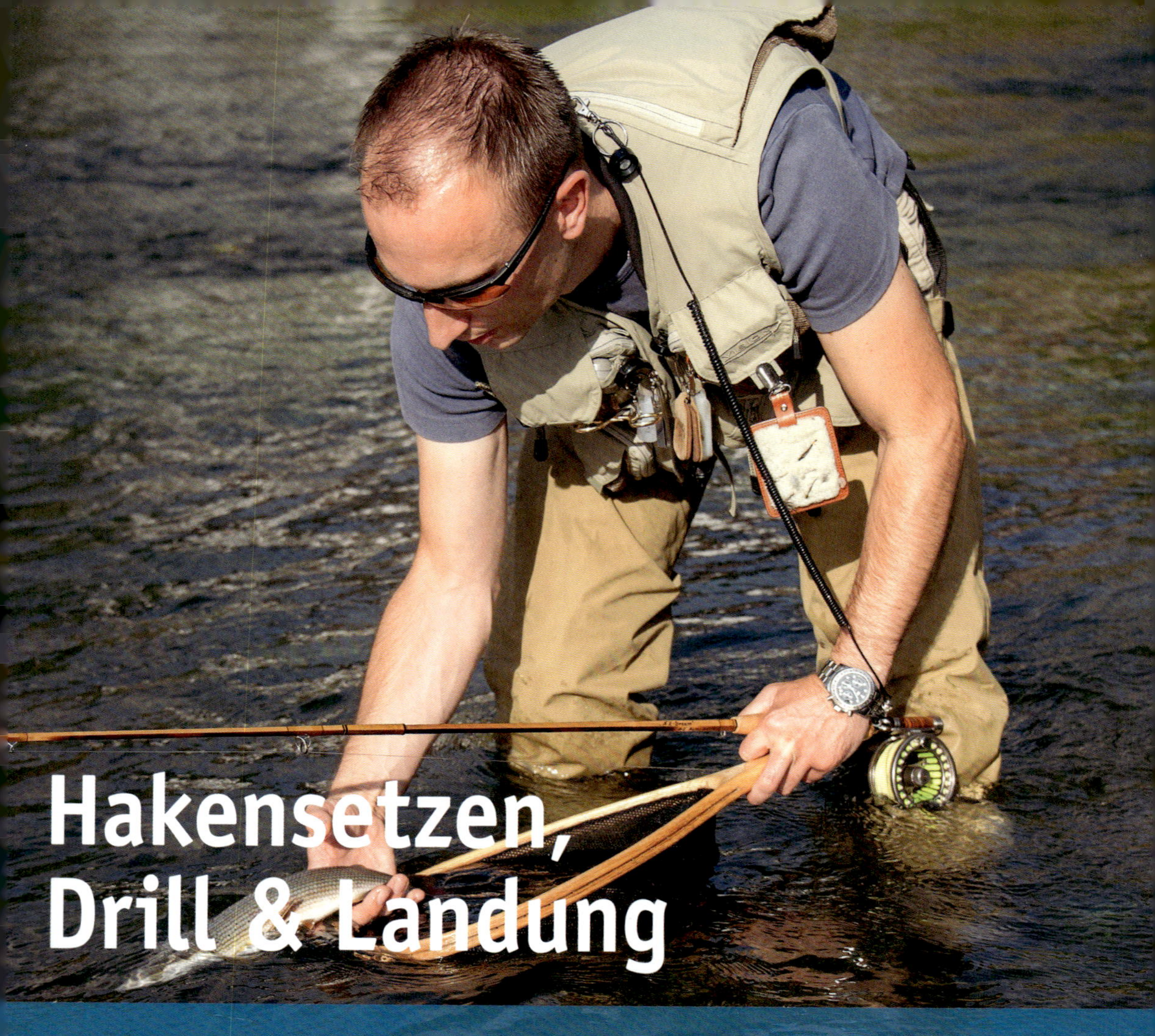

Hakensetzen, Drill & Landung

Hat man einen Fisch zum Biss verleitet, wird es spannend. Zuerst einmal muss man den Biss überhaupt erkennen, dann den Haken richtig setzen. Und auch der Drill will gekonnt sein. Der Haken kann ausschlitzen, das Vorfach brechen. Wie Sie systematisch mit Hand und Rolle drillen und widerspenstige Fische zur Landung bringen, erfahren Sie in diesem Kapitel ebenso wie den schonenden Umgang beim Abhaken.

102 Tiefe Bisse erkennen

Wenn man eine beschwerte Nymphe tief am Grund fischt (→ Nr. 80), kann die Bisserkennung über das 2 bis 3 m lange Vorfach und die nur durch die an der Wasseroberfläche treibende Fliegenschnur schwierig werden.

Die Lösung: Bissanzeiger

Zu oft übersieht man die Attacke eines Fisches. Deutlicher wird ein Anbiss durch die Verwendung eines speziellen Bissanzeigers, der am Vorfach oder an der Spitze der Fliegenschnur angebracht wird.

Die Auswahl: Der Fachhandel hält heute eine große Auswahl aus verschiedenen harten und weichen Materialien vor. Von Zeit zu Zeit kommen neue dazu. In diesem Sortiment wird sicher jeder das für ihn Passende finden. Es hat auch wenig Sinn, die verschiedenen Modelle akribisch miteinander zu vergleichen. Hier muss jeder selbst ein bisschen herumprobieren. Was dem einen entgegenkommt, muss dem anderen nicht unbedingt gefallen. Auch die Anbringungsarten sind unterschiedlich. Die einen werden nur aufgesteckt, andere müssen festgebunden werden. Persönlich bevorzuge ich einen Bissanzeiger aus Kunststoffgarn (sehr gut: fluffiges *Egg Yarn* in Orange oder Pink aus dem Fliegenbindezubehör), da er problemlos durch die Rutenringe rutscht und so das *Abhaken mit der Rutenspitze* (→ Nr. 110) erlaubt. Der Anzeiger muss, damit seine Schwimmfähigkeit lange erhalten bleibt, wie eine Trockenfliege entsprechend imprägniert und hin und wieder mit einem Papiertaschentuch und Trocknungspuder (→ Nr. 56) getrocknet werden.

Anbringungsmöglichkeiten von Garn:

1. Das Einschlaufen mit einem halben Überhandknoten **1** hält das Garn sehr sicher fest an einer Stelle des Vorfachs. Die Einschlaufung kann grundsätzlich wieder geöffnet werden, allerdings ist das mit dünnem Monofil nicht ganz einfach. Weiterer Nachteil: Die Tiefenverstellung erfordert das Kürzen bzw. Verlängern des Vorfachs.
2. Meine Lieblingsbefestigung ist beweglich **2**: Das Garn wird mit einer Schlaufe und einem *verbessertem Klammerknoten* (→ Nr. 37) an das Vorfach geklemmt. Um die Schlaufe vor dem unabsichtlichen Verrutschen zu sichern, was die Tiefeneinstellung verändern würde, setzt man vor und nach dem Anzeiger einen Gummistopper (aus der Grundangelei) oder bringt auf jeder Seite einen Stopperknoten (wie beim Angeln mit einer Gleitpose, nicht in diesem Buch enthalten) als Bremse ein.

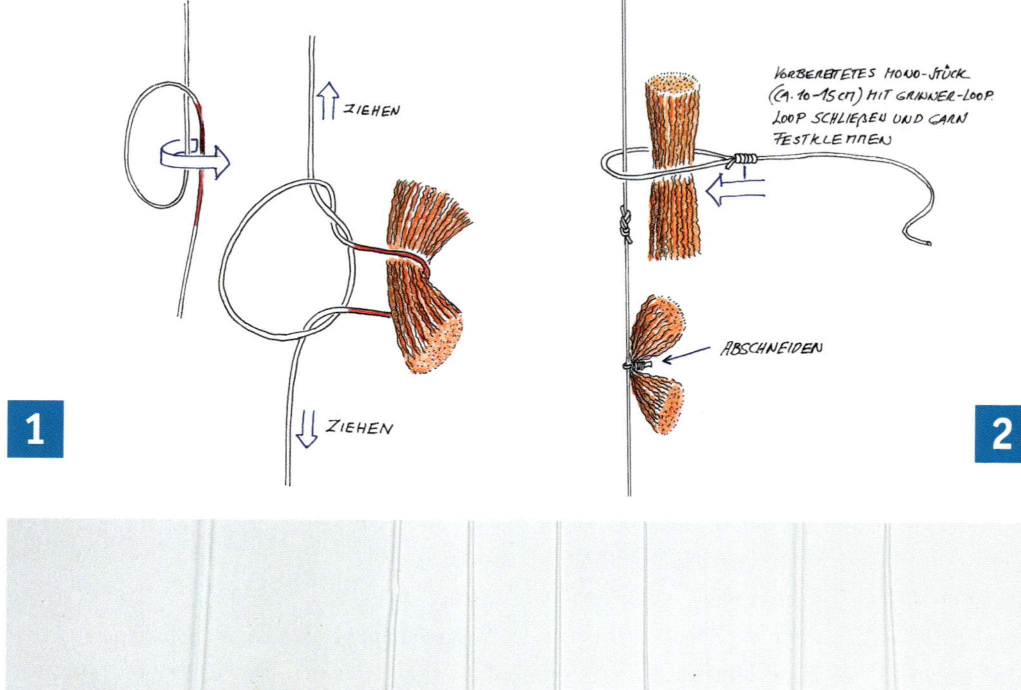

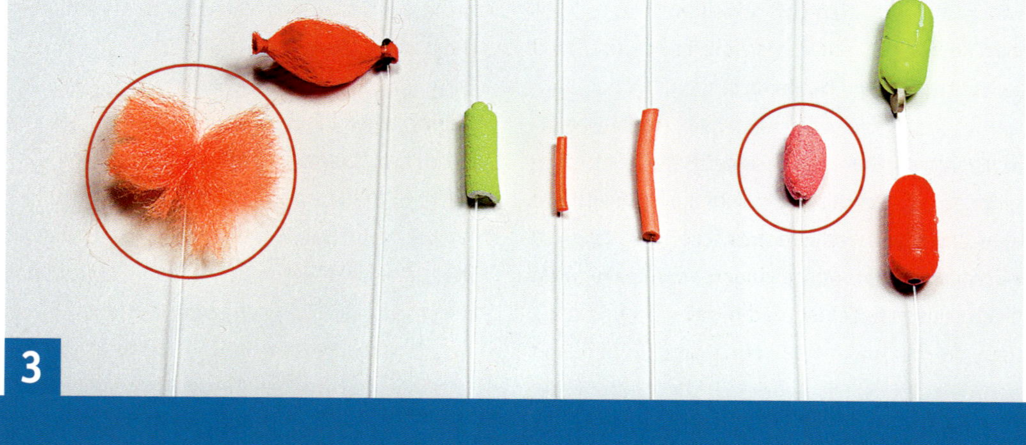

1 *Eingeschlaufter Bissanzeiger.*

2 *Beweglicher Bissanzeiger.*

3 *Verschiedene Bissanzeiger. Meine Favorit: Egg Yarn (ganz links). An zweiter Stelle: Schwimmknete (2. von rechts) für eine schnelle Montage beim Trockenfliegenfischen oder leichten Nymphenfischen (→ Nr. 59).*

103 Stromabwärts den Haken setzen

Während beim Anbieten der Fliege gegen die Strömung Fische selbst mit einem etwas überhasteten Anhieb meist sicher gehakt werden können, spürt man stromabwärts oft nur einen kurzen Zupfer. Die Fische bleiben einfach nicht hängen.

Die Lösung: Locker lassen und abwarten

Beim Fischen stromaufwärts servieren wir einem mit dem Kopf zur Strömung schwimmenden Fisch die Fliege von hinten oder schräg von hinten. Beim Anhieb bewegt sich der Haken zurück in Richtung Maulwinkel, wo er meist sehr sicher zufasst. Ganz anders, wenn die Fliege von uns aus stromab treibt. Der Fisch öffnet auch jetzt sein Maul, aber das Vorfach weist von ihm aus gesehen nach vorne, also von seinem Kopf weg. Hebt man übereilt an, zieht man die Fliege eventuell aus dem offenen Maul heraus.

Nassfliege: Beim traditionellen Nassfliegenfischen hat sich deswegen schon vor langer Zeit eine bewährte Methode entwickelt (→ Nr. 97): Während des Herumschwingens der Leine zeigt die Rutenspitze schräg in die Höhe. So bildet die nach unten durchhängende, in gerader Linie zur Fliege laufende Schnur einen Puffer, und der zugreifende Fisch trifft nicht sofort auf den Widerstand einer gestreckten Leine. Nimmt er die Fliege, unternimmt man nichts, sondern lässt ihn einfach das Maul schließen und wieder abtauchen, was er oft mit einer kleinen Wende verbindet. So zieht er sich den Haken beim Abdrehen mehr oder weniger selbst in seinen Maulwinkel. Dann braucht man nur die Schnur festzuhalten und die Rute zu heben.

Trockenfliege: Lässt man eine Trockenfliege an der lockeren Leine stromab treiben, sieht man bei Anbiss des Fisches häufig eine Welle oder einen kleinen Schwall an der Wasseroberfläche. Man muss einfach lernen, sich zu beherrschen, und 1 oder 2 Sekunden warten, bevor man den Anhieb setzt.

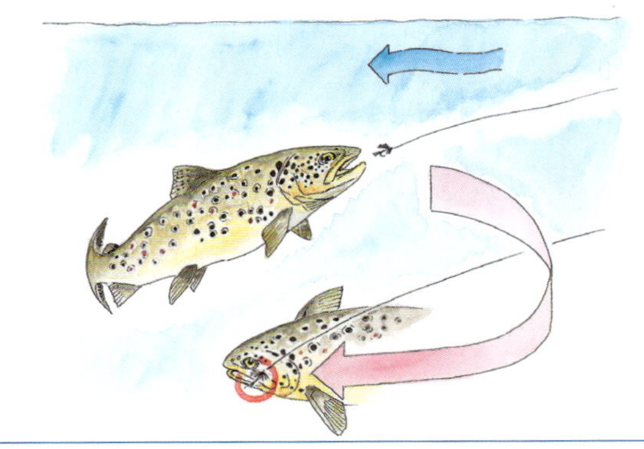

Beim Wenden zieht sich der Fisch die Fliege in den Maulwinkel. Dort sitzt sie sehr sicher.

104 Tiefe Bisse und große Fische sicher haken

Wer mit einer Sinkschnur und einem Streamer auf Raubfische angelt, bekommt in der Tiefe oft Bisse, die er aber, obwohl er hart mit der Rute anschlägt, nicht verwerten kann. Der Fisch bleibt einfach nicht hängen.

Die Lösung: Kräftiger Anschlag mit Strip Strike

Beim Fischen an der Oberfläche passiert dies in der Regel nicht, dabei bleiben die Fische eher haften. Bei einer von der Rute aus gerade nach vorne und in die Tiefe führenden Sinkschnur oder einem sinkenden Schusskopf ist das abrupte Heben der Rutenspitze, um den Haken einzutreiben, nicht sehr wirksam. Die Rutenspitze biegt sich gegen den Widerstand des Wasserdrucks, der die Schnur regelrecht »einklemmt«, zwar erheblich durch, aber der Zug setzt sich nur sehr bedingt bis zum Haken fort.

Die sichere Methode: Besser lässt man die Rutenspitze knapp über dem Wasser und zieht nur mit der Schnurhand hart und ruckartig nach hinten. So wird die Schnur schlagartig in Längsrichtung gespannt, und der Impuls dringt intensiver bis zum Haken durch. Verstärken lässt sich die Bewegung durch gleichzeitiges Auseinanderführen von Schnur- und Rutenhand seitlich links und rechts am Körper vorbei. Der kräftige *Strip Strike* ist auch grundsätzlich geeignet für größere Haken und Fische mit harten Kiefern, zum Beispiel Hechte oder große Salmoniden.

Alternative: Wer sich mit dem Strip Strike nicht so recht anfreunden will, sollte die Rute beim Einstrippen des Streamers eher zu einer Seite absenken und schräg zur Schnur nach vorne halten. Im Fall einer Attacke auf das Fliegenmuster ist es so möglich, die Rute für einen erfolgreichen Anhieb seitlich am Körper vorbei nach hinten zu schlagen. Die Rute sollte dafür ein stabiles Rückgrat haben, zu weiche Blanks geben zu stark nach und puffern den Effekt zu stark ab.

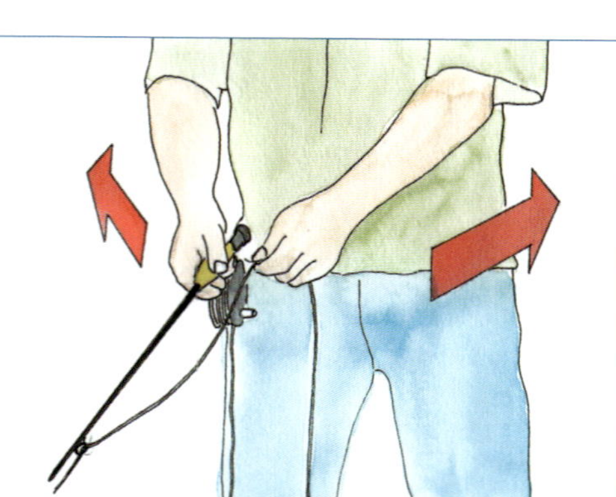

Der Strip Strike für hartmäulige Fische.

105 Drill von der Rolle oder mit der Hand?

Fliegenfischen ist eine sehr »handwerkliche« Sache. Während beim normalen Angeln die Schnur ausschließlich über die Rolle auf- und abgespult wird, verändert ein Fliegenfischer die Schnurlänge händisch. Wie ist das beim Drill?

Die Lösung: Schwerere Fische von der Rolle

Drillen mit der Hand: Oft kann man beobachten, wie Fliegenfischer auch noch nach dem Anbiss eines Fisches die Schnur einfach mit der Hand einholen und beim Heranziehen der Beute neben sich auf den Boden fallen lassen. Grundsätzlich gilt: Ein am Haken hängender kleiner Fisch lässt sich tatsächlich problemlos einfach und schnörkellos über die Hand heranholen. Man kann die Schnur in losen Schlaufen in der Schnurhand halten oder die lose Schnur auch kurzzeitig einfach auf den Boden fallen lassen, wobei ein *Schnurkorb* die bessere Lösung wäre (→ Nr. 22).

Drillen von der Rolle: Bei einem stärkeren Fisch, der sich entsprechend wehrt und auch wieder Leine abziehen könnte, besteht die Gefahr, dass sich die am Boden liegende Schnur unter Zug im Gras, zwischen herumliegenden Zweigen oder Steinen verhaken könnte. Selbst die in einem Schnurkorb lose untergebrachte Leine könnte sich verknoten. Diese Knoten könnten dann bei einer Flucht des Fisches in einem Führungsring hängen bleiben. Vermutlich wäre der Fisch dann weg.

Muss ich also mit größerer Gegenwehr rechnen, versuche ich, das Ablegen der Leine zu vermeiden und direkt »von der Rolle« zu drillen. Damit ich die Schnur sorgfältig aufspulen kann, muss ich den Fisch aber erst unter Kontrolle haben. Meist schließt sich nach einer der ersten Fluchten – der Fisch hat dabei vielleicht schon einige Meter lose Schnur mitgenommen – eine etwas ruhigere Phase an. Jetzt hat man die Gelegenheit, die Schnur ordentlich zurückzuspulen (→ Nr. 106).

Den weiteren Drill versuche ich nur über die Rolle zu führen. Ausnahme: Der Fisch schwimmt schnell direkt auf einen zu. Dann muss man die Leine möglichst ebenso rasch mit der Hand durch die Ringe ziehen, wie der Fisch herankommt, um die Schnur- und Rutenspannung aufrecht zu erhalten. Notgedrungen lässt man die Leine nun doch auf den Boden fallen oder kann sie bestenfalls in einem Schnurkorb auffangen. Danach beginnt das Spiel erneut.

106 Die Schnur ordentlich aufrollen

Beim Drillen eines großen Fisches oder eben beim Aufräumen muss die Leine auf die Rolle zurück (→ Nr. 105). Kurbelt man sie ohne weitere Führung ein, wird sie nicht sauber und ordentlich straff auf der Spule zu liegen kommen.

Die Lösung: Den kleinen Finger geben

Die Eigenheit des Fliegenfischens liegt darin, dass die Schnur, die man zum Werfen braucht, mit der Hand von der Rolle gezogen wird. Wir halten sie in mehr oder weniger großen Schlaufen in der Hand, legen sie in einem Schnurkorb ab oder lassen sie einfach zu Boden fallen. Erst zum Schluss wird die Schnur mit der Kurbel wieder auf die Rolle geholt. Wenn dabei nicht ordentlich gearbeitet wird und die Leine nicht sauber auf der Rolle liegt, kann das beim nächsten Ausgeben der Leine oder bei einem lebhaften Drill eines Fisches zu Problemen führen, weil sich die Leine durch das viele Hin und Her in den eigenen losen Windungen verklemmt. Wie also bekommt man die Leine jederzeit kontrolliert und ordentlich wieder auf die Rolle, egal wieviel zuvor abgezogen wurde?

Die Methode: Sie kennen das Sprichwort »Wer einem den kleinen Finger gibt…«? Beim Aufrollen der Fliegenschnur sollten Sie den kleinen Finger der Rutenhand tatsächlich einsetzen. Sie müssen ihn nur – man kennt das von der Teestunde in Adelskreisen – elegant nach unten abspreizen und die Schnur darüber hängen. So kann man beim Aufspulen der Leine die Schnur schon etwas straffen und gegebenenfalls mit dem kleinen Finger auch auf der Spule gleichmäßig ein bisschen nach rechts oder links verteilen. Damit wird eine unerwünschte Häufung der Leine auf nur einer Seite vermieden. Das könnte den freien Lauf der Spule im Rollengehäuse behindern. Der »Kleine-Finger«-Kunstgriff erfordert ein wenig Übung. Mit der Zeit geht er aber in Fleisch und Blut über.

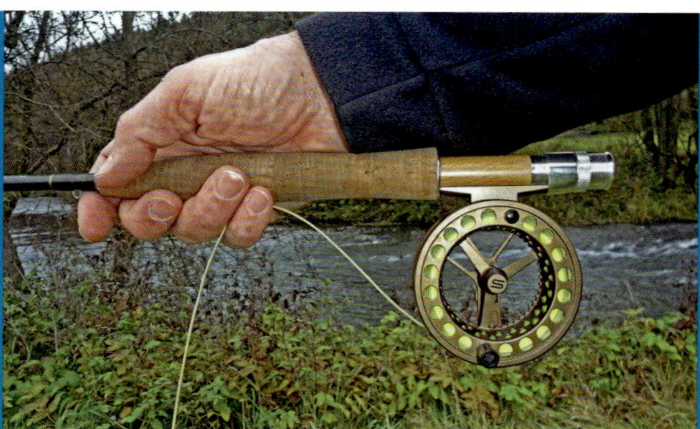

Der kleine Finger kontrolliert das Aufspulen der Schnur.

107 Zügig und effektiv drillen

Im Idealfall ist ein größerer Fisch am Haken. Oft wird die Kraft dann falsch eingesetzt, und der Fisch scheint sich nicht zu bewegen, egal wie hektisch man kurbelt. Im Gegenteil, er nimmt immer wieder Schnur von der Rolle.

Die Lösung: Kurze Leine und resoluter Drill

Häufig zeigt beim Kontakt mit einem starken Gegner eine halbwegs gebeugte Fliegenrute steil und unbewegt zum Himmel. Der Fischer hält sie mit an der Brust abgestützten Oberarmen vor sich, eine Hand fummelt etwas hilflos an der Rollenkurbel. Es sieht aber nicht so aus, als ob der Fisch näher kommt…

Grundsätzlich sollte man ihn nicht zu viel Schnur nehmen lassen. Je länger die Leine, desto schwieriger wird es, den Fisch zu kontrollieren und die Schnur zurückzugewinnen. Sollte es einem Fisch gelingen, von der Strömung unterstützt flussabwärts davonzustürmen und über die Fliegenschnur hinaus bis ins nachfolgende Backing zu ziehen, ist er so gut wie verloren. Wir können ihn nie gegen den Druck der Strömung zurückholen. Es gelten 2 Regeln:

Regel 1: Der Drill wird an möglichst kurzer Leine geführt. Stürmt der Fisch davon, muss der Fliegenfischer schnellstens hinterher, um nicht zu viel Leine von der Rolle zu verlieren. Wenn die Verfolgung am Ufer nicht möglich ist, muss man auch, zumindest im Uferbereich, ins Wasser hinein (→ Nr. 41).

Regel 2: Einen Fisch zieht man auf keinen Fall nur durch bloße Kurbelumdrehungen, sondern so gut wie immer mit der Kraft der Rute näher zu sich heran (→ Nr. 105). Das gilt für alle Angelmethoden und nennt sich »pumpen«. Damit ist eine 2-Schritte-Technik gemeint:

1. *Schritt:* Die Rute zwingt den Fisch in unsere Richtung, indem man sie anhebt oder besser noch etwas seitlich an sich vorbei nach hinten zieht. Jetzt zeigt sich, ob die Rute genügend Rückgrat hat. Dabei steht die Rollenkurbel still und die Schnur wird festgehalten.
2. *Schritt:* Die Rute geht wieder nach vorne in Richtung Fisch, die Rollenhand holt gleichzeitig durch entsprechende Kurbelarbeit die Schnur auf die Spule zurück. Das wird so lange wiederholt, bis der Fisch in Reichweite unseres *Landenetzes* ist (→ Nr. 111). Sollte der Fisch allerdings neue Kraft entwickeln, müssen wir ihn wieder Leine abziehen lassen.

108 Eine Flucht wirksam verhindern

Der Drill eines größeren Fisches soll schnell und zügig über die Bühne gehen. Auch wenn er sich nun fast vor unseren Füßen befindet, ist er immer noch bereit, wieder davon zu stürmen. Viele Fische gehen dann in diesem Stadium verloren.

Die Lösung: Aus dem Gleichgewicht bringen

Auch wenn es gelingt, den Fisch in ruhigeres, aber nicht zu flaches Randwasser zu lotsen (→ Nr. 107+109) und er sich nahe der Oberfläche und mehr oder wenig fast unter der Rutenspitze befindet, ist er in der Regel noch nicht reif für die Landung. Er hat immer noch genügend Kraft für eine neue und schnelle Flucht. Die will man verständlicherweise verhindern.

Drill abkürzen: Den Drill kann man nun drastisch abkürzen, indem man den Fisch zusätzlich systematisch und rasch aus dem Gleichgewicht bringt. Wieder braucht man seitliche Zugkraft.
Dazu führt man den Fisch mit abgesenkter Rute seitlich an sich vorbei, legt dann die Rute wieder zurück und zwingt den Fisch dadurch zum Wenden. Der Fisch zieht wieder vorbei, gefolgt von einem erneuten Umlegen der Rute.
Meistens genügen wenige Wiederholungen, um den Gleichgewichtsinn des Fisches vorübergehend deutlich zu stören, seine Gegenwehr erlahmen zu lassen und ihn schnell auf das *Landenetz* zuzuführen (→ Nr. 48+111).
Das wiederholte Umlegen der Rute muss mit Bedacht geschehen. Es darf selbstredend kein wildes Hin- und Herreißen sein, sondern ein sanftes, aber zügiges Zur-Seite-Legen im richtigen Moment.
Durch die zeitlich gesehen deutliche Abkürzung des Drills verausgabt sich der Fisch körperlich viel weniger als bei einer langen Prozedur. Sollte er zurückgesetzt werden, benötigt er nur eine vergleichsweise kurze Erholungsphase.

Schonend freilassen: Soll ein größerer Fisch wieder freigelassen werden (wegen Schonzeit der Fischart, Catch-&-Release-Strecke im Ausland, Fensterschonmaß oder anderer Hegegründe), kann es schon sein, dass er eine längere Erholungsphase benötigt als ein vergleichsweise kleinerer Fisch. Lassen Sie so einen Fisch nie einfach nur frei, sondern halten ihn sanft mit dem Kopf voraus so lange gegen moderat anströmendes Wasser, bis er selbsttätig aus ihrer Hand herausschwimmt. In Stillwasser bewegen Sie ihn leicht hin und her, damit die Kiemen auch hier von sauerstoffreichem Wasser umströmt werden.

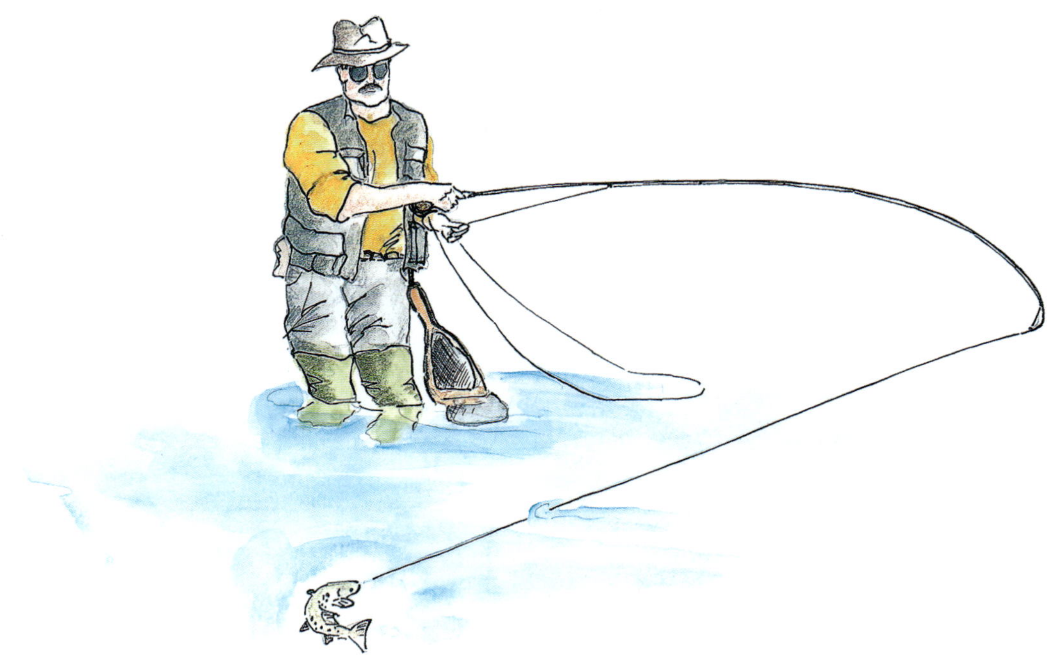

Auch die Widerstandskraft eines starken Fisches erlahmt nach einigen solchen Wendemanövern auffallend schnell. Offenbar wird sein Gleichgewichtssinn entscheidend gestört. Der kurzzeitig desorientierte Fisch lässt sich dann leicht ins seichte Randwasser bringen und landen.

109 Einen Fisch vom Grund lösen

Ein starker Fisch wurde gehakt und zieht mit der ersten Flucht in die Hauptströmung. Dort lässt er sich auf den Grund sinken und setzt sich erst einmal fest. Er hat alle Vorteile auf seiner Seite. Wie bekommt man ihn da raus?

Die Lösung: Seitendruck

Der Fliegenfischer steht am Ufer und versucht, ihn mit angehobener und zum Viertelkreis gebogener Rute nach oben vom Grund wegzuziehen. Es gelingt nicht... Nur eine seitwärts gesenkte Rute bringt einen starken Fisch dazu, die Richtung zu ändern. Denn das von vorne auf seinen Kopf strömende Wasser trifft auf seine perfekte stromlinienförmige Gestalt und drückt ihn zusätzlich auf den Boden.

Den Fisch drehen: Ich lege die Rute in die stromabwärtige Richtung und ziehe sie flach und kräftig möglichst parallel zur Wasseroberfläche auf mich zu. Der Fisch fühlt den Zug nun seitlich im Kopfbereich. Reicht das noch nicht, um ihn in Bewegung zu bringen, helfen oft leichte Schläge auf den Rutenknopf. Die Vibrationen übertragen sich dann bis zum Fisch und können ihn zusätzlich irritieren.

Gibt der Fisch dem Seitenzug nach, wendet also seinen Kopf in Richtung Angler, ändert sich die Wirkung der Strömung. Umspülte sie bis eben direkt von vorne kommend freundlich seinen Kopf, wird sie jetzt zum Feind, denn sie trifft plötzlich auf seine offene Flanke und will ihn aus seiner vorher so sicheren Position herausdrücken.

Aus der Hauptströmung ziehen: Die Strömung sollte man weiter als Helfer sehen. Durch seitlichen Zug zwingen wir den Kopf des Fisches auch während des weiteren Drills in unsere Richtung. Immer dann schiebt ihn die Strömung durch Druck auf seine Flanke näher zu uns heran. Kann er den Kopf von uns abwenden, trifft die Strömung die falsche Flanke und schiebt ihn von uns weg (→ Nr. 107).

Machen wir es richtig, wird es schneller gelingen, auch einen größeren Fisch in ruhigere Randwasser zu dirigieren, denn der Fisch schwimmt immer in die Richtung, in die sein Kopf zeigt. Befindet er sich dann im ruhigeren und flacheren Randwasser, heißt es aufpassen. Fische reagieren empfindlich, wenn sie sich plötzlich unfreiwillig in flachem Wasser wiederfinden. Sie fangen dann oft an wild zu schlagen und starten möglicherweise einen explosiven Fluchtversuch. Seien Sie darauf gefasst und nützen Sie einen günstigen Moment, um den Orientierungssinn des Fisches zu irritieren (→ Nr. 108).

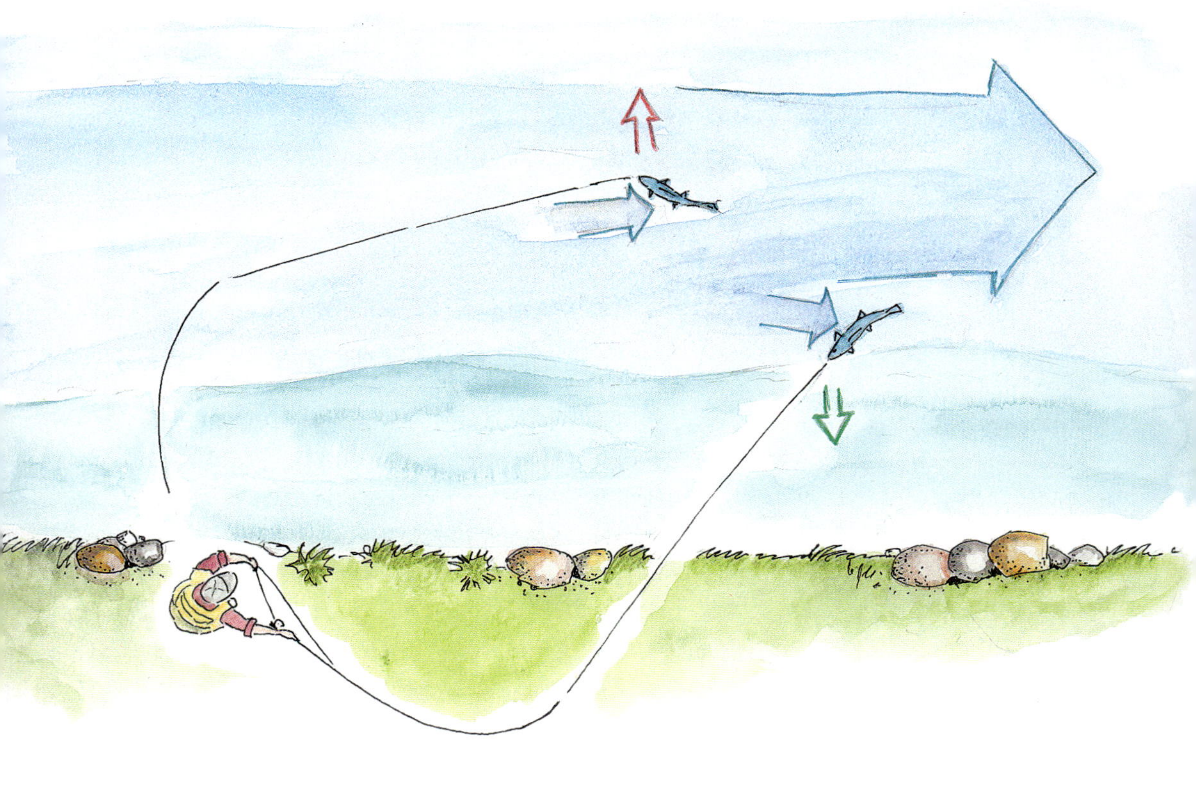

Roter Pfeil: *Die Strömung drückt den Fisch vom Angler weg. Der Fisch kann sich mühelos am Grund festsetzen und hat alle Vorteile auf seiner Seite.*

Grüner Pfeil: *Nach einem erfolgreichen Seitendruck arbeitet die Strömung für den Angler und treibt den Fisch in die richtige Richtung.*

110 Fische richtig abhaken

Wenn wir einen Fisch für die Küche entnehmen, ist es relativ egal, wie wir den Haken entfernen. Falls wir ihn zurücksetzen wollen, sollten wir so schonend wie möglich vorgehen. Je nach Ufersituation gibt es unterschiedliche Möglichkeiten.

Die Lösung: Schonend abhaken

Selbst wenn der Fisch entnommen werden soll, sollte man in seinen letzten Momenten respektvoll mit ihm umgehen. Ist der Haken kompliziert zu lösen, betäuben wir den Fisch mit einem Schlag auf den Kopf und lösen dann den Haken. Danach wird er sofort geschlachtet. Soll der Fisch wieder freigelassen werden, sollte jede Schädigung vermieden werden.

Mit der Rutenspitze: An etwas überhöhten Ufern kann das Abhaken eines zu kleinen Fisches, den man zurücksetzen möchte, zum Problem werden. Weder kann man ein Netz einsetzen noch den Fisch mit der Hand erreichen. Man müsste umständlich die Uferböschung hinabklettern. Der »Einfachheit« halber hebt man den Fisch mit der Rute aus dem Wasser und greift ihn dann mit der trockenen Hand. Keine gute Lösung.

Nicht zu große Trockenfliegen und Nymphen lassen sich auf schonende Weise in vielen Fällen mit dem Spitzenring der Rute aushaken. Voraussetzung ist, dass die Muster durch den Spitzenring passen, und der selbstredend widerhakenlose Haken sichtbar vorne im Kiefer sitzt. Dann senkt man die Rutenspitze bis zur Wasseroberfläche ab und zieht das gesamte Vorfach so weit ein, bis sich der Spitzenring über die am Maulrand sitzende Fliege schiebt und gegen den Hakenbogen drückt **1**. Das geht bei kleinen Fischen, die ohnehin keine Gegenwehr leisten können, problemlos. Ein kurzes Spannen des Vorfachs und eventuell ein gefühlvoller Schub mit der Spitze löst den Haken in 8 bis 9 von 10 Fällen.
Falls es nicht klappt, muss ich ins Wasser und den Fisch dort befreien. Für größere Fische eignet sich diese Methode nur bedingt. Sie verhalten

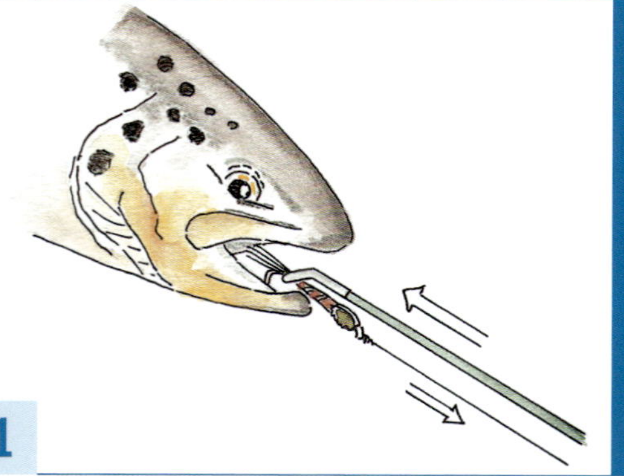

1

Das Abhaken mit der Rutenspitze als eine der schonendsten Methoden ist nicht nur bei unzugänglichen Uferbereichen eine gute Lösung.

sich selten ruhig und kooperativ und die Rutenspitze wäre in Gefahr. Auch wenn der Haken etwas tiefer im Maul sitzt, wird es problematisch und die Rutenspitze bleibt außen vor. Dann sollte man jedenfalls sein Netz einsetzen und den Haken im Wasser manuell lösen. Grundsätzlich ist die Rutenspitzenvariante aber eine gute Methode, um die vielen kleineren Fische, die man beim Fliegenfischen unweigerlich fängt, gar nicht erst in die Hand nehmen zu müssen.

Abhaken von Hand: Wenn es mit der Rutenspitze nicht geht, bleibt nur das Abhaken von Hand. Die muss nass sein und die richtige *Grifftechnik* beherrschen (→ Nr. 111). Dann steht auch die Entscheidung an, ob und wie man ein *Landenetz* (→ Nr. 111) einsetzt und von welcher Art der Kescher sein soll (→ Nr. 48) und ob man sich auf seine Finger verlässt oder ein zusätzliches Hilfsmittel, also einen Hakenlöser, verwendet.

Universelle Arterienklemme: Eine deutlich aus dem Fischmaul heraushängende, nicht zu kleine widerhakenlose Fliege lässt sich durchaus auch schnell mit den Fingern greifen und entfernen. Das ist aber nicht der Regelfall, und deswegen sollte man immer ein geeignetes Hilfsmittel bereithalten. Im Handel gibt es eine ganze Reihe unterschiedlicher Hakenlöser. Zweifellos eines der besten Hilfswerkzeuge für den Fliegenfischer ist die *Arterienklemme* (→ Nr. 50). Im medizinischen Bereich wird sie beispielsweise zum Abklemmen von Blutgefäßen verwendet. Wir können mit ihr Widerhaken andrücken (→ Nr. 51), sie als Anknüpfhilfe für *kleine Fliegenmuster* (→ Nr. 60) verwenden oder eben auch einen Haken damit aus dem Fischmaul entfernen. Die Klemmbacken sollen relativ fein zulaufen, damit auch kleine Haken punktgenau gegriffen werden können. Achten Sie also beim Kauf auf gute Qualität.

Seltene Härtefälle: Ganz sporadisch sitzt die Fliege einmal weiter hinten im tieferen Maulbereich. Jetzt halte ich es für besser, das Vorfach rigoros abzutrennen, bevor man zu sehr im empfindlichen Rachen und Kiemenbereich des Fisches »herumdoktert«. Eine widerhakenlose Fliege kann der Fisch in vielen Fällen von selbst abschütteln.

Achtung! Fängt der Fisch während des Hakenlösens an zu bluten, töten Sie ihn. Verfahren Sie mit einem untermaßigen Fisch, wie es die jeweiligen Gewässerbestimmungen vorschreiben.

TIPP: Wie groß ist der Fisch? Spreizen Sie Daumen und Zeigefinger einer Hand weit voneinander ab und merken Sie sich das Ergebnis. So wird der Fisch schrittweise abgegriffen und richtig vermessen.

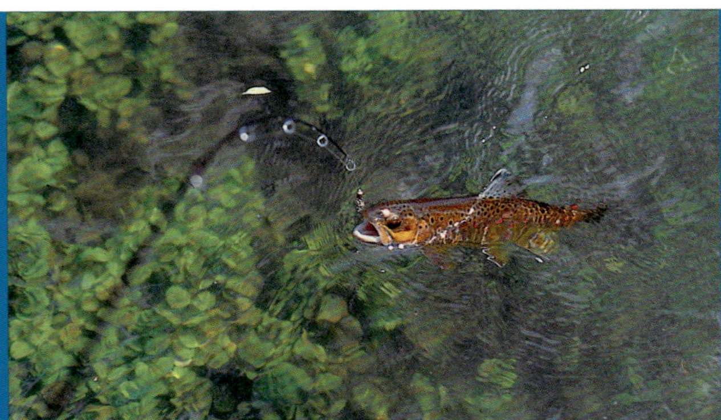

Gleich ist die untermaßige Bachforelle wieder frei.

111 Einen Fisch richtig landen

Die Landung eines Fisches kann in Ausnahmefällen nur mit der Hand geschehen, meistens aber mit dem Kescher. In Ausnahmefällen könnt man noch resoluter vorgehen. Und wie fotografiert man Fische eigentlich?

Die Lösung: Mit dem Kescher oder Handlandung

Landung nur mit Hand: Ein mitten im Fluss stehender Watfischer zieht einen kleinen Fisch (unter 30 cm) kurzerhand zu sich heran und nimmt ihn vorsichtig in die nasse Hand. Manch erfahrener Fliegenfischer macht das auch mit einem größeren Fisch. Dann dreht man ihn auf den Rücken, damit ist er quasi paralysiert, und man kann ihn locker in der Handfläche aufliegen lassen ohne Gefahr zu laufen, ihn zu quetschen. Der widerhakenlose Haken wird mit oder ohne *Arterienklemme* (→ Nr. 110) entfernt.

Landung mit dem Kescher: *Watkescher* (→ Nr. 48) haben wegen des Tragekomforts ziemlich kurze Stiele, was die Landung eines Fisches nicht unbedingt vereinfacht. Es scheinen immer ein paar Zentimeter bis zum Fisch zu fehlen. Die Lösung sieht so aus: Kurz vor der Landung zieht man das Vorfach auf etwa Rutenlänge ein und streckt den Arm mit der Rute nach hinten weg. Die Rute wird dabei über den Kopf abgewinkelt, damit sich der Blank einigermaßen rund biegen kann und für die feine Spitze keine Bruchgefahr besteht. Die Hand mit dem Netz kommt dem ermüdeten Fisch – sein Kopf soll sich über der Wasserlinie befinden – entgegen und hält still. Die Netzhand greift keinesfalls aktiv nach dem Fisch, das geht nämlich meistens schief, sondern die Rutenhand führt ihn über die hingehaltenen Maschen.

Eine noch bessere Variante: Die Rute nicht direkt nach hinten wegstrecken, sondern den Fisch am langen Arm an sich vorbei einen halben oder ganzen Meter stromauf führen und dann mit der Strömung in das Netz zurückfallen lassen. Dieses kleine Manöver muss man üben, es gelingt aber bald ganz gut.

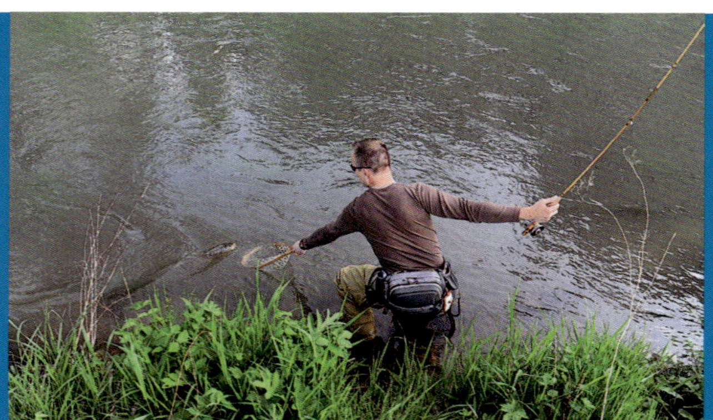

Ist der Kopf des Fisches über der Wasserlinie, lässt er sich widerstandslos heranholen. Die Rute dabei in die entgegengesetzte Richtung wegstrecken.

Freilassen: Der Fisch befindet sich nun im Netz (→ Nr. 48). Küche oder Zurücksetzen? Das ist hier die Frage. Nehmen wir an, in diesem Fall entschließen wir uns für *Catch & Release*. Dazu das Netz nur ganz leicht anheben und den Fisch mit der freien und nun nass gewordenen Hand höchstens knapp über die Wasserlinie heben und auf den Rücken drehen. Je nachdem wo der Haken sitzt, können wir ihn mit den Fingern oder der Arterienklemme entfernen.

Fotografieren von Fischen: Zum Schluss noch ein besonderes Thema. Jeder möchte eine Erinnerung an einen tollen Fang und vielleicht den einen oder anderen schönen Fisch auch mit anderen »teilen«. Heutzutage können mit Smartphones tolle Fotos geschossen werden und die sozialen Netzwerke sind voll mit Fisch- und Trophäenfotos jeglicher Art. Nur leider sind viele dabei, auf denen ein noch lebender Fisch – man erkennt das unschwer an den nach unten gekippten Augen – am Ufer auf festen Boden gelegt wurde, um ihn in aller Ruhe ablichten zu können. Wenn es dann noch ein Begleittext in der Art »Schöne Forelle aus der Catch-&-Release-Strecke im…« gibt, ist hier jede Menge fehlendes Naturbewusstsein und Fingerspitzengefühl im Spiel.

Grundsätzlich gilt: Zum Fotografieren eines lebenden Fisches braucht man eigentlich 2 Personen. Den Angler und den Fotografen. Der Fisch wird dabei nur kurz und lediglich wenige Zentimeter über die Wasserlinie gehalten und nach drei- oder auch viermaligem Drücken auf den Auslöser wieder eingetaucht und freigelassen. Das alles sollte zügig gehen. Dafür muss die Kamera vor dem Shooting vorbereitet werden. Achten Sie darauf, dass die Schärfeeinstellung auf dem Kopf beziehungsweise dem Auge des Fisches liegt, sonst ist die Wirkung des Bildes vermasselt. Ich selbst habe eine kleine Unterwasserkamera, die ich griffbereit an der Weste trage. In der linken Hand halte ich den Fisch kurz über die Wasserlinie, in der rechten Hand die Kamera. So gelingen mir mitunter tatsächlich doch einhändig aufgenommene Fotos… wenn auch keine besonders guten. Immerhin ist es eine Art Dokument eines vielleicht besonderen Fanges. Bei Verwendung einer wasserdichten Digitalkamera muss man nichts befürchten, falls man sie mit nassen Händen anfasst oder sie anderweitig nass wird. Man darf nur nicht vergessen, über tieferem Wasser oder bei schnellerer Strömung das Sicherungsband des Gerätes um das Handgelenk zu legen.

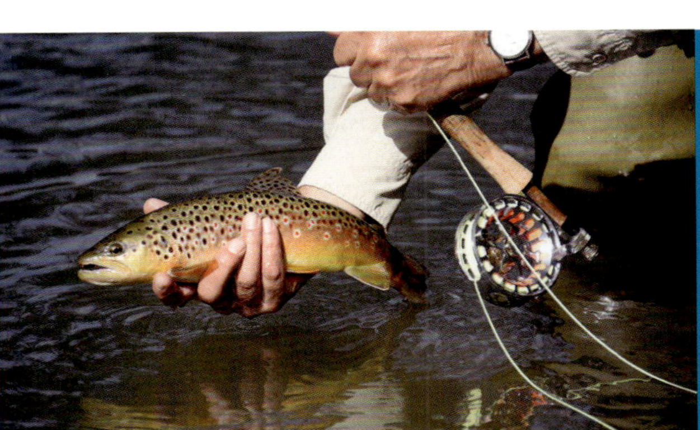

Kamera vorbereiten, scharf stellen und abdrücken…

Alle Fragen auf einen Blick

DIE GERÄTE

Rute & Rolle

Backing & Fliegenschnur

Vorfach & Verbindungen

Watzeug & wichtige Helfer

Die Fliegen

Basics Fliegenbinden

DIE PRAXIS

Handhabung & Wurftechnik

Dem Fisch auf der Spur

Technik & Methode

Hakensetzen, Drill & Landung

Stichwortverzeichnis

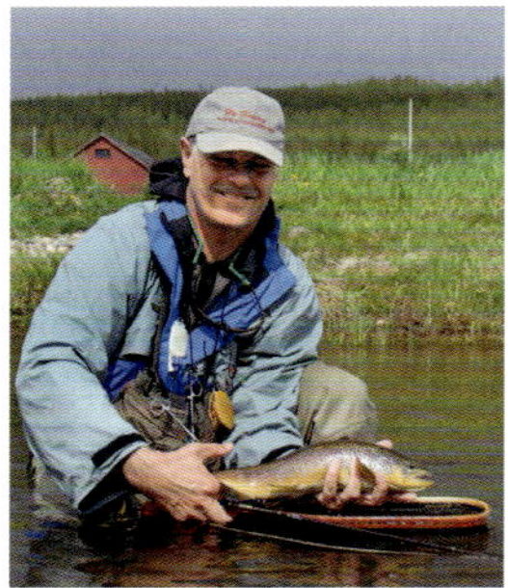

Über den Autor

Hans Eiber, hauptberuflich Förster, begann bereits im Alter von 12 Jahren mit dem Angeln. Seit 1978 wurde das Fliegenfischen immer mehr zu seiner großen Leidenschaft. Neben den Schreiben von Fachbüchern zum Thema veröffentlicht er Beiträge in verschiedenen Angel- und Fliegenfischerzeitschriften und arbeitet auch als Fachübersetzer.

Impressum

Bibliografische Information der Deutschen Nationalbibliothek
Die Deutsche Nationalbibliothek verzeichnet diese Publikation in der Deutschen Nationalbibliografie; detaillierte bibliografische Daten sind im Internet über http://dnb.d-nb.de abrufbar.

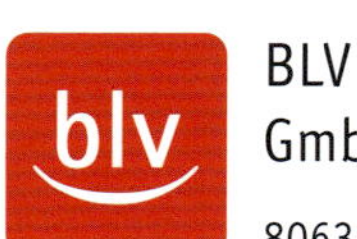

BLV Buchverlag
GmbH & Co. KG

80636 München

© 2018 BLV Buchverlag GmbH & Co. KG, München

Das Werk einschließlich aller seiner Teile ist urheberrechtlich geschützt. Jede Verwertung außerhalb der engen Grenzen des Urheberrechtsgesetzes ist ohne Zustimmung des Verlags unzulässig und strafbar. Das gilt insbesondere für Vervielfältigungen, Übersetzungen, Mikroverfilmungen und die Einspeicherung und Verarbeitung in elektronischen Systemen.

Bildnachweis
Alle Fotografien von Hans Eiber,
außer S. 81: Stefan Binner

Grafiken: Hans Eiber

Umschlagkonzeption und -gestaltung:
Christine Paxmann, München
Umschlagfotos:
Vorderseite: fotolia
Rückseite: Hans Eiber

Lektorat: Sonja Forster
Herstellung: Ruth Bost
Layoutkonzept Innenteil: Christine Paxmann, München
Layout/DTP: Uhl+Massopust, Aalen

Gedruckt auf chlorfrei gebleichtem Papier

Printed in Germany
ISBN 978-3-8354-1787-8

Hinweis
Das vorliegende Buch wurde sorgfältig erarbeitet. Dennoch erfolgen alle Angaben ohne Gewähr. Weder Autor noch Verlag können für eventuelle Nachteile oder Schäden, die aus den im Buch vorgestellten Informationen resultieren, eine Haftung übernehmen.

www.facebook.com/blvVerlag